古代歷史文化 研究輯刊

二三編

王明蓀 主編

第6冊

遼金元史學與思想論稿（修訂版）

王明蓀 著

國家圖書館出版品預行編目資料

遼金元史學與思想論稿（修訂版）／王明蓀 著 -- 初版 -- 新
北市：花木蘭文化事業有限公司，2020〔民 109〕
目 4+214 面；19×26 公分
（古代歷史文化研究輯刊 二三編；第 6 冊）
ISBN 978-986-518-031-7（精裝）
1. 史學史 2. 學術思想 3. 遼史 4. 金史 5. 元史 6. 文集
618   109000469

ISBN-978-986-518-031-7

9 789865 180317

古代歷史文化研究輯刊
二三編 第 六 冊
ISBN：978-986-518-031-7

遼金元史學與思想論稿（修訂版）

作　　者	王明蓀	
主　　編	王明蓀	
總 編 輯	杜潔祥	
副總編輯	楊嘉樂	
編　　輯	許郁翎、張雅淋　美術編輯　陳逸婷	
出　　版	花木蘭文化事業有限公司	
發 行 人	高小娟	
聯絡地址	235 新北市中和區中安街七二號十三樓	
	電話：02-2923-1455／傳眞：02-2923-1452	
網　　址	http://www.huamulan.tw 信箱 hml 810518@gmail.com	
印　　刷	普羅文化出版廣告事業	
再　　版	2020 年 3 月	
全書字數	189911 字	
定　　價	二三編 21 冊（精裝）台幣 55,000 元	

遼金元史學與思想論稿（修訂版）

王明蓀　著

作者簡介

王明蓀，生於 1947 年。中國文化大學國家文學博士，曾任教於淡江、佛光、中興等大學，並曾兼任系所主任、教務長等職。現任中國文化大學史學系兼任教授。發表學術論著七十餘篇，專書十餘種。

目

次

史學篇

壹、遼金之史館與史官

一、前　言

　　遼、金二代，政權相繼，皆起自塞外而南向發展。契丹建立遼朝之前，已與漢民族接觸甚久。若自北魏以下，至耶律阿保機建國，其間約五百年左右，皆處於塞外，渡其北疆民族之傳統生活，至與漢族之接觸，多止於互市、入貢、受糧等。由於雙方和戰不定，彼此之關係亦隨之有所不同，當和平或契丹內附之時，始爲南方朝廷物資北傳之時，其間或有漢制、漢人隨之而入，如唐太宗貞觀二十二年（648）置松漠都督府，以安內附之契丹各部；〔註 1〕唐玄宗開元四年（717），以宗室女永樂公主下嫁契丹首領李失活，並封失活爲松漠郡主兼松漠都督，〔註 2〕可謂雙方關係最密切之時，但漢文物制度似乎未見有多少之傳入。大約至唐末，因中原長期動亂，華北漢人入於契丹者頗眾，其或逃亡、或被擄掠而去，此對耶律阿保機之建國與漢化有莫大幫助。及耶律德光（遼太宗）獲燕雲十六州及入汴，更造成大量漢人及文物制度之北傳，漢法漢制爲遼朝立國的重要部分於焉確立。〔註 3〕

　　契丹文字創造於太祖時期，大字爲耶律突呂不等於神冊五年（920）造成，〔註 4〕小字爲太祖弟迭剌於天贊年間（922～926）造成。〔註 5〕前此無本身之

〔註 1〕參見《舊唐書》（臺北：藝文），卷三，〈太宗本紀下〉，頁 19 上；卷九十九，〈契丹傳〉，頁 8 下。

〔註 2〕參見同前書，卷九十九，〈契丹傳〉，頁 10 上。

〔註 3〕見拙作〈略論遼代的漢人集團〉，載《宋遼金史論文稿》（臺北：明文，民國 70 年），頁 63～106。

〔註 4〕參見《遼史》（臺北：藝文），卷二，〈太祖本紀下〉，頁 1 下；卷七十五，〈突呂不傳〉，頁 3 下。

〔註 5〕參見《遼史》卷六十四，〈皇子表〉，頁 4 下、5 上；契丹文字另參見柳翼謀，

文字，「惟刻木爲信」。〔註6〕契丹文字創製前，若有書冊碑文之記，則係漢文，如太祖三年（909），以韓知古建碑龍化州大廣寺以紀功德。〔註7〕至於契丹早期活動於北疆時，是否使用過其他語文，一時難以考察。

女眞民族之發展類似契丹，早期生聚於塞外，間或與南方交通，若以鞨鞨爲女眞之先，則隋唐時分別臣附於高麗、唐、渤海等，亦與此三者關係密切。唐朝且不論，高麗及渤海皆深受漢文化影響，故女眞之先當不能脫此關係。及契丹滅渤海，役屬女眞，遂使女眞成爲屬國。

金太祖完顏阿骨打建國前之先世，《金史》有〈世紀〉卷爲之敘述，其皇室完顏部源自函普兄弟〔註8〕其時當遼太祖或太宗之世，〔註9〕大約《金史》所述女眞先世之事跡皆在遼代範圍之內。然其所述多生活習俗，而文物典制則闕如，蓋「生女眞，無書契，不可檢制」，〔註10〕而後雖稍立教條，規以法令信牌，但其形制不詳。若再以《三朝北盟會編》中所載金初的情形來看，如「國有大事，適野環坐，畫灰而議」，「雖有君臣之稱，而無尊卑之別」等，〔註11〕其文物制度相當簡陋無疑。女眞初曾用契丹字，其本身文字當創始於太祖時之完顏希尹，即所謂「大字」；後復有熙宗之「小字」。〔註12〕但金與遼代一樣，通用者仍爲漢文字。

遼、金之先世皆有相當長之歷史發展，其所接觸之各民族或各國，要以受漢文化之影響爲大。但長期以來，其典章制度似無多大增華，甚至無典制可言，而皆當其建國之際，乃開始大量吸收漢制、文化等，若非史料記載之問題，則當另有解釋。契丹與柔然、突厥、回鶻等民族關係亦密，但都未採借其文字，而與女眞之文字同樣皆依傍漢文而成；在此前當無其他典冊文書了。

〈契丹大小字考〉，載《遼史彙編》，八（臺北：鼎文書局印行），頁75-1～75-4。

〔註6〕見《五代會要》（臺北：九思，民國67年），卷二十九，頁457。

〔註7〕參見《遼史》，卷一，〈太祖本紀上〉，頁13下。

〔註8〕參見《金史》（臺北：鼎文），卷一，〈世紀〉，頁1。

〔註9〕鳥居龍藏，〈金上京城及其文化〉，載《燕京學報》，第三十五期，民國37年，頁150～151。另有以遼太祖即位之初，爲函普之世，見張博泉，《金史簡編》（遼寧：人民，1984年），頁24。

〔註10〕見同註8，頁2上。

〔註11〕見徐夢莘，《三朝北盟會編》（臺北：文海，民國51年），卷三，頁7上；卷一一六，頁5上。

〔註12〕參見同前書，卷三，頁10上。《金史》，卷七十三，〈完顏希尹傳〉，頁1684；卷六十六，〈完顏勗傳〉，頁1558。

二、修史與史館之設

遼太祖建國之際，已擁有漢人知識分子，其最著者爲韓延徽、韓知古、康默記等三人，其時多擔任管理漢民公事及參與籌謀策畫等工作，〔註13〕開遼人治遼民（地）、漢人治漢民（地）之兩元政治雛型。及太宗入汴，掠俘大量文物圖籍，並翰林、秀才等，〔註14〕至此，遼朝之知識分子始眾，文物典制乃漸有可觀。遼朝注重史事亦早，據史書所載相關之措施，除太祖時數次建立功德碑外，厥爲太宗會同元年（938）建日月四時堂，並圖寫古帝王事於兩廡。〔註15〕此事固不在記契丹之史蹟，但卻可視爲具有歷史意識之舉動。

太宗會同四年（941）二月，「詔有司編始祖奇首可汗事跡」，〔註16〕此爲遼代修史之先聲。然所謂「有司」卻不知何指？或即爲當時之史館耶？遼史謂：「室昉監修，則知國史有院；程翥舍人，則知起居有注。」〔註17〕此即國史院及起居舍人院等修史機構，但設置時間不明。考太祖從姪耶律魯不古以贊助成功契丹國字之制作，授爲林牙、監修國史。〔註18〕契丹國字之制作成於神冊五年（920），前已言及，可知遼代史院之設置當在神冊五、六年之際或其後；而籌畫者或即康、韓等漢人知識分子。據此，則太宗所詔之「有司」爲史院（館）之說當可成立；惜不知太祖時之史院性質爲何。

《遼史》所載史院館之制有國史院，屬於南面官制，〔註19〕其修起居注者爲起居舍人院，置之於門下省，〔註20〕在祕書省下又有著作局，〔註21〕此三者蓋爲遼代修史之機構。南面官之設，原爲「治漢人州縣、租賦、軍馬之事」，〔註22〕在以「國制治契丹，以漢制待漢人」的兩元制度之下，南面官應不預北面之事，但修史宜爲一國之事，不得僅及南面而不干北面。北面諸制皆軍國、部族、宮帳之政，未嘗有修史之機構，雖有掌文翰之大林牙院爲近

〔註13〕三人事蹟見《遼史》，卷七十四各傳。
〔註14〕《遼史》，卷四，〈太宗本紀下〉，頁15下、16上；《五代史記》（臺北：藝文），卷七十三，〈四夷附錄第一〉，頁12下。
〔註15〕參見《遼史》，卷四，〈太宗本紀下〉，頁1下。
〔註16〕同前註，頁6下。
〔註17〕見《遼史》，卷四十七，〈百官志三〉，頁1下。
〔註18〕參見《遼史》，卷七十六，〈耶律魯不古傳〉，頁2下。
〔註19〕參見《遼史》，卷四十七，〈百官志三〉，頁9上。
〔註20〕同前註，頁5下。
〔註21〕同前註，頁13下。
〔註22〕見《遼史》，卷四十五，〈百官志一〉，頁1下。

似，〔註23〕但無史館之設。惟南面設史館，且掌全國之史事，此可說明遼採漢法而補兩元政制之缺失。

遼初，太祖時或即設置國史院，但至遼中期以前有關之資料奇缺，若以出任史館職者而言，聖宗以後則可常見。此前除上述太宗所命之「有司」外，則為景宗朝保寧八年（976）見「史館學士」，〔註24〕是為有關史院之記載。同樣之情形亦發生於起居舍人院及著作局，遼史所載較早之修起居注官為聖宗開泰六年（1217）之程翥，〔註25〕餘任此職者皆在聖宗以後，此前甚少見及，只有稍早於開泰二年（1213）任此職之趙為箕。〔註26〕著作局較早之官職為聖宗太平十一年（1031）之著作佐郎楊皙，〔註27〕餘亦罕見。似乎遼中期聖宗以前，起居舍人院及著作局並未設立，而國史院亦草創簡陋，否則遼史記事真疏漏之極矣！

金制史館較詳，其修史之時亦如遼代，皆在第二朝太宗之際。金太宗天會六年（1128），詔求祖宗遺事，以備修國史之用，以耶律迪越及完顏勗其主事。凡採摭遺言舊事，自女真始祖以下十帝，綜為三卷之實錄，其事有詳略，然無所隱。〔註28〕天會十五年（1137），熙宗曾命韓昉、耶律紹文等編修國史，且韓昉在天會五至十二年時已為兼修國史。〔註29〕此事雖無下文，當係以始祖以下十帝之實錄為本進行修撰。其後有所變更，乃至皇統元年（1141）有完顏勗撰成之祖宗實錄三卷，又稱之為先朝實錄。〔註30〕金國史院之置當即在太宗之時。

太宗之前已有類似修史之作，太祖時阿离合懣「祖宗族屬時事並能默記」，因而與斜葛同修《本朝譜牒》。〔註31〕女真初無文字，也未嘗有何記錄，

〔註23〕參見同前註，頁8下。
〔註24〕同註19：另見卷八，〈景宗本紀一〉，頁5上。
〔註25〕參見《遼史》，卷四十七，〈百官志三〉，頁5下。原作開泰五年，然按〈聖宗本紀〉，則記為開泰六年，見《遼史》，卷十五，〈聖宗本紀六〉，頁12上。
〔註26〕參見李燾，《續資治通鑑長編》（以下簡稱《長編》）（臺北：世界書局），卷八十一，真宗大中祥符六年十二月。
〔註27〕參見《遼史》，卷四十七，〈百官志三〉，頁13下。原作統和十一年，按楊皙本傳中所載，其於太平十一年擢進士乙科而為著作佐郎，見《金史》，卷八十九，〈楊皙傳〉，頁3上。
〔註28〕參見《金史》，卷六十六，〈完顏勗傳〉，頁1558。
〔註29〕參見《金史》，卷四，〈熙宗本紀〉，頁72：卷一二五，〈韓昉傳〉，頁2714。
〔註30〕參見《金史》，卷四，〈熙宗本紀〉，頁78：卷六十六，〈完顏勗傳〉，頁1559。
〔註31〕參見《金史》，卷七十三，〈阿离合懣傳〉，頁1672。

故祖宗之事皆不見記載，但有契丹、漢字可供使用。〔註32〕阿离合懣於希尹創製女眞字時——天輔三年（1119）業已「寢疾」，〔註33〕故知《本朝譜諜》非契丹文即用漢文書寫者，而此亦有助於完顏勗撰祖宗實錄。

金制國史院有二系統：其一爲通常各代修史機構之性質，其二爲專修其前代（遼）史之單位。前者後文當言及。後者係指熙宗時移剌固、蕭永祺等專責修成《遼史》。〔註34〕章宗時，移剌履、黨懷英、郝俁、陳大任等前後十餘人之續修《遼史》，其中郝俁爲「遼史刊修官」，移剌履爲「提控刊修遼史」，餘或爲編修官等。〔註35〕在《金史》記國史院時，明載修《遼史》之官員，而不與其他史官同列，〔註36〕可知金代二次大修《遼史》，乃國史院中之專責單位，並非史館一般職掌。

祕書監下設有著作局，此與遼制相同，且其明言爲「掌修日曆」，而至遲在熙宗皇統六年（1164）即設有此機構。〔註37〕據日曆可修成實錄或國史，此即爲國史院之職，而日曆依起居注，是以皇統六年前應有修注之所。《金史》載記注院，謂：「修起居注，掌記言、動。」〔註38〕然設置之時間不詳。以出任此職者而言，稍早者有海陵帝天德三年（1151）之宗敍；〔註39〕另有郭長倩，爲皇統丙寅（1146）經義乙科，其後仕至修起居注，時間不詳，但在登科之前即任此職。此外未見有早於此者。若以日曆本於起居注，則皇統六年前當有記注院之設。然金史所載則見於海陵帝之際，是則記注院或稍晚於著作局。

三、史官之制

史官當依史館而設。遼、金二代如上述有關之史館，爲掌起居注之舍人院或記注院；其二爲掌修日曆之著作局；其三爲掌修實錄或國史之國史院。

〔註32〕同註28。

〔註33〕參見《金史》：卷七十三，〈完顏希尹傳〉。

〔註34〕參見《金史》，卷八十九，〈移剌子敬傳〉，頁1988；卷一二五，〈蕭永祺傳〉，頁2720。

〔註35〕參見《金史》，卷九十五，〈移剌履傳〉，頁2101；卷一二五，〈黨懷英傳〉，頁2727。

〔註36〕參見《金史》，卷五十五，〈百官志一〉，頁1245。

〔註37〕參見《金史》，卷五十六，〈百官志二〉，頁1269。

〔註38〕同前註，頁1280。

〔註39〕見《金史》，卷七十一，〈宗敍傳〉，頁1643。

依此則三類機構亦必有其史官。金毓黻及李宗侗於遼、金二代之史官制度僅提及國史院、起居注二方面。〔註 40〕劉節於二代之史館言之更略，皆未詳述史官之置。〔註 41〕馮家昇論遼史之源流，曾言及遼代之史官。〔註 42〕是以二代之史官猶有進一步可論述者。

遼代起居舍人院屬門下省，史載其官舉出起居舍人、知起居注、起居郎三者，〔註 43〕並各舉一人爲例。考程翥爲起居舍人；耶律敵烈爲知起居注，其原官爲牌印郎君而兼知；〔註 44〕起居郎杜防，其全銜爲起居郎知制誥。〔註 45〕此外，尚有耶律良於興宗末遷修起居注，〔註 46〕道宗大康年間有修注郎不擷、忽突堇二人。〔註 47〕起居舍人、起居郎二職當爲舍人院中修起居注之常設官，亦即大康年之修注郎二人，耶律良之修起居注當即指舍人或郎，耶律敵烈爲他官「兼知」者，而杜防則爲兼他職者。如此舍人院修注之二官當如唐、宋之制，所謂左史爲起居郎，右史爲起居舍人。蓋遼用漢制，設非沿於唐（五代亦沿唐制），即當法於宋，故推測其修注官當如此。

遼代修注官自中葉以後多見兼職，《續資治通鑑長編》中記載甚多，如聖宗朝有太平三年（1023）之翰林學士、起居舍人、知制誥吳俶達；太平八年之起居郎、知制誥李奎；興宗朝有重熙十八年（1049）之起居舍人、知制誥姚景禧；道宗朝有清寧四年（1058）之起居郎、知制誥王觀等；〔註 48〕其餘相關資料則不贅舉。其以修注官兼知制誥者爲多，是兼翰林院之職者。此外，於重熙十七年，有起居舍人、知制誥、史館修撰吳湛；清寧二年有起居郎中、知制誥、史館修撰韓孚；清寧五年之王棠亦爲舍人、知制誥、修撰，此三者皆爲兼翰林院職外，復兼國史院修撰之職，而韓孚之起居郎中宜爲起居郎之誤。

〔註 40〕 見金毓黻《中國史學史》（臺北：國史研究室，民國 61 年），頁 91、107；李宗侗《中國史學史》（臺北：中華文化出版事業委員會，民國 44 年），頁 96。

〔註 41〕 見劉節《中國史學史稿》（臺北：弘文館，民國 75 年），頁 276。

〔註 42〕 見馮家昇〈遼史源流考〉，載《燕京學報》專號（臺北：東方文化），頁 591～592。

〔註 43〕 見《遼史》，卷四十七，〈百官志三〉，頁 5 下。

〔註 44〕 見《遼史》，卷九十六，〈耶律敵烈傳〉，頁 7 上。

〔註 45〕 參見《遼史》，卷八十六，〈杜防傳〉，頁 4 下。

〔註 46〕 參見《遼史》，卷九十六，〈耶律良傳〉，頁 4 上。

〔註 47〕 參見《遼史》，卷二十三，〈道宗本紀三〉，頁 5 上。

〔註 48〕 傅樂煥〈宋遼聘使表稿〉中所載，收於《遼史叢考》（北京：中華，1984 年）。頁 181～232。

　　《遼史》載職官品第不詳，若以唐、宋制推之，記注官當在六品之列，通常皆爲本官，不若金制，多以他官兼職。《金史》稱：明昌元年（1190），詔令不允諫官、左、右衛將軍兼任；貞祐三年（1215）定制，以左、右司首領官兼任之。〔註49〕其不允諫官兼，是恐就記注之便而私溢己美，故亦不得兼國史院之職。〔註50〕左、右衛將軍屬殿前都點檢司，其職掌宮禁、行從、宿衛、警嚴等，〔註51〕若參與起居注寫，將有礙安全、洩密等。不過《金史》中似未見以此官兼修注者，而以諫官兼者爲多。左、右司首領官係指尚書省下之左、右司郎中，然〈百官志〉中卻說：「兼帶修起居注官，迴避其間記述之事。」〔註52〕此處似記貞祐三年定制後之事。

　　金制起居注爲兼職，其官當爲二人，〈百官志〉中雖未明言，但以上述左、右衛將軍、左、右司郎中等皆爲二員。又章宗時，修起居注張暐上書中，引唐制修注官二人以喻現況，〔註53〕可知金制記注院設史官二人，但不名爲起居郎、舍人，而爲修起居注。兼此職者官品不一，有世宗時粘割斡特剌爲正七品之右補闕兼之，有章宗時納坦謀嘉爲從六品之翰林修撰兼之，有熙宗時郭長倩以正五品之祕書少監兼之，有世宗時從四品之翰林直學士移剌道兼此職，又有楊邦基以從三品之祕書監兼之。〔註54〕可知由三品至七品官皆得兼修注之職。

　　記注院於金制無所隸，蓋其記天子言動，須保持超然之立場，始能秉筆直書，故不當有所隸屬。章宗時初置登聞鼓院，而以有司言：「登聞鼓院同記注院，勿有所隸。」〔註55〕是以章宗之前記注院即無所隸。登聞鼓院乃掌奏進告御史臺及登聞檢院理斷不當之事，故其立場與精神亦如記注院，皆須維持其超然地位。但朝廷奏議亦有不得與聞之時，其事在世宗大定十七年（1177），有修起居注移剌傑上書云：「朝廷屏人議事，史官亦不與聞，無由記錄。」世宗問之於宰臣石琚，石琚與右丞唐括安禮對曰：

　　　　古者史官，天子言動必書，以儆戒人君，庶幾有畏也。周成王

〔註49〕參見《金史》，卷五十六，〈百官志二〉，頁1280。
〔註50〕參見《金史》，卷五十五，〈百官志一〉，頁1245。
〔註51〕參見《金史》，卷五十六，〈百官志二〉，頁1254。
〔註52〕參見《金史》，卷五十五，〈百官志一〉，頁1218。
〔註53〕《金史》，卷七十三，〈完顏守貞傳〉，頁1687。
〔註54〕參見《金史》，卷八十八，頁1967；卷八十九，〈魏子平傳〉，頁1977；卷九十，頁2007；卷一〇四，頁2287；卷一二五，頁2720。
〔註55〕參見《金史》，卷七，〈章宗本紀一〉，頁216。

翦桐葉爲圭，戲封叔虞，史佚曰：「天子不可戲言，言則史書之。」
以此知人君言動，史官皆得記錄，不可避也。

世宗曰：

朕觀《貞觀政要》，唐太宗與臣下議論，始議如何，後竟如何，
此政（正）史臣在側記而書之耳！若恐漏泄幾事，則擇愼密者任之。
〔註56〕

可知大定十七年前，記注官尙需避朝奏議事，此後凡諫官與記注官皆得與聞
朝議。〔註57〕迨章宗時似未完全遵行，故朝臣與史官再起爭論，時有完顏守
貞、張暐、高汝礪等皆奏爭之，章宗乃從其奏。〔註58〕清人趙翼亦見及於此，
以爲世宗、章宗二朝所記詳密，載帝訓亦多，即因記注官得其職也。〔註59〕
《遼史》曾載道宗即位之初，清寧二年（1056），「罷史官預聞朝議，俾問宰
相，而後……欲觀起居注，修注官不擸及忽突董等不進，道宗杖之二百而罷
其官。」〔註60〕是修注官謹守其本分，而顯見道宗之不明理矣！金代並未見
此類事件之發生。又不擸及忽突董二人，見其名當非漢人，但亦接受漢人史
官傳統之精神。

其次有關著作局之史官，遼制列有著作郎、著作佐郎，其餘有關資料幾無
由得見。其職司當即掌修日曆。聖宗曾詔「修日曆官毋書細事」，「已奏之事送
所司，附曆」，〔註61〕足見日曆之修及日曆之官，亦即著作郎、佐郎之職司。

其餘可知曾任著作史官者，除前述楊晳以進士爲佐郎外，又有下列諸人：
董庠於興宗、道宗之際舉進士第，授佐郎；〔註62〕道宗清寧八年（1062），史
洵直登第，授佐郎；〔註63〕道宗咸雍中，賈師訓登第，授佐郎；〔註64〕聖宗
太平末，張績登第，授將仕郎、守著作佐郎；而其長子後亦曾以承奉郎守著

〔註56〕 參見《金史》，卷八十八，〈石琚傳〉，頁1962。
〔註57〕 參見《金史》，卷八十九，〈唐括安禮傳〉，頁1966。
〔註58〕 參見同註53；並見卷一〇七，〈高汝礪傳〉，頁2352。
〔註59〕 參見趙翼《廿二史劄記》（臺北：世界，民國60年），卷二十八，「金記注官最得職」條，頁390。
〔註60〕 參見《遼史》，卷二十一，〈道宗本紀一〉，頁3下、4上；卷二十三，〈道宗本紀三〉，頁5上。
〔註61〕 參見《遼史》，卷十四，頁4上；卷十五，頁3上。
〔註62〕 韓詵〈董庠妻張氏墓誌銘〉，見陳述編《全遼文》（北京：中華，1982年），卷九，頁231。
〔註63〕 〈史洵直墓誌銘〉，見《全遼文》，卷十一，頁319。
〔註64〕 〈賈師訓墓誌銘〉，見《全遼文》，卷九，頁253。

作郎。〔註65〕由上述約略可知，進士出身多授佐郎之初職。張績之將仕郎可「守」佐郎職，其子承奉郎則守著作郎。若以宋官品言，著作郎爲從七品職，承奉郎爲正九品官，以「守」則可，佐郎或八品職，而將仕郎爲從九品之官。

　　金制著作郎明訂爲從六品，佐郎爲正七品，熙宗皇統時以學士院兼領之。〔註66〕準此，則金制修日曆史官品秩高於遼朝。金修日曆之法，乃以一月或一季爲單元，由史官潤色後封送國史院，〔註67〕此即爲修實錄之底本；而遼制於此則不詳。

　　國史院據《遼史》官志所載爲聖宗統和九年的監修國史，景宗保寧八年的史館學士，大安末的史館修撰，重熙初的修國史。〔註68〕遼之國史院似置有四類官職，馮家昇對此有所批評，謂官志所記僅由記、傳中任意摘取而錄之。同時馮氏就監修國史一項，復舉出各朝所見擔任此職者。〔註69〕考出任此職者，其所任之本官如下：耶律魯不古爲林牙，室昉爲樞密使兼北府宰相加同平章事，劉愼行爲北府宰相，耶律隆運爲北府宰相領樞密使，馬保忠爲參政同知樞密院事，蕭韓家奴爲翰林都林牙，耶律阿思爲北院樞密使，耶律白爲同知南院樞密使事，王師儒爲樞密副使，竇景庸爲樞密副使，耶律儼爲知樞密院事、越國公，左企弓爲中書侍郎、平章政事，張儉爲樞密使、平章政事等。〔註70〕以上所錄，除耶律魯不古及蕭韓家奴二人外，皆爲宰執身分監修國史，蓋與漢制相當。而不爲宰執之二人爲林牙或都林牙。遼制林牙於

〔註65〕李三畞〈張績墓誌銘〉，見《全遼文》，卷八，頁179～180。

〔註66〕參見《金史》，卷五十六，〈百官志二〉，頁1296。

〔註67〕參見《金史》，卷十一，〈章宗本紀三〉，頁253。

〔註68〕參見《遼史》，卷四十七，〈百官志三〉，頁9上。

〔註69〕參見《遼史》，卷四十七，〈百官志三〉，頁5下。惟馮氏文中舉劉愼行爲景宗朝時任監修國史，恐有誤。馮氏據《遼史》卷八十六，〈劉六符傳〉，愼行累遷至北府宰相監修國史，而同書卷十五，〈聖宗本紀六〉，開泰二年「以宰相劉勰監修國史」，〈劉六符傳〉稱愼行爲保節功臣，〈聖宗本紀〉開泰九年以「劉勰太子太傅，仍賜保節功臣」，可知劉愼行當即劉勰。此外，除馮氏所舉各朝監修國史外，尚有開泰四年之張儉，見楊佶〈張儉墓誌銘〉，《全遼文》，卷六，頁129。

〔註70〕以上諸人見於《遼史》所載如下：耶律魯不古見卷七十六，頁2上，室昉見卷七十九，頁1下；劉愼行見卷八十六，頁2下；耶律隆運見卷八十二，頁2上；馬保忠見卷十五，頁11上；蕭韓家奴見卷一〇三，頁4下；耶律阿思見卷九十六，頁8下；耶律白見卷二十一，頁6下，其官職則另見於卷二十二，頁4下；王師儒見卷二十六，頁6上；竇景庸見卷九十七，頁2下；耶律儼見卷二十七，頁3下，其官職則見卷九十八，頁3下；左企弓見《金史》，卷七十五，頁1723；張儉見《全遼文》，卷六，頁129。

北、南官中皆置，亦掌國朝文翰之事，如翰林學士。〔註71〕

〈國史院〉條中有重熙初耶律玦修國史。考耶律玦為遙輦族裔，史載「重熙初召修國史，補符寶郎」，〔註72〕案符寶郎自唐以來即掌天子寶璽，唐、宋皆官七品，遼官品不詳，若比諸唐、宋當亦在七品，依此則耶律玦為七品官修國史。惜遼史中未見其他居修國史之官者，無從比對。但《長編》中有修國史及同修國史之資料，如重熙九年（1040），杜防以工部尚書修國史；重熙十一年，劉六符為翰林學士、右諫議大夫、知制誥同修國史，同年轉樞密使、禮部侍郎同修國史；清寧九年（1063），張嗣復為觀書殿學士、禮部侍郎、知制誥同修國史。〔註73〕同樣以唐、宋官職比對，杜防為二品職，劉六符當在三、四品，張嗣復則應為三品職。照此耶律玦與杜防等三人官職相差甚遠，劉、張二人為同修，皆官在三、四品，豈有較耶律玦之修國史高出許多？故愚意以為遼史所載乃指重熙年間，耶律玦初仕之官為修國史之職，實則為泛指修史之職務，如稱史官，或指修撰、編修、檢閱等職；而非如杜防兼「修國史」之職，而且其文接下為「補符寶郎」，當不至以如杜、劉等高官去補下級之低職。

史館學士於官志中的記載見景宗保寧八年（976），按〈景宗本紀〉原文為：「諭史館學士，書皇后言亦稱朕。」〔註74〕今查《遼史》中竟未見有出任此職者，其他資料也未見及，恐國史院中並無此官職；其所據〈景宗本紀〉原文，當係指任職史館中之學士，而非有一特設之「史館學士」職。學士兼史館職者可見下文舉例。

史館修撰為國史院中所見資料最多者，〈百官志〉中僅言大安末劉輝為修撰，今檢閱資料達三十餘人出任此職，〔註75〕全為兼任職務，其原官職參比

〔註71〕參見《遼史》，卷四十五，〈百官志一〉，頁8下；卷四十七，〈百官志三〉，頁8下。

〔註72〕參見《遼史》，卷九十一，〈耶律玦傳〉，頁3下。

〔註73〕參見傅樂煥〈宋遼聘使表稿〉。

〔註74〕參見《遼史》，卷八，〈景宗本紀上〉，頁5上。

〔註75〕依〈宋遼聘使表稿〉，列出任修撰之職者如下：

時　間	姓　名	官　職	時　間	姓　名	官　職
重熙十年	張　宥	吏部郎中、知制誥	大康四年	王安期	太常少卿
十三年	姚景禧	太常少卿	五年	韓君俞	太常少卿
十四年	王　綱	樞密直學士、中書舍人	十年	賈師訓	太常少卿

宋制，最高者爲樞密直學士之正三品，但僅得一人；次爲給事中、諫議大夫、大中大夫等四品職官，僅四、五人；最多者爲五、六品官，且多在道宗清寧五年（1059）以後。原職爲太常少卿居多，其次爲兼起居、知制誥者。太常掌宗廟、祭祀之禮等，起居、知制誥主天子文史，這三者之間與國史修撰自有相當關連。又遼自興宗以後多見聘使中帶修撰之職，似乎成爲一常規。

十七年	吳　湛	起居舍人、知制誥	大安元年	牛溫舒	朝議大夫守崇祿少卿
二三年	吳　浩	翰林學士、左諫議大夫、知制誥		趙孝嚴	中大夫行起居郎、知制誥
清寧元年	史　運	翰林學士、給事中		李　炎	中散大夫守太常卿
二年	韓　孚	起居郎中、知制誥	二年	劉　宥	大中大夫、中書舍人
四年	馬　佑	左諫議大夫		趙　微	朝議大夫、太常少卿
	王　實	右諫議大夫	三年	姚企程	中散大夫守太常少卿
五年六年	王　棠	起居舍人、知制誥	四年	鄧中舉	中散大夫守太常少卿
咸雍三年	劉　詵	太常少卿	五年	善　利	中大夫、太常少卿
七年	邢希古	崇祿少卿	六年	閻之翰	朝議大夫守太常少卿
八年	韓　煜	太常卿	七年	王　初	中大夫守太常少卿
十年	李貽訓	太常卿	八年	劉嗣昌	中散大夫守太常少卿
大康二年	韓君授	太常少卿	壽昌三年	張商英	中散大夫守太常少卿
	杜君謂	太常少卿、乾文閣待制	四年	邢　伏	朝議大夫守祕書少監
三年	李　儼	太常少卿			

此外，尚有天祚帝時，韓昉補右拾遺，轉修撰之職，見《金史》，卷一二五，頁 2714；太平七年，王澤以都官員外郎充修撰，見王綱〈王澤墓誌銘〉，《全遼文》，頁 164；天慶元年有韓綱以中大夫守鴻臚少卿充修撰，見孟初〈蕭義墓誌銘〉，《全遼文》，頁 251；咸雍年間有王師儒以尚書比部員外郎充修撰，未幾，以堂後官仍充修撰，大安元年爲起居郎、知制誥充修撰，見南抃〈王師儒墓誌銘〉，《全遼文》，頁 291。按：原墓銘爲「尚書比部員外郎□□史館修撰」，又銘文以授知制誥後於大安元年出爲南宋祭奠副使，而《長編》載神宗元豐八年（遼大安元年），王師儒使宋爲起居郎、知制誥、史館修撰。見卷三五八，七月丙午。

　　遼制又有直史館、判館事二職。王師儒於咸雍六年（1070）遷儒林郎直史館，其官品不詳，但以此前經歷由將仕郎、祕書省校書郎，至樞密院令史加太子洗馬而至直史館言，大約爲七品之官。至壽昌六年（1100），改授宣政殿大學士、判史館事。〔註 76〕據〈道宗本紀〉載，壽昌六年，王師儒以樞密副使監修國史。〔註 77〕兩者相勘，知所謂判史館事實即監修國史。又其時「編修所申，國史已絕筆，宰相耶律儼（按：時爲參知政事）奏：『國史非經大手筆刊定，不能信後，擬公再加筆削。』上從之。」〔註 78〕由是亦可知王師儒之判史館事當爲監修通判之稱，而非一般修撰之充判館事。如《五代會要》載後唐長興四年史館所奏：

> 當館承前修史事，例會合編錄文書，分配在館修撰。直館官員，逐人記述。內修撰一員，充判館事，自除修撰外，應館中著述及諸色公事，都專主掌。監修宰臣通判。〔註 79〕

其記載史館中除修撰外尚有直館官員，應即上述有王師儒爲儒林郎直史館，遼之直史館及判館事當承五代而來。又前引文有「編修所申」，或即史院中之編修官。然唐及五代皆未置此官，宋制有編修、檢討等，未知遼之史館是否設置編修？一時難以證實，或其編修即修撰。

　　金代國史院置監修國史、修國史、同修國史、編修官、檢閱官、書寫等常設官吏，〔註 80〕另有專爲修遼史之刊修官、編修官等，前文已言及。監修國史依例爲宰相兼職，且通常爲首相之任，在海陵帝時即依此制。〔註81〕修國史加判院事，即爲實際負責史館之職，其員額不定。同修國史二員，女眞、漢人各一，章宗承安四年（1199），復各增置一員，並罷契丹同修國

〔註 76〕參見〈王師儒墓誌銘〉，《全遼文》，頁 291。

〔註 77〕參見《遼史》，卷二十六，頁 6 上。

〔註 78〕見〈王師儒墓誌銘〉，《全遼文》，頁 292；耶律儼其時爲參知政事，見《遼史》，卷九十八，頁 3 下。

〔註 79〕見《五代會要》（臺北：九思，民國 67 年），卷十八，〈修史官〉條，頁 300 ～301。

〔註 80〕參見《金史》，卷五十五，〈百官志一〉，頁 1245。

〔註 81〕參見《金史》，卷一二九，〈蕭裕傳〉，頁 2790，謂海陵帝時：「舊制，首相監修國史。」但蕭裕本人以平章監修爲海陵特授，謂恐史官有遺逸之故，實則示寵信之意。又衛紹王時，孫鐸由參政遷尚書左丞兼修國史，見《金史》，卷九十九本傳；楊樹藩謂「監修」，不知何據，見《遼金中央政治制度》（臺北：臺灣商務，民國 67 年），頁 194。然以參政升左丞爲執政，應爲「監修」國史，《金史》言「兼修」恐有誤。

史。〔註82〕故知此前當有契丹同修國史，如契丹皇族東丹王突欲之七世孫移刺履，於世宗大定二十六年（1186）時兼同修國史。〔註83〕編修官爲女眞、漢人各四員，官八品，章宗明昌二年（1191），罷契丹編修三員，添女眞一員，而世宗大定十八年（1178），用書寫出職人爲編修官。〔註84〕國史院之檢閱官爲從九品，其下附有書寫，員額爲女眞、漢人各五人，但上述移刺履曾爲書寫之職，後於世宗時任編修官、兼筆硯直長，可知世宗以前曾有契丹書寫。所謂筆硯直長，爲掌御用筆墨之筆硯局之長，與著作局同屬祕書監之下，官正八品。

監修既爲首相之任，次相平章政事則同爲監修國史，如熙宗時蕭仲恭爲平章、同監修，完顏勗以同監修而進位平章即是。〔註85〕修國史與同修國史亦皆爲兼職，前者地位較高，通常爲正三品官得兼；同修國史之官品較爲不定，茲就《金史》舉下例以見一斑：海陵帝時蕭永祺爲從三品之翰林侍講學士同修國史，〔註86〕王競爲從三品之太常卿同修國史，後擢正三品之禮部尙書，仍同修如故，其後爲正三品之翰林學士承旨，則兼修國史；〔註87〕世宗時移刺履爲從五品之禮部郎中兼同修國史，黨懷英爲正五品之翰林待制兼同修，鄭子聃爲正四品之吏部侍郎兼同修，移刺道爲從三品之御史中丞兼同修，而後鄭子聃爲從三品之侍講學士兼修國史；〔註88〕太宗時，韓昉曾爲正三品之禮部尙書、遷翰林學士兼太常卿、修國史。〔註89〕以上所見修國史官多須從、正三品始得兼，同修國史官則自從五品至從三品皆得兼任之；而翰林又多兼或同兼修國史，此類例子極多，不必再加贅舉。

金代修史，據資料所載其史官設置時間不一，未必依起居注、日曆、實錄等程序進行。如前述太宗時即有完顏勗所修之國史，熙宗時曾令韓昉等修

〔註82〕　參見《金史》，卷五十五，〈百官志一〉，頁1245，同修國史之下記：「女眞、漢人各一員，承安四年，更擬女眞一員。」按同書，卷十一，〈章宗本紀三〉，頁252，承安四年：「增設國史院女眞、漢人同修史各一員。」從本紀，則承安四年以後當爲女眞、漢人各二員爲同修國史。

〔註83〕　參見《金史》，卷九十五，〈移刺履傳〉，頁2100。

〔註84〕　參見《金史》，卷九，〈章宗本紀一〉，頁218，明昌二年：「諭有司，自今女眞字直譯爲漢字，國史院專寫契丹字者罷之。」當即指罷契丹編修三員之事。

〔註85〕　參見《金史》，卷八十二，頁1849；卷六十六，頁1559。

〔註86〕　參見《金史》，卷一二五，頁2720。

〔註87〕　參見《金史》，頁2723。

〔註88〕　參見《金史》，卷九十，頁1995；卷九十五，頁2100；卷一二五，頁2726。

〔註89〕　參見《金史》，卷一二五，頁2741。

國史，以及祖宗實錄之完成，大約制度化之修史早不過熙宗，而海陵帝時可謂已如一般設史館、置史官之逐級修史過程。史院修史據日曆成初稿，負其事者爲編修官，再交初稿於書寫抄錄之。《金史》所謂「凡編修官得日錄，纂述既定，以稟授書寫，書寫錄潔本呈翰長」，〔註90〕此「翰長」當指翰林學士而言。前已言及翰林學士多爲兼修或同修國史，爲實際負修史之總責者，大約定稿即在其手上完成，俟監修宰相過目後即可上呈。《中州集》載：

> 史館舊例，史院有監修，宰相爲之，同修翰長至直學士兼之，編修官專纂述之事，若從事則職名，謂之書寫，特抄書小吏耳。凡編修官得日錄，分受之，纂述既定，以稟授從事，從事錄潔本呈翰長。平居無事，則翰長及從事或列坐飲酒賦詩，一預史事，則有官長掾屬之別。〔註91〕

前引《金史》即由元好問此段文字摘錄，《中州集》所載頗生動寫實；關於史館之事，《金史》他處皆未見簡要如此者。其次，編修官所得之日錄即著作局所修之日曆，上文述金制著作郎時已述及。

四、結　語

　　遼、金之史館及史官制概如上述，至其修史之內容及過程已有專文論及，不必再述。〔註92〕遼、金建國前皆已有長時間之發展，且多已接觸漢文化，與中原內地並有交通，但多仍依其本俗生活。因無文字，故典章制度難得詳悉，尤其文史之作可謂闕如。迄其建國前後始得製作，此與其文字之創制有關，亦與受漢法有關。

　　遼、金修史之意識皆起於建國之初，所據以口傳耳聞之祖宗遺事爲主。二朝文字皆創於開國太祖之際，但史館及史官之置則遼起於太祖，金起於太宗，不過就修史之事而言，二朝皆始於開國太祖之際。雖然遼、金之史館及史官可見諸開國之時，但其制度與規模等卻難窺全貌；遼約當第五代景宗之時，金約當第三代熙宗之時，始見較具規模之史官制度。

〔註90〕《金史》，卷一二六，〈李汾傳〉，頁2714。「翰長」原作「翰表」，施國祁《金史詳校》據元好問《中州集》（臺北：臺灣商務，《四庫全書》本），卷十，〈李講義汾〉之傳略校改。

〔註91〕見《中州集》（《四庫全書》），頁9上、下。

〔註92〕遼代修史可參見馮家昇〈遼史源流考〉；金代修史可參見拙作〈金修國史及金史源流〉，載《書目季刊》，第二十二卷第一期，民國77年，頁47～60。

　　金制記注院修起居注，著作局修日曆，國史院修實錄、國史等，至遲在海陵帝時即已成制度化。其修注官皆爲兼職，官品不一，以諫官兼者居多。著作郎及佐郎爲修日曆專任之官，其官品爲從六品及正七品，所修日曆得自起居注，故由記注官潤色後送付國史院。國史院有宰執所兼之監修國史及同監修；負實際史館之責者爲修國史及同修國史，前者爲三品官兼職，後者爲五至三品官兼職。其下有負責撰修之專任編修官，女眞、漢人皆爲正八品任此職；次則爲檢閱官，由女眞、漢人從九品之職分任；再次爲名書寫或從事之抄寫吏員。

　　遼制較疏漏，由起居、日曆至實錄之制起始不詳，而中期以後資料漸多，或史官及史館之制度化即在此時。修注爲門下省之起居舍人院，以起居舍人及起居郎爲常置官，應爲專任職，故另有知起居注之兼職，亦有修注官兼他職者，其官品皆不詳，或在六品之列。著作局同金制，而多以進士初第者充任之。國史院亦多以宰執監修，亦有如翰林學士之林牙監修。修國史與同修國史則以二品官兼前者，三、四品官兼後者。負史館實際工作者爲修撰官，兼此職者官品不一，而以五、六品居多，較金代編修爲高。此外，尚有直史館一職，或在七品之列，惟資料不足。

　　金制較遼制詳盡，其史官之工作及記事亦較完備，除去資料問題外，即金受漢文化較遼爲深，其採借漢法較成系統；且金據有華北，入漢地至淮水，北宋文物制度爲其所承襲。不若遼行兩元之制，漢法僅及於南面燕雲之地，其初採五代之制，中期以後與北宋相峙，交通及競爭之際，漢法之採用始漸盛，就史館及史官制度而言，於此亦可見其端倪。

　　遼、金二史之修成於元末，固皆有其底本，然基礎仍在於二代自身所修之實錄、國史等。此有賴於史館及史官制度之確立，論史者不可不知也。

（原刊於《國史館館刊》復刊第六期，臺北：國史館，民國 78 年 6 月。）

貳、金修國史及《金史》源流

一、前　言

　　元末修宋、遼、金三史，《金史》號爲獨佳。趙翼以爲《金史》記事最爲詳核，文筆最爲老潔，遠出宋、元二史之上。〔註1〕《遼史》在三史中最爲疏略，此讀史者皆知。致力於校勘《金史》之施國祁，以爲金之年祚不及遼，版圖不及元，文風不及南宋，但金之史裁大體，文筆簡潔，無《宋史》之繁蕪，載述不似《遼史》之闕略，敘次不若《元史》之譌謬，〔註2〕施氏以爲《金史》勝於其他三史，究其原委乃金代本身所修之國史較佳之故，亦即元代修《金史》時所據之底本較佳，此底本係指金代所修之實錄等，但實錄或國史雖爲《金史》之主要源流，然尚有其餘之材料爲修《金史》之所據，故施氏所言，宜不惟指金修之國史，尚須加上其他同樣「文筆簡潔」等材料。這類材料通常指元好問之《中州集》及《壬辰雜編》，另有劉祁之《歸潛志》等。

　　趙翼以爲說者謂《金史》多取元、劉之書而成，故稱良史，但好問並未得金代之實錄；其宣、哀以後諸將，則多本之元、劉二書。〔註3〕趙氏將金修之國史及今本《金史》之源流等已作扼要概述，唯所言欠詳，間亦有出入。與趙氏相類之論述多本於趙氏，然又有所補充。〔註4〕本文準前賢之作，復加之整理論證而成，馮家昇有《遼史源流考》，筆者略師其意，爰成茲篇。

〔註1〕參見趙翼，《廿二史劄記》（臺北：世界，民國60年），卷二十七，〈金史〉條，頁372。
〔註2〕參見施國祁，《金史詳校》（臺北：藝文影印史學叢書本），序文。
〔註3〕參見同註1。
〔註4〕可參見楊家駱《金史識語》與徐浩《金史述要》等，兩文收於《新校本金史》（臺北：鼎文），又後文可見於《廿五史述要》（臺北：世界）。此外可參見金毓黻，《中國史學史》（臺北：漢聲，民國61年）。

二、金修國史

遼、金、元三代不若漢族朝廷之有史官制度之傳統，而其本身文字製作稍晚，對於建國前民族先世之歷史多不詳確。按照民族之習慣，應由傳述轉聞而保留其歷史，至於集結成史冊，以及史官之建立，則爲受漢文化之影響所致。遼、金、元人對其國史之盡心努力並不遜於他代，遼代已如馮家昇所述，金、元二代則有待闡發。

金官制設國史院，有監修國史、修國史、同修國史、編修官、檢閱官、書寫等，又另設修《遼史》刊修官、編修官等，〔註5〕是以金代之國史院有二單位，其一爲通常各代之修史機構，其二爲專修《遼史》之機構。金熙宗時移剌固、蕭永祺等專責修成《遼史》，章宗時有移剌履、黨懷英、郝俁等十餘人以及陳大任修成《遼史》，〔註6〕金代兩次大修《遼史》皆爲國史院中之專責機構，非國史院一般職責，如移剌履是「提控刊修《遼史》」，〔註7〕不是國史院之修國史事。

國史院監修國史依例由宰相兼任，通常爲首相之任。〔註8〕修國史員額不定。同修國史二員，女眞、漢人各一，章宗承安四年（1199）復增置各一員，並罷契丹同修國史。〔註9〕編修官爲女眞、漢人各四員，明昌二年（1191）罷契丹編修三員，添女眞一員。〔註10〕

監修爲首相之任，次相平章政事則爲同監修國史銜，如熙宗時蕭仲恭爲平章、同監修，宗顏勗同監修而進位平章〔註11〕即是。修國史與同修國史皆爲兼職，前者地位較高，通常爲正三品官得兼修國史，同修國史則較爲不定，以下數例可供參考：海陵帝時，蕭永祺爲從三品之翰林侍講學士同修國史，〔註

〔註5〕 參見《金史》，卷五十五，〈百官志一〉（臺北：鼎文，新校本），頁1245。
〔註6〕 金修《遼史》，可參見馮家昇，《遼史源流考》（《燕京學報》專號，臺北：東方文化），頁595～599。
〔註7〕 見《金史》，卷九，〈章宗本紀一〉，大定廿九年。頁212。
〔註8〕 《金史》卷一二九，〈蕭裕傳〉謂海陵帝時：「舊制，首相監修國史」，可知海陵時即遵此傳統舊制。頁2790。
〔註9〕 見註5，同修國史之下按語說：「女直、漢人各一員，承安四年，更擬女直一員」，〈章宗本紀〉承安四年說：「增設國史院女直、漢人共修史各一員」卷十一，頁252，從本紀則承安四年以後當爲女直、漢人各二員。
〔註10〕 按〈章宗本紀〉，明昌二年：「諭有司，自今女直字直譯爲漢字，國史院專寫契丹字者，罷之」卷九，頁218，當指罷契丹編修三員之事。
〔註11〕 蕭仲恭參見《金史》，卷八二，頁1849，完顏勗參見卷六，頁1559。
〔註12〕 參見《金史》，卷一二五，頁2720。

12）王競爲從三品之太常卿同修國史，後擢正三品之禮部尙書，仍同修國史如故，其後爲正三品之翰林學士承旨修國史，〔註13〕世宗時移剌履爲從五品之禮部郎中兼同修，黨懷英爲正五品之翰林待制兼同修，鄭子聃爲正四品之吏部侍郎兼同修，移剌道爲從三品之御史中丞兼同修，而後，鄭子聃爲從三品之侍講學士兼修國史，〔註14〕韓昉於太宗時爲正三品之禮部尙書，遷翰林學士兼太常卿、修國史〔註15〕等。以上所見修國史官須從三、正三品始得兼，而同修國史則自從五品至從三品皆得兼；翰林多兼修國史，此類例子極多，不再贅述。

前述爲國史院主事之史官，所修爲實錄、國史。另有修史相關之機構，並同國史院所修之實錄，依序述之如下：

（一）起居注

金制有記注院，掌記言動，史稱：「明昌元年，詔毋令諫官兼，或以左、右衛將軍兼。貞祐三年，以左、右司首領官兼，爲定制」，不允諫官兼與國史院同，蓋「恐其奏章私溢已美故也」。〔註16〕據此起居注官爲兼職，而兼職官品亦不一，如世宗時粘割斡特剌爲正七品之右補闕兼修起居注，章宗時納坦謀嘉爲從六品之翰林修撰兼修起居注，世宗時賈少沖、熙宗時郭長倩皆以正五品之秘書少監兼修，而世宗時有從四品之翰林直學士移剌道兼修，又有楊邦基，以從三品之秘書監修起居注，同時有從三品之太常卿楊伯仁，領修起居注官等。〔註17〕不但見各官品得兼修起居注，也可見記注官曾命人領之。稍早有海陵帝天德三年（1151），命翰林待制（五品）宗敘兼修起居注，〔註18〕亦有如移剌子敬兼修起居注又同修國史之情形。〔註19〕

修起居注或始於海陵帝初時，此前則未見，明昌元年（1190）不允諫官

〔註13〕參見前註，頁2723。

〔註14〕移剌履參見《金史》，卷九五，頁2100，黨懷英見卷一二五，頁2726，鄭子聃亦見卷一二五，頁2726，移剌道見卷九〇，頁2714。

〔註15〕參見《金史》，卷一二五，頁2714。

〔註16〕參見《金史》，卷五六，〈百官志二〉，頁1280，諫官不兼國史見同註5。

〔註17〕粘割斡特剌見《金史》，卷八九，〈魏子平傳〉，頁1977，及卷九五，頁2107。〈納坦謀嘉〉見卷一〇四，頁2287，賈少沖見卷九十，頁2000，郭長倩見卷一二五，頁2720，移剌道見卷八七，頁1967，楊邦基見卷九〇，頁2007，楊伯仁見卷一二五，頁2725。

〔註18〕參見《金史》，卷七一，頁1643。

〔註19〕參見《金史》，卷八九，頁1988。

兼，是恐諫官以記注之便而表揚個人之故，左、右衛將軍屬殿前都點檢司，掌宮禁、行從、宿衛、警嚴等事，[註20] 參與起居注寫恐有礙其所負安全之職；但《金史》中似未見以此職兼修起居注者，而以諫官兼者甚多。左、右司首領官指尚書省下之左、右司郎中，然史言：「兼帶修起居官，迴避其間記述之事」，[註21] 似記宣宗貞祐三年（1215）定制後之事，所迴避者，是指執行其職時宜避免記注時所預知者。

世宗大定十七年（1177）修起居注移剌傑上書說：「朝奏屏人議事，史官亦不與聞，無由記錄」，世宗問宰相石琚，《金史》上記載這段對話說：

> （石）琚與右丞唐括安禮對曰：古者史官，天子言動必書，以徼戒人君，庶幾有畏也。周成王翦桐葉為圭，戲封叔虞，史佚曰：天子不可戲言，言則史書之。以此知人君言動，史官皆得記錄，不可避也。上曰：朕觀貞觀政要，唐太宗與臣下議論，始議如何，後竟如何，此政史臣在側記而書之耳！若恐漏泄幾事，則擇慎密者任之。朝奏屏人議事，記注官不避自此始。[註22]

則知大定十七年前，記注官尚需避朝奏議事。此後則諫官與記注官得與聞議論，[註23] 但此制至章宗時並未遵行，故朝臣與史官再度爭取之，時完顏守貞與修起居注張暐上奏：

> 唐中書門下入閣，諫官隨之，欲其預聞政事，有所開說。又起居郎、起居舍人，每皇帝視朝，左右對立，有命則臨階俯聽，退而書之，以為起居注。緣侍從官每遇視朝，正合侍立。自來左司上殿，諫官、修起居注不避，……此來一例令臣等迴避，及香閣奏陳言文字，亦不令臣等侍立。則凡有聖訓及所議政事，臣等無緣得知，何所記錄？何所開說？似非本設官之義，若漏泄政事，自有不密罪。上從之。[註24]

據此則章宗時記注官得預朝議，是由完顏守貞與張暐所爭取而來，然據高汝

[註20] 參見《金史》，卷五六，〈百官志二〉，頁 1254。

[註21] 見《金史》，卷五五，〈百官志一〉，頁 1218。

[註22] 見《金史》，卷八八，〈石琚傳〉，頁 1962。又〈世宗本紀〉繫於大定十八年，見卷七，頁 169。

[註23] 參見同前，〈唐括安禮傳〉，頁 1966。又趙翼有「金記注官最得職」條論世宗、章宗記注不避事，見《廿二史箚記》卷二八。

[註24] 參見《金史》，卷七三，〈完顏守貞傳〉，頁 1687。

勵傳，則又爲汝勵於承安年間所奏得。當時遇奏事時，台臣須迴避；汝勵引唐制論諫官得預聞奏事，同時舉修注之職乃「掌記言動，俱當一體」，即應與諫官同預奏事。章宗從汝勵之奏。〔註25〕

　　章宗明昌元年以登聞鼓院同記注院，無有所隸，〔註26〕記注院須保持超然之立場，始能秉筆直書，故無所隸屬，而登聞鼓院乃掌奏進告御史臺及登聞檢院理斷不當事，亦須維持其超然立場，有如諫官之職，故章宗承安以後以諫官兼之，〔註27〕登聞鼓院盡職之精神與立場既與記注院同，故亦應依記注院無有所隸，可知章宗以前記注院本無所隸，以便執行其工作。

（二）日　曆

　　據起居注可修成日曆。金制亦有著作局爲修日曆官署；其中有著作郎、著作佐郎各一員以掌修之，此前於熙宗皇統時期各設二員，以學士院兼領編修日曆，〔註28〕可知至遲於熙宗時即有修日曆之所。《金史》中記日曆之資料欠詳，今舉二條以供參考。其一爲章宗承安五年（1200）：

　　　　尚書省奏：右補闕楊庭秀言，乞令尚書省及第左右官一人，應
　　入史事者編次日曆，或一月，或一季，封送史院。上是其言，仍令
　　送著作局潤色，付之。〔註29〕

此爲日曆之編寫，一月或一季成單位，先由記注官潤色後，送往史院以供修實錄之用。其二，日曆或稱日錄，史院中由編修官據日錄纂述成稿；此即爲實錄之初稿。〔註30〕

（三）實　錄

　　編修官纂述稿先由書寫抄錄潔本呈給「翰長」，〔註31〕此「翰長」當指翰林學士，前面已言及翰林學士多兼修國史或同修國史，爲實際負修史之總責者。據元好問《中州集》所載，對國史院修史之程序及同事之關係有極簡明

〔註25〕參見《金史》，卷一〇七，〈高汝勵傳〉，頁2352。

〔註26〕參見《金史》，卷九，〈章宗本紀〉，頁216。

〔註27〕參見《金史》，卷五六，〈百官志二〉，頁1279。

〔註28〕參見前註，頁1269。

〔註29〕參見《金史》，卷一一，〈章宗本紀〉三，頁253。

〔註30〕參見《金史》，卷六四，〈李汾傳〉，頁2741。

〔註31〕參見同前註，「翰長」原作「翰表」，施國祁《金史詳校》（臺北：商務，四部叢刊初編），據元好問《中州集》（臺北：商務，四庫全書），卷十，〈李講義汾〉之傳略校改。

之描述：其言同修國史爲翰長至直學士兼之，監修乃宰相爲之。編修官專負纂述之事，書寫即抄書之小吏，亦名從事。編修官分受日錄纂述成稿，從事受稿抄錄潔本以呈翰長。平居無事時，翰長及從事或列坐飲酒賦詩，一預史事則有官長椽屬之別。〔註32〕

上述由起居注至日曆，再由日曆至編修官纂稿等，是海陵帝以後之制度化修史，早亦不過至熙宗時期以後，在此前已有實錄或國史的修纂；大約當太宗天會六年（1128）爲金代修史之始。當時太宗下詔訪求祖宗遺事，以補修國史，主持其事者爲完顏勗與耶律迪越，其所採舊事遺言等資料，自始祖以下十帝，成史三卷，號稱據實直書之史，其詳於部族及征伐諸部；而無所隱諱，〔註33〕此《十朝實錄》即爲金代首部國史。

熙宗皇統元年（1141），完顏勗撰成《祖宗實錄》三卷，又稱之爲《先朝實錄》。〔註34〕在此前天會十五年時，熙宗曾命韓昉、耶律紹文等編修國史，〔註35〕此次編修國史並無下文，應是韓昉等以始祖以下《十朝實錄》爲底本再修之，仍以完顏勗主修而成。章宗時張行信言女眞始祖來自高麗，以《始祖實錄》爲據，〔註36〕此實錄不知爲天會六年抑皇統元年之實錄？然至少章宗時仍存。

其次爲《太祖實錄》，於皇統八年進呈，亦由完顏勗主其事。〔註37〕此《太祖實錄》當海陵帝時曾命蕭裕監修，以「恐史官有遺逸」之故，〔註38〕然此次監修之實錄亦無下文。

其三爲《太宗實錄》，於世宗大定七年（1167）修成，〔註39〕參與修史者爲紇石烈良弼、張景仁、曹望之、劉仲淵等人。〔註40〕然後有修撰温迪罕締

〔註32〕 參見前註《中州集》，頁 150 上。
〔註33〕 參見《金史》，卷六六，〈完顏勗傳〉，頁 1558，太宗下詔求遺事，又可見卷三，〈太宗本紀〉，頁 59。
〔註34〕 參見前註，頁 1559，及卷四，〈熙宗本紀〉，頁 78。
〔註35〕 參見《金史》，卷四，頁 72。
〔註36〕 參見《金史》，卷一○七，〈張行信傳〉，頁 2367。
〔註37〕 《金史》卷四，〈熙宗本紀〉皇統八年云：「八月，宗弼進《太祖實錄》」。見頁 84。而卷六六，〈完顏勗傳〉云：「奏上《太祖實錄》二十卷」，見頁 1559。蓋宗弼時爲太師、領三省事，以其名進呈，而實際監修者爲完顏勗，故傳中有熙宗賜其金、銀、綵、絹等以爲賞賜。
〔註38〕 見同註 8。
〔註39〕 參見《金史》，卷六，〈世宗本紀〉上，頁 139。
〔註40〕 參見《金史》，卷八八，〈紇石烈良弼傳〉，頁 1951。

達奉命訪太宗時舊臣戩英，以求正史實錄。〔註41〕

其四爲《熙宗實錄》，於世宗大定二十年修成，由完顏守道監修，〔註42〕其始修年代不詳，大約在大定十三年以後，在此前世宗曾欲完顏思敬主修，以其「嘗爲侍從，必能記其事跡」，但爲思敬婉諫而止。〔註43〕

其五爲《海陵實錄》，其修纂始末年代不詳，但知有鄭子聃參與修史或主修，世宗以其爲海陵時人，故以史實專責之。〔註44〕在修《太宗實錄》前、後，世宗皆以海陵之起居注不夠完整，且以所書多不實，乃命史官訪求，詳而錄之。〔註45〕蓋世宗深惡海陵，有意暴其劣處，當知世宗乃乘海陵南征時自立於後方者，故謂記注不完，所書不實，恐爲藉口，其欲以史臣揚其惡爲目的，故世宗所修之《海陵實錄》未必公正客觀。宣宗時賈益謙即公開宣告說：

> 然我聞海陵被弒而世宗立，大定三十年，禁近能暴海陵蟄惡者，輒得美仕，故當時史官修實錄多所附會。〔註46〕

觀今本《金史》，的確盡在暴海陵之惡，誠如賈益謙所言，世宗時史官望風順旨，所修實錄如此，《金史》即據之以成。

其六爲《世宗實錄》，進呈於章宗明昌四年（1193）。然據趙秉文〈翰林學士承旨文獻黨公碑〉中所述，〔註47〕以明昌六年黨懷英曾預修《世宗實錄》〔註48〕，又〈章宗本紀〉云：泰和三年（1203），尙書左丞完顏匡等進《世宗實錄》，〔註49〕而察《金史》完顏匡傳則有其「入守尙書左丞，兼修國史，進《世宗實錄》」。〔註50〕如此，《世宗實錄》進呈之年代不定，若以完顏匡所進爲《顯宗實錄》，〔註51〕則黨懷英碑文仍與《金史》不合。待考。

其七爲《衛王實錄》。據《金史》〈衛紹王本紀〉稱其記注亡失，而宣宗南遷以後又不復記載，故未見其實錄留存。〔註52〕史稱宣宗興定五年（1221）

〔註41〕參見《金史》，卷七二，〈戩英傳〉，頁1663。

〔註42〕參見《金史》，卷八八，〈完顏守道傳〉，頁1957。

〔註43〕參見《金史》，卷七〇，〈完顏思敬傳〉，頁1626。

〔註44〕參見《金史》，卷一二五，〈鄭子聃傳〉，頁2726。

〔註45〕參見《金史》，卷六，〈世宗本紀〉上，大定八年，頁143，以及同註40。

〔註46〕參見《金史》，卷一〇六，〈賈益謙傳〉，頁2336。

〔註47〕參見《金史》，卷十，〈章宗本紀〉二，頁230。

〔註48〕參見《滏水集》（臺北：成文，九金人集），卷一一，頁18上。

〔註49〕參見《金史》，卷十一，頁261。

〔註50〕參見卷九八，頁2166。

〔註51〕參見註49，頁264所附校勘記（二四）條。

〔註52〕參見卷十三，〈衛紹王本紀贊〉，頁298。

曾欲纂修《衛王實錄》，但無下文，衛王事跡也不見有結果。〔註53〕

其八為《章宗實錄》百卷及《事目二十卷》。進呈時間在宣宗興定四年（1220）九月，〔註54〕修纂時間於宣宗朝為興定元年，由高汝礪、張行信等主其事，趙秉文亦參預，〔註55〕而在衛紹王時也曾修《章宗實錄》，崇慶年梁釀與張行簡同主其事。〔註56〕

其九為《宣宗實錄》。其完成於哀宗正大五年，〔註57〕又王若虛曾為著作佐郎，於修史有功。〔註58〕

其十為《睿宗實錄》。為世宗大定十一年（1171），紇石烈良弼所進呈，〔註59〕前述進《太宗實錄》時，世宗曾遣温迪罕締達往就正史實於毅英，而睿宗之史亦同時就正，史稱「多更定焉」。睿宗為太祖之子宗堯（宗輔）。

以上所述十朝實錄，除衛王外為九朝，然睿宗乃追諡，並未成一朝，所餘則八朝；先朝（實則為始祖以下十帝，可為十朝，又完顏勗前後修兩部先朝實錄）、太祖、太宗、熙宗、海陵、世宗、章宗、宣宗等八部實錄，此則為金代所修其自身之國史。

此外，另有史部著作數種，當有關於金修國史，但史文未明言其修國史之直接關係。始天會時期即訪求遺事，以備國史，歷朝修史亦多重訪求就正之事，有關之史部著述可有下列數種：太祖時阿离合懑與斜葛同修《本朝譜

〔註53〕 參見同註46。倪燦補《遼金元藝文志》及錢大昕補《元史藝文志》（商務叢書集成），皆有「衛王事跡」，且倪書謂興定五年進。兩書所言，不知何據？恐即《金史》〈賈謙益傳〉所述，然賈傳中並無此說，倪、錢二氏於傳文有誤會。又元好問〈與樞判白兄書〉中說：「唯有實錄一件，只消親去順天府一遭，破三數月功披節每朝終始及大政事大善惡……大安及正大事，則略補之」，見《遺山先生集》（臺北：成文，九金人集）卷三九，可知衛王，哀宗二朝無實錄或傳記。

〔註54〕 《金史》卷十六〈宣宗本紀〉下，頁354。實錄百卷及事目卷數，見趙秉文，《滏水集》（臺北：成文，九金人集），卷十〈章宗皇帝實錄表〉，頁9上。

〔註55〕 參見《金史》，卷十五，〈宣宗本紀〉中，頁332，原文作「命高汝礪、張行簡同修《章宗實錄》」。但卷一〇七，〈張行信傳〉以興定元年史館修《章宗實錄》，稱：「左丞汝礪已充兼修，宜令參知政事行信同修如行簡例」，蓋行簡於衛王崇慶時，曾與參政梁鏜同修史，故以行信比於行簡例。見頁2368。因知〈宣宗紀〉張行簡當為張行信之誤。趙秉文見前註。

〔註56〕 參見前註。

〔註57〕 參見《金史》，卷十七，〈哀宗本紀〉上，頁381。

〔註58〕 參見《金史》，卷一二六，〈王若虛傳〉，頁2737。

〔註59〕 參見註40，頁1953，另見卷六，〈世宗本紀〉上，頁150。

牒》，宗翰也由合懶處盡得祖宗法度，〔註60〕此正宗翰本人即好訪問女眞老人，而多得祖宗遺事相合，而後完顏勗修始祖以下十帝實錄，必多有得力於此。〔註61〕完顏勗因訪得資料多，修史之餘有《女直郡望姓氏譜》及其他文章，世宗時曾下詔將其諫表列入實錄之中。〔註62〕

章宗時有右補闕楊庭堅，議請集太祖、太宗、世宗三朝聖訓，後再加入熙宗朝，成爲《四朝聖訓》。〔註63〕類似者有哀宗時，史公奕進呈《大定遺訓》。〔註64〕

譜牒之作尙有章宗承安五年之重修玉牒，此爲大睦親（宗正）府所修進，〔註65〕而與紀傳有關者，如熙宗皇統元年，王兢之〈金源郡王完顏婁室墓碑〉，乃以行狀盡其實，請國史刊正之。〔註66〕章宗時韓玉有《元勳傳》，得章宗嘆賞曰：「勳臣何幸，得此家作傳耶！」。〔註67〕王兢之作已刊正國史，玉牒與《元勳傳》當爲修史時所參考採用。至於金人著作涉史之林者尙夥，各家書目多採列之，但無相關資料說明其與金修國史之連繫，故不再贅述。〔註68〕

三、《金史》之取材

阿魯圖〈進金史表〉云：「于時張柔歸《金史》於其先，王鶚輯金事於其後。……延祐申舉而未遑，天曆推行而弗竟。」〔註69〕此指元代修《金史》之重要過程。《金史》中說元好問以修《金史》爲己任，其時《金實錄》在順天張萬戶（柔）家，好問言之於張，既而爲樂夔所阻而止，好問乃構亭於家修其《金史》，至百餘萬言，所傳有《中州集》及《壬辰雜編》若干卷，元修

〔註60〕參見《金史》，卷七三，〈阿离合懣傳〉，頁1672。
〔註61〕參見同註33。
〔註62〕參見《金史》，卷六六，頁1560。
〔註63〕參見《金史》，卷十一，〈章宗本紀〉三，頁252。
〔註64〕參見《金史》，卷十七，〈哀宗本紀〉上，頁379。
〔註65〕參見《金史》，卷十一，〈章宗本紀〉三，頁2530。
〔註66〕參見《金史》，卷一二五，〈王兢傳〉，頁2723，又參見其校勘記，頁2728。
〔註67〕參見《金史》，卷一一〇，〈韓玉傳〉，頁2429。
〔註68〕《金史》無藝文志，述補金源著作者自黃虞稷之《千頃堂書目》，倪燦、盧文弨之《補遼金元藝文志》，金門詔之補《三史藝文志》，錢大昕之《補元史藝文志》，龔顯曾之《金藝文志補錄》，孫德謙之《金史藝文略》等家以來，至楊家駱先生《新補金史藝文志》，金代藝文典冊可謂已詳，以楊先生新補之作，史部收一五九種，本文於其中多所參考，其載於中華大典本《金史》（臺北：國防研究院）及新校本《金史》（鼎文）。
〔註69〕參見新校本《金史》附錄，頁2900。

《金史》多本其著述。〔註70〕張柔所藏之《金實錄》即前述各朝之實錄等，史稱崔立以汴京降，張柔「獨入史館，取金實錄，并祕府圖書」；〔註71〕此即「張柔歸《金史》於其先」。王鶚於元世祖中統二年（1261），初立翰林國史院時，即上奏請修遼、金二史，〔註72〕其所修之金史成於何時？內容及份量等皆不詳。直至元末脫脫修三史時，《金史》乃得以完成，王鶚之《金史稿本》當為其時之底本。

元好問之《中州集》及《壬辰雜編》為修《金史》之所取材，然《壬辰雜編》今已亡佚，而《中州集》原百餘卷，今則存十卷。〔註73〕其次劉祁之《歸潛志》亦為《金史》所取材之書，《金史》中已明白指出。〔註74〕元、劉之書即趙翼所特別指出者，亦為研究金史者所注重。茲將今本《金史》中可見其所取材之處，以及元、劉之書與《金史》之關係，述之如下，至於元修三史之事不在本文之內，當另文再述。

今本《金史》之基本取材在於實錄，實錄於金亡之際為張柔所保存，後入史館為王鶚等修史所據，王鶚之《金史》復為元末脫脫修史之底本。實則金修之各朝實錄即其國史之各朝之本紀，元代尚存於史館之中者，有金初《四朝本紀》，〔註75〕元好問於金末時所說之《小字書國史》，即元初蘇天爵所說之《九朝小本實錄》，〔註76〕此皆王鶚修史之據。元修《金史》僅一年半，於三史中獨為人所稱道，即以底本較佳之故，以金所修自身之實錄或國史，王鶚再修之，加上元、劉之書以配補，此所謂出於名士文豪之手，乃成較佳之底本也。

現以今本《金史》卷次可考見者，依序述其取材。本紀當取之於現成之各朝實錄或金修之國史，其間之取捨無法詳悉。然《世紀》中載：「凡《叢言》、《松漠記》、《張棣金志》等書，皆無足取」，〔註77〕可知元修《金史世紀》時，

〔註70〕參見卷一二六，〈元德明附好問傳〉，頁2742。
〔註71〕見《元史》，卷一四七，〈張柔傳〉（臺北：藝文殿本），頁3下。
〔註72〕參見《元史》，卷四，〈世祖本紀〉一，頁15上，然卷一六○，〈王鶚傳〉，述其事於至元元年（1264），見頁7上。待考。
〔註73〕《中州集》原百餘卷，見郝經，〈遺山先生墓銘〉，《遺山先生集附錄》（臺北：成文，九金人集本）。
〔註74〕參見卷一二五，〈劉從益附劉祁傳〉，頁2734。
〔註75〕參見蘇天爵，《滋溪文稿》（臺北：中央圖書館，《元人珍本文集》），卷二五，〈三史質疑〉，頁7上。
〔註76〕蘇天爵見同前註，元好問所言見《遺山先生集》，卷三七，〈南冠錄引〉，頁7上。
〔註77〕見卷一，頁12、13。

至少參閱此三書，然不足以取也。

〈歷志〉：有司天監趙知微重修大明曆，終金之世惟用《知微曆》，「今其書存乎太史，采而錄之，以爲〈歷志〉」，〔註78〕可知〈歷志〉乃抄錄《趙知微曆》而成。

〈五行志〉：「乃彙其史氏所書，仍前史法，作〈五行志〉」。〔註79〕此據金代所記五行之資料而成。

〈地理志〉：中都路安肅州安肅縣，自注：「按《金初州郡志》，雄、霸、保、……〈太宗紀〉載天會七年，分河北爲東、西路，……」〔註80〕此見《金初州郡志》，但所言〈太宗紀〉天會七年事，今本《金史》〈太宗紀〉未見，可知紀、志不合，〈地理志〉所據當爲金修之國史本或王鶚底本之〈太宗紀〉。又〈河南府〉之自注云：「《正隆郡志》有壽安縣，紀錄皆無。」〔註81〕所稱紀錄皆無乃元末修史時，參考《正隆郡志》而有所發現，引以爲注。彰德府邯鄲縣之自注：「《士民須知》惟有邯山鎮。」此仍係元末修史時參考《士民須知》一書而引之爲注，此書於〈地理志〉中引用達五次。〔註82〕

〈禮志〉：金代於禮書頗多修訂，但金末時散逸亡失，至元末修史時，「故書之存，僅《集禮》若干卷，其藏史館者又殘缺弗完，姑掇其郊神宗廟諸神祀、廟覲會同等儀而爲書，若夫凶禮則略焉。」〔註83〕今本《金史》諸志、表中以〈禮志〉佔十一卷爲最多，乃以僅存不全之《集禮》若干卷而成，設元修史時金代禮書多在，則取材將更爲贍詳。至少可知章宗明昌時有四百卷之《金纂修雜錄》，〔註84〕此書或即爲國朝集禮之《大金集禮》，〔註85〕至元末時僅存若干卷。〈禮志〉中記取材自他書者，有《唐開元禮》，〔註86〕又有「其廟制，史不載，傳志雜記或可概見，今附之」，〔註87〕是宗廟之禮，爲元末修史時取材於傳志雜記而成。

〔註78〕見卷二一，〈歷志上〉，頁442。
〔註79〕見卷二三，〈五行志〉，頁533。
〔註80〕見卷二四，〈地理志上〉，頁578。
〔註81〕見卷二五，〈地理志中〉，頁593。
〔註82〕見前註，頁606，其他引用之處，見頁1241、1257、1267、1330等。
〔註83〕見卷二八，〈禮志一〉，頁692。
〔註84〕參見同前註。
〔註85〕參見《金史》，卷一○六，〈張行簡傳〉，頁2331。
〔註86〕參見卷二九，〈禮志二〉，頁722，另見卷三五，〈禮志八〉，頁816。
〔註87〕見卷三十，〈禮志三〉，頁727。

〈輿服志〉其序文曰：「考禮文，證國史，以見一代之制度云」，〔註88〕此亦據金代所訂諸禮之文，參證國史而成。又引用《五禮新儀》、《開元禮》等。〔註89〕

〈兵志〉：其序文曰：「兵制、馬政、養兵等法，載諸舊史者，臚列于篇」，〔註90〕此取諸金之國史可知。又有「故混源劉祁謂：金之兵制最弊，……」，〔註91〕此明言取於劉祁之《歸潛志》。

〈刑志〉：其序文曰：「簡牘所存，可爲龜鑑者，〈本紀〉、〈刑志〉詳略互見云」，〔註92〕其取材欠明確，或因金之國史而抄錄，故緣其舊而紀、志相互參見。

〈百官志〉：於兵部之下，自注云：「……此《天興近鑑》所載之制也」，〔註93〕此書爲金末楊奐所作。〔註94〕其餘自注所取之書，「御史台」下有《士民須知》、《總格》、《泰和令》等，其他多處亦引注之，〔註95〕於〈內命婦品〉下，自注云：「按《金格》、貞祐後之制，……」，此《金格》又見於〈官誥〉之注中，〔註96〕讀其文意《金格》應爲一專書名，而非「金代之格條」之敘述語。

〈宗室表〉：其序文曰：「貞祐以後，譜牒散失，大概僅存，不可殫悉，今掇其可次第者著于篇。」〔註97〕。此據金之譜牒得見者而成，但表中於康宗諸子後附文記稱「史載……」，太宗諸子、衛王諸子等皆可見，又宣宗諸子表後附文有「他書載……」等，〔註98〕此「史載」言之不詳，或指譜牒或指紀傳資料，而「他書載」，則明知取之於他書，然未指出爲何？

〈交聘表〉其序文曰：「使者或書本階，或用借授，兩國各因舊史，不須

〔註88〕見卷四三，〈輿服上〉，頁969。
〔註89〕見前註，頁970、981等。
〔註90〕見卷四四，〈兵志〉，頁992。
〔註91〕見前註，頁999。
〔註92〕見卷四五，〈刑志〉，頁1014。
〔註93〕見卷五五，〈百官志一〉，頁1236。
〔註94〕參見倪燦、盧文弨，《補遼金元藝文志》（臺北：開明，二十五史補），頁8500，又可參見《元史》，卷一五三，〈楊奐傳〉，頁14上。
〔註95〕參見卷九三，頁1241，其餘分別見於〈百官志〉一、二各條中，頁1257、1259、1261、1268、1274、1276、1283等等。
〔註96〕見卷五七，〈百官志三〉，頁1296，及卷五八，〈百官志四〉，頁1339。
〔註97〕見卷五九，〈宗室表〉，頁1359。
〔註98〕見前註，頁1367、1371、1375、1376等。

強同云。」〔註99〕此據「舊史」，以金對宋、夏、高麗之交聘事，當參考各國之史，始得謂彼此間「兩國各因舊史」。

〈后妃傳〉：其序文曰：「故自初起至於亡國，列其世次，著其族里，可考鑒焉。其無與於世道者，置不錄」，〔註100〕可置而不錄，即知必有所本，乃能取材。見其錄海陵事頗詳；復多暴其淫虐，應是取之於實錄，其餘后妃或亦取之實錄。

〈列傳〉部份與元、劉之書相關密切，容後敘述；今且由末數卷而言。外國傳二卷，〈高麗傳〉有「事具《遼史》」，〔註101〕此即開首數句乃據《遼史》而來，略而不必詳，可參見《遼史》。〈西夏傳〉亦復如此，言稱《遼史》，然亦有取自他書者，如：「夏之立國舊矣，其臣《羅世昌譜敘》世次稱……」，如「按《唐書》，党項八部……」，〔註102〕得知除《遼史》外，羅氏之書及《唐書》皆為修〈西夏傳〉時之取材。

〈宦者傳〉之序文有：「世傳梁道勸章宗納李妃後宮，《金史》不載梁道始末，弗得而論次之」，〔註103〕可知因金修之國史不載，則無法寫之於史，是〈宦者傳〉皆本於國史。

〈酷吏傳〉之序文有：「《金史》多闕逸，據其舊錄得二人焉，作〈酷吏傳〉」。〔註104〕元修史本諸金修國史，國史缺則求於「舊錄」，即實錄，可取材作史，若上述之梁道，則國史不載，恐實錄亦不載，故「弗得而論次之」。

〈隱逸傳〉記：「今於簡冊所有，得十有二人焉」，〔註105〕此簡冊言之不詳，當指金之國史。

〈循吏傳〉後稱：張天綱、李獻甫、張特立等三人有傳，而後又舉金之循吏十六人，〔註106〕其中如宋九嘉、劉從益等，今本《金史》亦有傳，但不與張天綱等同述為「有傳」，或元末修〈循吏傳〉時，所本為金之國史或王鶚《金史》，原僅張天綱三人有傳，而後《金史》成，宋、劉乃補修成傳，故未將此傳後文再作調整改寫。

〔註99〕見卷六〇，〈交聘表〉，頁1386。
〔註100〕見卷六三，〈后妃傳上〉，頁1499。
〔註101〕見卷一三五，〈高麗傳〉，頁2881。
〔註102〕見卷一三四，〈西夏傳〉，頁2876。
〔註103〕見卷一三一，〈宦者傳〉，頁2807。
〔註104〕見卷一二九，〈酷吏傳〉，頁2777。
〔註105〕見卷一二七，〈隱逸傳贊文〉，頁1754。
〔註106〕參見卷一二八，〈循吏傳〉，頁2775。

〈孝友傳〉序：「夫金世孝友見於旌表、載於史冊者僅六人焉，作〈孝友傳〉」，〔註107〕是知〈孝友傳〉之取材爲元末時所見之旌表及金之國史。

關於元、劉之書，見於《金史》明文書記者，有完顏訛可及完顏奴申二傳中，〔註108〕說明爲《歸潛志》及《壬辰雜編》二書；而劉祁之《歸潛志》亦明文見上述之〈兵志〉中。近人已有專文探討《歸潛志》與《金史》之關係，就取材上而言，《金史》中有六篇列傳全部襲用之，部分取用者達十篇，而關於汴京之降等事，大致上亦皆取材於其中。〔註109〕本文前言述及趙翼以爲《金史》宣、哀後諸將多取自元、劉之書，實則不僅如此，尚包括相臣、名儒、文士在內，趙氏未言及，此類人物且居多數。《金史》取材自劉祁書者不如元遺山之書，元氏《壬辰雜編》今未見，然其文集及《中州集》皆在，可比對而知。此外，趙秉文之《文集》亦有《金史》所取材者。

《金史》列傳取材自《遺山文集》者頗多，計有十九人，其中取材較少者爲卷一〇四之王擴（文集卷十八）、卷一〇六之賈益謙（文集卷三十四）。取材達一半以上而大體相同者有卷一一〇之趙秉文（文集卷十七）、卷九十五之張萬公（文集卷十六）、卷一二六之王庭筠（文集卷十六）、卷一一〇之馮璧（文集卷十九）、卷一二四之商衡（文集卷二一）等。

完全取材自文集，略作刪節或改編而成者有卷一一〇之楊雲翼（文集卷十八）、卷一二六之王若虛（文集卷十九）、卷一二四之馮延登（文集卷十九）、卷一一〇之程震（文集卷二一）、卷一一〇之雷淵（文集卷二一）、卷一一五之晶天驥（文集卷二一）、卷一三〇之晶孝女（文集卷二十五）、卷一二七之郝天挺（文集卷二十三）、卷一二四之馬慶祥（文集卷二十七）、卷一〇〇之尤虎筠壽（文集卷二十七）、卷九十五之移剌履（文集卷二十七）、卷一二三之完顏陳和尚（文集卷二十七）等。《金史》取《遺山文集》者已超過《歸潛志》，然而其中可發現《金史》於此二者中相互參考而取材，其刪節改爲元氏之處則採用劉氏之文，如〈程震傳〉，以《歸潛志》卷五合《金史》及《遺山文集》

〔註107〕見卷一二七，〈孝友傳〉，頁 2746。

〔註108〕參見卷一一〇，頁 2447，卷一一五，頁 2526。

〔註109〕參見陳學霖，〈歸潛志與金史〉，《遼金史研究論集》（臺北：大陸雜誌，史學叢書第二輯），頁 1～5。陶晉生，〈劉祁與歸潛志〉，《邊疆史研究集——宋金時期》（臺北：商務，民國 60 年），頁 87～110。其中論及《金史》所採用《歸潛志》之處，當與元遺山之作一并討論，否則論斷或有遺漏之虞。容後另文述之。

同閱，可知其間之所據及刪節處。〔註110〕其餘此類之比勘，與下文論《金史》
所取材諸書同；不在此贅引排比，或另文述之。

　　元好問之《中州集》雖爲詩集，但其以詩存人，成爲金代人物之略傳，
總共收輯達二四五人之多，無怪乎《金史》欲自其中取材。大體而言，《金史》
列傳取材自《中州集》之人物，不論其取材多寡者計有三十五人，其已在文
集中者不計。其中取材僅少部份者，有《中州集》卷一之宇文虛中，卷二之
趙可，卷三之黨懷英，卷四之路鐸，卷五之許古、陳規、李經，卷八之王競，
卷九之董師中、孫鐸。取材較多而大體相同者，有卷一之吳激，卷六之麻九
疇、宋九嘉、李獻能、王渥，卷八之宗端修，卷十之辛愿。完全採用間或節
錄、刪略者，有卷一之馬定國，卷二之任詢，卷四之周昂、趙渢、劉昂，卷
六之劉從益，卷七之張建、呂中孚、王元節、王賓，卷八之李獻可、韓玉、
康錫，卷九之郝天挺、王予可、薛繼先，卷十之李汾、李獻甫等人。〔註111〕
就《中州集》而言，《金史》由其中以七比一之率取材，可謂不少，所取之中
有三分之二皆大量引錄，而幾乎完全取用或節略抄錄者達一半以上。若加上
取自《遺山文集》之材料來看，則知受《金史》所採用之元氏人物傳記資料，
可以高度採用而視之，此最足說明元氏之書與《金史》源流之關係也。

　　趙秉文有《滏水集》傳世，〔註112〕今以其有關人物之資料而言，少部分
與《金史》有關，卷十一之姬（宗）端修、黨懷英，卷十二之劉從益、完顏
承暉、祁宰等人，見其文知《金史》有自其中取材，尤以〈祁宰傳〉幾完全
抄自《滏水集》，僅增略數句之異。〈承暉傳〉則節錄部分，其餘諸人當爲元
好問所取材，而《金史》則採自元氏之作，故趙氏之文有與《金史》類似之
處。

四、結　論

　　金官制中有修起居注、日曆之所，各有專、兼任職官以掌其事，史書明
文可知有海陵、世宗、章宗三帝之起居注，海陵之前未見此修注職掌，或金
代修起居注始於此時，而後諸帝雖未有明文述及者，當皆有起居注爲是。日
曆則始於熙宗時，然資料不多，日曆應由起居注而來，則海陵之前宜有起居

〔註110〕本文所用《遺山先生集》見註73，《歸潛志》四十卷，爲知不足齋叢書本。
〔註111〕本文所用《中州集》，見註31。
〔註112〕本文所用趙秉文之《滏水集》，見註54。

注之修，但乏確證。國史院之設立時間不詳，然太宗時已開始修國史，始祖以下《十帝實錄》為首部金修之國史，此前太祖時已有譜牒之修，加之搜訪遺事等，乃有太宗時之成就。

自太宗以後歷朝皆有修實錄之舉，金九帝除衛王、哀宗外，皆有實錄留存，另有先朝與睿宗二部實錄，總共金修之實錄為九朝。金初二朝修史制度未完備，太宗時直接搜訪遺事以修國史，熙宗、海陵漸成立修起居注、日曆之制，以為國史院修史之資。金代頗重修注官與國史院官，編修以上皆為兼職，其制沿唐、宋而稍清簡。記注院為保持其超然立場故無所隸，記注官則多為諫官、翰林所兼，世宗、章宗時一度不允記注官預聞議事，朝臣皆以史官傳統力爭而止，又嘗守「人君不觀史」之古訓，〔註113〕此皆可見金代頗循修史之傳統與精神。

國史院除首相監修外，修史以下各官常制為女真、漢人各半，但時有增添未必格守如此。又國史之院初置女真、漢人、契丹之史官，而後罷契丹史官，對於《遼史》之修成為國史院另一機構，自有專責之史官，一般國史院之修史則不用契丹史官矣。

金修實錄或國史為今本《金史》之所據，此外，尚有譜牒、聖訓之類，亦有傳記如《婁室碑》、《元勳傳》等，已為金代修史時所採用。金所修實錄於元時皆存，王鶚據之並元、劉之書成《金史》之初稿，此即脫脫修《金史》時之底本。〔註114〕

今本《金史》之取材，見諸明文者有（1）趙知微《曆書》，（2）《金初州郡志》，（3）《正隆郡志》，（4）《士民須知》，（5）《國朝集禮》，（6）《唐開元禮》，（7）《五禮新儀》，（8）《歸潛志》，（9）《天興近鑑》，（10）《總格》，（11）《泰和令》，（12）《金格》，（13）《金譜牒》，（14）《宋史》，（15）《夏史》，（16）《高麗史》，（17）《遼史》，（18）《羅世昌譜牒》，（19）《唐書》，（20）《壬辰雜編》。

今本《金史》之功臣為元、劉二人之著述，劉祁《歸潛志》為金史列傳所取材者計十六篇，有六篇皆全部襲用，元好問之《壬辰雜編》今不傳，然《遺山文集》及《中州集》皆在，《金史列傳》取材於文集者十九篇，取材於

〔註113〕參見《金史》，卷九二，〈徒單克寧傳〉，頁2050。
〔註114〕王鶚修金史事不詳確其內容，元、劉之書是否已為其當時所收入，或元末時始收入，難以確定。

《中州集》者達三十五篇。就每篇取材之多寡而言，幾全部襲用者佔一半以上，大量採用者佔三分之二以上，取材之比率高於劉祁。趙秉文之《滏水集》亦爲金史列傳所取材，其中多已爲元好問所引用，《金史》取用元氏之文，亦即趙氏有間接之功。又王鶚有《汝南遺事》，其與《金史》載哀宗末史事有密切關連，或《金史》直接取材於此。〔註115〕

　　《金史》於元末所修三史中稱譽最佳，於歷代正史中亦號爲上品，除王鶚、元好問、劉祁、趙秉文諸人之爲名士，其有功於修史及備《金史》之取材外，不得忽略者爲金人自身之努力，其史官制度頗備以及對修國史之注重，因才而任之史官皆一時之選，此可知今本《金史》已有良好之基礎矣！

（原刊於《書目季刊》第二十二卷第一期。臺北：學生書局，民國77年6月。）

〔註115〕《金史》〈哀宗紀下〉，及烏古論鎬、張天綱、完顏仲德等傳，與《汝南遺事》所載極多相同之處，在取材及文字上皆如此，但不知王鶚於元初時即修入《金史》稿本中，抑或元末時始據《汝南遺事》修入？《汝南遺事》四卷有指海叢書本及筆記小說大觀本。

參、元代之史館與史官

一、前　言

　　明初爲修《元史》事，總裁官王禕推薦徐一夔參與續修，一夔則致書王禕，論述唐宋修史三事，因而言及元代，謂：

　　　　元朝不置日曆，不設起居注，獨中書置時政科，遣一文學掾掌
　　之，以事付史館。及一帝崩，則國史院據所付修實錄而已；其於史
　　事固甚疎略。〔註1〕

清儒趙翼亦引此而列論《元史》，以爲元之實錄，不足爲信史；〔註2〕其於徐一夔說未加辨析。近人金毓黻、劉節等皆指出徐氏所言之不當，以《元史》百官志所載給事中兼修起居注，著作郎如宋遼金制，當即掌修日曆，而王惲〈進世祖實錄表〉，明言除採時政之編外，亦參取於起居之注，可知元代非如徐氏所說僅時政科之設，而無日曆、起居注之置。〔註3〕二氏於此確有釐清之功，然不及詳論。

　　元繼金、宋，典章制度多採二代之規模，又元末修宋、遼、金三史，事復涉正統之爭，已頗引起史學上之重視，宜其史館及史官制度當有適當之論述爲是。

〔註1〕見《明史》（臺北：藝文，廿五史本）卷二八五，〈徐一夔傳〉，頁 15 上～16
　　　　下。
〔註2〕參見趙翼，《廿二史箚記》（臺北：世界，民國60年），卷二九，〈元史〉條，
　　　　頁 406。
〔註3〕參見金毓黻，《中國史學史》（臺北：國史研究室，民國61年），頁111、112。
　　　　劉節，《中國史學史稿》（臺北：弘史館，民國75），頁292。

二、起居注與日曆

上文說徐一夔以元朝不置日曆，不設起居注之事，金毓黻及劉節皆指出其說之不當，但金氏接著說：「豈以元之末世，虛置其官而不事其事之謂與？」這種解釋也應是有根據的。考明初諸臣即曾指出元順帝時史官職廢，既無實錄可徵，載籍亦蕩然不存，〔註4〕這也是明初修史時所遭遇到的困難。實則當順帝朝時，即有中書省臣之奏章說：「世祖之朝，省台院奉事，給事中專掌之，以授國史纂修，近年廢弛，恐萬世之後，一代成功，無從稽考，乞復舊制。從之。」〔註5〕可見元末的確有過史官廢弛之事。又據《庚申外史》中所載，順帝時記起居注的史官是皆公卿膏梁子弟充任，「其實憒然，皆無所書也」，故而順帝一朝三十六年的史事全然不存。〔註6〕這些都說明金氏推論徐一夔所言係指元末而言。不過，一夔是將起居注與日曆並述，起居注在元初即設官任職，當順帝朝時確曾廢弛，但日曆的問題是有需要考察之處。

《元史》於〈百官志〉中記載修起居注之官職及沿革說：

> 至元六年始置起居注、左右補闕，掌隨朝省台院諸司凡奏聞之事，悉記錄之，如古左右史。十五年改隸給事中兼修起居注，左右補闕改為左右侍儀奉御兼修起居注。皇慶元年陞正三品；延祐七年仍四品。後定置給事中兼修起居注二員，右侍儀奉御同修起居注一員，左侍儀奉御同修起居注一員，令史一人，譯史四人，通事兼知印一人。〔註7〕

〈百官志〉所載年代與〈本紀〉中略有出入，始置的至元六年（1269），在〈世祖本紀〉說是始於至元五年：

> 中書省臣言：前代朝廷必有起居注，故善政嘉謨不致遺失。即以和禮霍孫、獨胡剌充翰林待制兼起居注。〔註8〕

是知初設修起居注為翰林待制兼職，此一兼職到至元十二年時，和禮霍孫仍以翰林承旨兼修起居注，當時他還主持翰林兼國史院。〔註9〕如〈百官志〉所

〔註4〕參見《元史》（臺北：鼎文，新校本），卷末，李善長，〈進元史表〉，宋濂，〈日錄後記〉。

〔註5〕參見《元史》（臺北：藝文，廿五史本），卷四一，〈順帝本紀〉四，頁10上。

〔註6〕參見權衡，《庚申外史》（學海類編本），卷上，「甲申至正四年」條，頁16下。

〔註7〕見《元史》，卷八八，〈百官志〉，頁8上、下。

〔註8〕見《元史》，卷六，〈世祖本紀三〉，頁16上。

〔註9〕見《元史》，卷八，〈世祖本紀五〉，頁21上。

言，至元六年已有起居注之專職，至元十二年時和禮霍孫仍兼修起居注，此一或翰林可受命兼修起居注，一或起居注官僅隨朝記錄奏聞之事，再由翰林學士主修。元初王惲有〈論修起居注事狀〉說：「宜令學士院修起居注，逐旋進讀，復置起居舍人、郎官等官，使分掌其事」，〔註10〕是以翰林學士修起居注或係朝廷採納此議而行；至於起居舍人等官則未有著落。

至元十年，世祖命布只兒修起居注，〔註11〕其時布只兒之身分無從考察，或如和禮霍孫、獨胡剌等翰林身分，而非給事中之專職起居注，蓋至元九年，已罷去給事中，中書舍人等官，〔註12〕至給事中之初設，據〈百官志〉所言在至元十五年「改陞」而兼修起居注，但在至元七年時，中書省曾設置給事中二員，〔註13〕至元九年時則廢。《元史》中說賈居貞爲權臣阿合馬所排擠，「改給事中，同丞相史天澤纂修國史」，〔註14〕據姚燧爲賈居貞所寫之〈神道碑〉知其時正爲至元七年；並說「隨同兩丞相史公（天澤），耶律公（鑄），潤色爲國史翰林」。〔註15〕至元七年至九年之給事中是參與修史，大致以協助編纂、潤色爲主；尚未負責起居注之修編。

元初設官專職起居注，如前引〈百官志〉說，是「掌隨朝省台院諸司，凡奏聞之事，悉記錄之；如古左右史」，到至元十五年以給事中及左、右侍儀奉御兼修起居注，制度大體確立。這期間有至元十五年「敕省院台諸司奏聞事，必由起居注」，〔註16〕十六年「給事中兼起居注，掌隨朝諸司奏聞事」，〔註17〕皆側重於如〈百官志〉所列記錄奏聞之事，若「如古左右史」，當不可少帝王之言動。如魏初於至元八年時上奏：「方今內有太常、有史官、有起居注，以議典禮，記言動，……」，〔註18〕這是諫世祖在上都行宮宴會時舉措不當的

〔註10〕見王惲，《秋澗集》（《四庫全書》本），卷八六，頁27上。

〔註11〕參見《元史》，卷八，〈世祖本紀五〉，頁6下。

〔註12〕參見《元史》，卷七，〈世祖本紀四〉，頁14下。

〔註13〕參見熊夢祥，《析津志》（北京圖書館善本組輯佚本，北京：古籍，1983年），「廟堂公宇」門，歐陽玄，〈中書省左司題名記〉，頁12。

〔註14〕見《元史》，卷一五三，〈賈居貞傳〉，頁14下。

〔註15〕見姚燧，《牧庵集》（臺北：商務，《四部叢刊本》），卷十九，〈賈居貞神道碑〉，頁178下。

〔註16〕見《元史》，卷十，〈世祖本紀七〉，頁6下。

〔註17〕見前註，頁17上。以給事中兼修起居注，此處載之於至元十六年四月，〈百官志〉則載之於至元十五年。

〔註18〕見《元史》，卷一六四，〈魏初傳〉，頁18下。此奏疏又可見於魏初之《青崖集》（《四庫全書》本），卷四。

上疏，以起居注當記言動來警惕帝王。《元史》中記載世祖另一個類似的例子：

> （鐵哥）從獵百杳兒之地，獵人亦不刺金射兔，誤中名駝，駝
> 死：帝怒，命誅之。鐵哥曰：殺人償畜，刑太重。帝驚曰：誤耶？
> 史官必書。亟釋之。〔註19〕

這是世祖仍以史官記注為戒，言行舉止不得不警。

　　至於史官記注是否除去奏聞之類的公事外，仍能確實做到記言動之職責？此則端看史官之素養及其精神之掌握。同樣是世祖朝時期，至元二十年崔彧上疏時政十八事，其中即指出「今起居注所書，不過奏事檢目而已」，他對當時起居注官表示不滿，認為應舉擇有聲望之蒙古人及重厚之漢人，來出任起居注之官，俾「分番上值，帝主言動必書，以垂法於無窮」〔註20〕說是「垂法」，實則要記言動為主。可知當時記注官的風氣並不理想。這種只「奏事檢目」如辨例行公事的風氣，似乎因循到英宗時仍如此，故而至治二年（1322），御史李端上奏說：

> 朝廷雖設起居注，所錄皆臣下聞奏事目，上之言動，宜悉書之，
> 以付史館。〔註21〕

崔彧及李端的批評，多少反應了其時起居注官的缺失；甚至崔彧還提出史官人選宜參用蒙古、漢人為之。若以給事中、左、右侍儀定制為修起居注而言，在《元史》中可考者僅有七人出任此職，而此七人皆非漢族，他們是世祖朝的阿魯渾薩理（畏兀兒人）、堅童（蔑里吉氏）、虎都鐵木祿（合魯氏），仁宗朝的月魯帖木兒（卜領勤多禮伯台氏），英宗朝的星吉（河西人），順帝朝的野仙溥化（札剌兒氏）、維山（康里人）等。〔註22〕

　　就初步之考察，上述七人中有六人皆以宿衛出自禁中，虎都鐵木祿雖未明言出自禁中，但與世祖極其近親。又七人之先世二代乃至三代若非禁中近

〔註19〕見《元史》，卷一二五，〈鐵哥傳〉，頁14下。

〔註20〕見《元史》，卷一七三，〈崔彧傳〉，頁5下、6上。

〔註21〕見《元史》，卷二十八，〈英宗本紀〉，頁7下。

〔註22〕參見張帆，〈元代實錄材料的來源〉，《史學史研究》，1988年第四期（北京：北京師範大學），頁68～71。本文起居注部份頗多參考該文。該文列出起居注官人選為九人，係加上和禮霍孫，獨胡剌在內，然此二人稍早以翰林待制兼起居注，不當列入，否則賈居貞、布只兒也應列入。餘七人為阿魯渾薩理，見卷一三○，頁15上、16下，堅童，卷一三四，頁8上、下，虎都鐵木祿，卷一二二，頁5上、下，月魯帖木兒，卷一四四，頁3下至4上，星吉，卷一四四，頁8上，野仙溥化，卷一三九，頁1上至3下，維山，卷一四三，頁3上至7上。

侍，即功臣親信，也因之這七人絕大多數皆能出自禁中。換言之，這些起居
注官皆爲顯貴親信子弟，是蒙古政權核心集團之人選，他們是以近侍，宿衛
身份而掌史官之職，實際上就是「怯薛歹」。難怪崔彧要建言參用漢人，因爲
執掌起居注官都是蒙古、西域等世家族人，也就是《庚申外史》中說的「公
卿膏梁子弟」了。

　　「怯薛」在元代蒙古政權中是非常特出的集團，可說是蒙古及西域人所
獨佔的特權階級，也壟斷統治階級中的高階層，故漢族難以進入此核心之中；
在此不作論述。若以「怯薛」的角度來看，崔彧所說參用漢人一事，恐怕是
不易辦到的。

　　蒙古是一較封閉的閥閱政權，故而身分取向極濃，凡入「怯薛」多貴族、
世家子弟，由其中拔擢才學之士充任記注之官，自當親信。而原來「怯薛」
之中本有分事任職的制度，「爲天子主文史者，曰必闍赤」〔註23〕這是蒙古式
的制度；而「必闍赤」的起源及演變相當複雜〔註24〕其基礎在於文字的使用，
雖說「主文史」，但仍以「文」爲主，一時尚難找出關於主「史」的明確記載，
不過元代朝廷秘藏的《脫卜赤顏》無疑是部史書，但它的記錄及修纂卻無從
考察，推測當係出自「必闍赤」之手。

　　本文無意將「必闍赤」與起居注官連綴在一起，然而透過這兩者可以得
到下面幾點的認識：其一是蒙古本身即有「爲天子主文史」的制度，較易於
接受漢式的起居注制度。其二是出任修起居注官職者，幾乎全是宿衛出身，
這與「必闍赤」出於「怯薛」一樣。其三是朝中、宮中分別爲修起居注及「必
闍赤」，略有重疊之處，但「必闍赤」是宮中籠統的主文史者，不似記注官爲
史官之專職，且爲朝廷基層的史官。

　　若再考察蒙古「必闍赤」關於修史方面的資料，可知其本身亦有類似修
起取注之制。在太宗窩闊台時代的鎮海，他兼記可汗之逐日言行，多桑即認
爲是漢制的起居注職，這也是柏朗嘉賓（Jean de plan Carpin）稱定宗朝的鎮海
爲書記官者，〔註25〕這是蒙古「必闍赤」之長兼職，而「必闍赤」之長常被

〔註23〕見《元史》，卷九九，〈兵志二〉，頁 2 下。
〔註24〕關於必闍赤，參看札奇斯欽，〈說元史中的必闍赤兼論元初的中書省〉，收在
　　　　《蒙古史論叢》（臺北：學海，民國 69 年）頁 365～463。
〔註25〕見馮承鈞譯，多桑《蒙古史》（臺北：商務，民國 56 年）上冊，頁 245、246。
　　　　另見耿昇、何高濟譯，《柏朗嘉賓蒙古行記》（北京：中華，1985 年），書中稱
　　　　鎮海爲書記官，首席祕書；其餘尚有八剌。見頁 99、102。

稱之爲丞相，是「掌宣發號令，朝覲貢獻，及內外聞奏諸事」，〔註26〕約在世祖之前「必闍赤」之長或高級「必闍赤」都要兼任這種職務，這個傳統似乎也說明了何以在給事中定制兼修起居注之後，所用之人選皆爲宿衛親貴的部份原因。世祖採用漢制，「必闍赤」之權力地位有了很大的變化，不復如元初四朝，但「爲天子主文史」者仍是以親信近侍爲之則不變。

在拉施特（Rashid al-Din）的《史集》（Jami al-Tawarikh）中說到察合台汗國的記注官，其身分爲君主之近臣，要逐日記載君主之言行。這記注官在《史集》中稱爲察合台的「輔弼」，一是維即兒，窩闊台可汗拿他與鎮海相比；另一人爲哈巴失阿米式，被直接稱之爲「必闍赤」。〔註27〕《史集》這段記載裏特別說維即兒記錄的是窩闊台與察合台所講的「必立格」（Bilig），這就是箴言之類的話語，其實即所謂「聖訓」了，那更像起居注之內容。「必立格」既有專責記錄之人，當保留下不少資料；若以蒙古《黃金史》收錄較多的「必立格」而言，其根據或即「必闍赤」所記的起居注之類了。〔註28〕

以上所述在於說明蒙古自成吉思汗以來即有記注之傳統，任此職者一爲地位較高的「必闍赤」之長，一爲「怯薛」中普通之「必闍赤」。而世祖以後初見有翰林待制兼掌，稍後即由給事中、侍儀奉御等專職任之，但仍見翰林承旨兼掌，要之，皆親信貴戚也。

與給事中兼修起居注者尚有左、右侍儀奉御；仁宗延祐七年（1320）改侍儀奉御爲同修起居注二員，加上給事中二員，共爲四員執掌起居。侍儀奉御原主持侍儀司，設於至元八年（1271），屬於禮部，掌朝會、即位、冊后、建儲、奉上尊號、及外國朝覲之禮。至元十二年，侍儀奉御裁撤。〔註29〕不久其職即轉兼修起居注。職責的轉換不知何緣，但以禮部之官屬轉爲史官，尚能合周禮之遺意。

由起居注而日曆、而實錄是唐宋以來官方修史之大體過程，至遼、金皆仿漢制，大體也遵此進行。在漢制中，元代採宋、金較多，但史館與史官之

〔註26〕見《元史》，卷三，〈憲宗本紀三〉，頁2下，關於必闍赤之長的權力地位，參見札奇斯欽前揭文。

〔註27〕參見余大鈞、周建奇譯，《史集》，第二卷（北京：商務，1986年），頁186、187。

〔註28〕參見札奇斯欽，《蒙古黃金史譯注》（臺北：聯經，民國68年）。據札奇師之研究，該書之編著者，應是利用蒙文《蒙古祕史》之殘本，以及類似實錄或「脫必赤顏」等文獻。鄙意以爲這類文獻當係出於「必闍赤」之手。

〔註29〕參見《元史》，卷八五，〈百官志〉一，頁21上、下。

設置頗有變動，尤以日曆之修纂最不明確。

　　以遼、金之制而言，有掌修日曆之著作局，其著作郎及佐郎即掌此日曆。〔註30〕遼、金皆準宋制，宋初之編修院於掌國史實錄外，亦兼修日曆，大體受唐制之影響；至元豐以來，隸祕書省之日曆所成立，由著作郎掌修日曆。日曆多依起居注而來，宋代起居注不僅記天子言動，亦悉記朝中大事，此由諸司錄報，如唐代諸司報史館之法，而記注以事繫日，以日繫月，以月繫年之法，如同日曆之修纂。〔註31〕

　　元代漢制取法金、宋，修史當置日曆，但《元史》官制中卻不見此職掌。徐一夔所言元朝不置日曆，似乎可以成立。金毓黻以元代設祕書監置著作郎、佐郎，如宋遼金制，即掌修日曆，劉節亦指出此點，但說元代無著作局之名耳。〔註32〕以著作郎、佐郎等職官名相同而謂其職掌權責必同，恐怕易生考察之失。

　　先按《元史》官志所載祕書監來看，其所掌爲「歷代書籍、并陰陽禁書」，設置於至元八年（1271），「其監丞皆用大臣奏薦，選世家名臣子弟爲之」，到仁宗延祐元年（1314）定制其長官爲祕書卿四員，且參用宦者二人。著作郎、佐郎各二員爲祕書監中的屬官，分別爲從六、正七品，其首長爲正三品官。〔註33〕這樣的一個機構實在不應該是修日曆之所。

　　元末的著作郎王士點及佐郎商企翁曾編有《祕書監志》一書，這當是探討祕書監乃藏書之所的最佳根據。〔註34〕在卷首有至正二年（1342）之序文，說明祕書監設立之主旨在「掌天文、讖緯、版籍、圖書，所以供御覽而資聖德也」，與《元史》官制所稱之職責相同，並無語及修史。而首卷開宗明義說其職制爲：

　　　　世皇觀天文以制曆授時，觀人文以尊經化民，迺立祕書監：儲
　　　　圖史、正儀度、頒經籍。設官有員、郎、吏、承受：以主司天、興

<hr>

〔註30〕參見拙作，〈遼金之史館與史官〉，《國史館館刊》（復刊）第六期（臺北：國史館，民國78年8月），頁15～28。

〔註31〕參見金毓黻，〈唐宋時代設館修史制度考〉《中國史學史論文選集》，第一集（臺北：華世，民國65年），頁362～377。

〔註32〕二氏之說見同註3。

〔註33〕參見《元史》，卷九○，〈百官志六〉，頁20下、21上。

〔註34〕本文所用之《祕書監志》爲臺北：文海書局所印之抄本。全書共十一卷，分職志、祿秩、印章、纂修、祕書庫（二卷）、司天監、進賀、題名（三卷）等八大門類。又王沂爲該書編者商企翁作〈祕書監記〉，明言其所爲圖籍典藏之處，見《伊濱集》（《四庫全書》本）卷二一，頁14上、下。

　　文之隸屬廢置，增損之歲月。錄其故，俾來者考。

其中載有「儲圖史」之語，但見其書中有卷五、卷六「祕書庫」所載，為儲藏古書史之地，是「供御覽」之用，與修史無關。與修史可謂相關者為卷四「纂修」，條列三十六事，其中有修《大一統志》、《雲南圖志》、《地理總圖》、《祕書志》等，雖可涉及修史，但以地理、圖籍為主，蓋祕書監之本職即將版籍、圖冊作為要務，其修圖志當可理解；此外毫無涉及日曆修史等。

　　在卷一「設屬官」中有幾條資料可供參考，其一為至元十五年授為著作郎的劉天藻，他是以「陰陽教學」身分而來，其二為至元十九年所添著作郎完顏君翼，他是「御前彈琴人員」身分而來，其三是至元十五年出任佐郎的張明遠，他是「專一理會陰陽勾當」者。這些人選出任郎佐顯然不是為修史而來。

　　再就監志書中卷十著作郎佐的題名錄來看，所列著作郎有三十九人（其中三人曾任佐郎），佐郎有四十三人，總數七十九人（三人重複不計），在題名錄下略述其生平資料者有六十一人，但大部份簡略得如同沒有資料可供參考。這些人在《元史》中曾提及者僅十一人，內二人有專傳敘述；另疑是者有三人，由其他資料中又可確知二人，換言之，資料較詳者僅十六人。〔註35〕就《元史》中之資料來看，筆者尚未見任何為著作郎、佐而言及修史或記注、日曆等，這不能不說他們於修史實無所掌之故。曾為著作郎的文矩，奉使安南而有行記，袁桷為文作序，讚其行記「是非史官不能」這大約是資料中唯一涉級的字眼，但這也應是屬於恭維他的話語。然後文矩出官雲南，虞集有送序說：「自昔著作之廷職，在討論文學，材藝之士處之，無所與乎有司之事也」，這是說元初設著作郎之職，側重文學，非關修史之任。〔註36〕

〔註35〕《元史》中曾提及的十一人是（頁碼準新校本《元史》）李稱（160：375）、李洞（183：4223）、文矩（27：613）、忽都達兒（26：582，81：3026）、靳泰（203：4539）、元晦（181：4174）、偰玉立（193：4386）、雅古（雅琥、35：779，參見馬祖常，《石田集》（《四庫全書》本），卷九，〈送雅琥參書之官靜江詩序〉、王士點（41：877，164：3856，181：4179）。有專傳的二人是李洞、達普華。疑是者三人是蔣汝勵（72：1874）、何守謙（28：621）、鄭立（29：651）等。由其他資料可知者是哈八石（丁文苑）、見許有壬，〈丁文苑哀辭〉（《元文類》，卷四八），另一人為傅嚴卿，見劉敏中，《中庵集》（《四庫全書》本），卷十六，〈題費尹傅嚴卿孝感詩卷〉。又前述《元史》中言及的文矩，有二篇資料可參考，一為虞集，《道園學古錄》（臺北：商務，《國學基本叢書》），卷五，〈送文子方之雲南序〉。二為袁桷，《清容居士集》（《四庫全書》本），卷二二，〈文子方安南行記序〉。

〔註36〕參見前註，袁桷、虞集二文。

　　由上可知祕書監下的著作郎、佐，實在無法認爲是修日曆之官職，而他處又找不到修日曆之所在，則元代將無修日曆之制了。

　　前述宋代起居注之修，不謹記天子言動，而且朝中大事由各司送集，按事、日、月、年所繫而撰修，直如日曆之初稿。若元沿宋代此制，則其起居注修成，當如日曆之草本，可送國史院逐修實錄矣！《元史》官志說起居注之給事中，其職即「掌隨朝省台院諸司，凡奏聞之事，悉記錄之」，這就是據以修日曆的主要材料了。因此推測給事中、侍儀奉御等官，除兼修起居注之外，還完成日曆之稿本，於是元代也就看不到專設的修日曆之所及專職日曆官了。〔註37〕

三、翰林兼國史院

　　按《元史》〈百官志〉中所記，在世祖中統初曾以金末狀元王鶚爲翰林學士，但未立官署。至元六年（1264）始立翰林兼國史院，然其職掌皆未述及。至元二十年將集賢院併入，成翰林國史集賢院；二年後，又將集賢院分出。至元二十六年，又將掌管亦思替非文字（阿拉伯文）教學併入；元祐元年（1314），亦思替非文字教學劃歸新設立的回回國子監。大約到元祐五年之後，翰林國史院始定制設承旨六員，秩從一品，正二品之學士二員，其次爲侍讀（從二品）、侍講（從二品）、直學士（從三品），其他屬官爲待制（正五品）、修撰（從六品）、應奉翰林文字（從七品），編修官（正八品）、檢閱（正八品）、典籍（正八品）、經歷（從五品）、都事（從七品）等官。〔註38〕

　　元代修史的最高機構在翰林兼國史院，基本上是將翰林院及國史院合併而成。甚且還一度併入招納人才的集賢院在內，也曾併過語文教學單位；比諸金、宋較爲複雜。但其品秩甚高，承旨、學士等相當於中書省的平章、丞（初立時品秩稍低）。既集翰林、國史二院爲一，其職掌當亦具二院之功能，通常翰林院掌制誥、詔令、撰述、顧問或兼經筵；而國史院即修史之地。所謂「翰林國史，職在代言以施命于四方；載事以傳信于萬世」。〔註39〕其清望高職，優容之所，如危素所言：

　　　　代言之官，纂修之職，皆號爲清華之地，國朝合而爲一，勢嚴

〔註37〕關於此點可參見張帆前揭文，但張文所提出的第二點，以國史院可能編纂日曆，所舉資料難以支持其推論。

〔註38〕參見《元史》，卷八七，〈百官志〉三，頁 3 下～4 下。

〔註39〕見黃溍，《金華先生文集》（《四部叢刊》本），卷八，〈上都翰林國史院題名記〉，頁 86 上。

而事重，其贊畫幕府者，薄書稀簡，獄訟不聞，一旬之間，亦三至
公署而已，則朝廷之優容文臣，亦已至矣！〔註40〕

〈百官志〉所言翰林國史院大體如上，實際上其沿革應還要複雜些。

初置年代有中統二年、至元元年之別，〔註41〕大概中統二年是議立之時，
至元為始立之時。又有至元元年所置學士院，至四年始更置為翰林兼國史院
之說，〔註42〕在成定制之前，有些機構都併入翰林國史院中，除去前面〈百
官志〉中所載之外，另有兼領蒙古新字教習、會同館、祕書監、起居注等，
而翰林待制兼國子司業及興文署令，編修官兼興文署丞，迨定制後，這些機
構皆脫離而自立。但經筵之事仍與翰林國史院有關，且因修史之便，往往以
執政兼學士、承旨等。〔註43〕

由於將翰林國史合一，又加上其他機構的兼掌，所以元代的翰林常兼帶
其他頭銜而行其職掌，未必皆與修史有關。一般翰林常需做的職事不外乎制
誥、詔令、經筵等；而國史既與翰林院合，則修史亦是一重要職事。這些職
事都以兼任為之，大體上只要看其官職之全銜當知；有兼一事者、有兼二事
者、亦有兼三事者，不一而足；於此無需贅舉。

通常監修國史例由丞相掛名，而朝廷重臣亦加監修之銜，如至元十三年
以平章軍國重事耶律鑄監修國史〔註44〕仁宗時以鐵木迭兒為錄軍國重事監修
國史。〔註45〕大體即至元三十年（1293）「敕中書省官一員監修國史」〔註46〕
之意。兼修國史通常由翰林國史院之最高官員承旨學士來出任，此始於世祖

〔註40〕見危素，《說學齋稿》（臺北：商務，《四庫全書》本），卷一，〈翰林國史院經
歷司題名記〉，頁37上、下。

〔註41〕中統二年之說，見《元史》，卷四，〈世祖本紀一〉，頁15上。至元元年之說，
即〈百官志〉所載，另見黃溍，《金華黃先生文集》，卷八，〈翰林國史院題名
記〉，頁85下。

〔註42〕參見危素前揭文，頁36下，又《元史》卷一六○，〈王鶚傳〉，因其建議而於
至元元年設翰林學士院，見頁7上。

〔註43〕參見同註41，黃溍文。文中以亦思替非文字仍由翰林待制兼掌，但〈百官志〉
以其屬回回國子監學。

〔註44〕參見《元史》，卷九，〈世祖本紀六〉，頁10下。

〔註45〕參見《元史》，卷二五，〈仁宗本紀一〉，頁2下。其他尚有泰定帝時的塔失帖
木兒，亦以開府儀同三司上柱國錄軍國重事監修國史，見《元史》，卷二九，
〈泰定帝本紀一〉，頁29上。

〔註46〕見《元史》，卷十七，〈世祖本紀十四〉，頁19下。又《元史》卷一七一，有
李孟以平章監修國史，頁15上，而卷一七五，《李孟傳》，僅見其兼修，未見
監修。

中統六年時王鶚的例子。至第二高官的學士以下，則至多是同修史之銜；但其中偶亦有例外，如成宗大德年間的西域人奕赫抵雅爾丁，其以翰林侍講學士兼修國史；然此例僅得其一。〔註47〕六品之翰林修撰及從七品的應奉翰林文字，往往多兼國史編修官。〔註48〕事實上在國史院中原就有編修官的編制，其定制後的名額爲十員。大約編修官是實際從事修史工作的骨幹。以揭傒斯的例子可爲說明。他以名士之故，由程鉅夫推薦於朝，因特授爲編修官，當時李孟監（兼？）修國史，曾讀其所撰之功臣列傳，因嘆曰：「是方可名史筆」。〔註49〕由是可知編修官乃實際操筆撰史之人，自爲國史院編制人數最多者。

元代翰林兼國史院之職掌大體沿金、宋之舊；雖然《元史》官制中未明載其職掌，但今就《元史》中之資料可歸納之如下：1. 諮詢與審議，其範圍甚廣，凡時政、財經、教育、禮制等皆可見。〔註50〕2. 祭祀，主要在祭太祖、太宗、睿宗之御容。〔註51〕3. 典藏，以先朝各帝御容及曆書爲主，自然亦包括各修史之資料、實錄、史書等。〔註52〕4. 賜宴之所，爲科舉進士的賜宴場所。〔註53〕5. 經筵，此爲翰林之傳統職責。〔註54〕6. 薦官，所見大都在順帝

〔註47〕見《元史》卷一三七，〈奕赫抵雅爾丁傳〉，頁11下。此例爲《元史》中目前僅知者，或係在兼修國史之上，漏掉一「同」字也未可知。因侍講爲院中第四高官，而第二級之學士已例帶「同修」之銜，未免太過例外。又如同樣官銜的李文紹（翰林侍講學士知制誥）爲同修國史，見《元史》，卷一六四，頁22下，黃溍亦爲侍講學士知制誥同修國史，見卷一八一，頁19上。

〔註48〕此例如何從禮，爲應奉翰林文字從仕郎同知制誥兼國史院編修官，見《元史》，卷一五○，頁12下。王惲以翰林修撰兼編修官，見《元史》，卷一六七，頁18下。雷膺亦同王惲爲修撰兼編修，見《元史》，卷一七○，頁7上。

〔註49〕參見《元史》，卷一八一，〈揭傒斯傳〉，頁14下、15上。

〔註50〕參見《元史》，卷九，〈世祖本紀六〉，頁16下。所詢爲便民之事。財經之事參見卷二十二，〈武宗本紀一〉，頁16上。教育之事見卷二十八，〈英宗本紀二〉，頁2下。禮制之事見卷三五，〈文宗本紀四〉，頁26上，卷三六，頁3下，卷三三，頁18下，卷四四，〈順帝本紀七〉，頁11上。另可見《大元聖政國朝典章》（臺北：故宮，民國65年），卷三○，禮部卷之三，「婚禮」。

〔註51〕參見《元史》，卷二四，〈仁宗本紀一〉，頁10上，卷二九，〈泰定帝本紀一〉，頁15下，卷三一，〈明宗本紀〉，頁9下，卷三二，〈文宗本紀二〉，頁4上，卷七五，〈祭祀志四〉，頁20上、上。

〔註52〕曆書收藏見《元史》，卷一四，〈世祖本紀十一〉，頁3下，先帝御容，見卷二三，〈武宗本紀二〉，頁8下。

〔註53〕參見《元史》，卷八一，〈選舉志一〉，頁11下。

〔註54〕除去官銜中帶「知經筵事」即知其職外，也可由其奉命進講知其經筵之職，如《元史》，卷三○，〈泰定帝本紀二〉，所載阿魯威，燕赤等，見頁14下。又如阿鄰帖木兒之侍講於英宗，見卷一二四，〈阿鄰帖木兒傳〉，頁5上。

時期，以地方動亂，需守令之故。〔註55〕7. 文書工作，此亦為翰林之傳統職責，如制誥、詔令等；此外尚見有典禮中宣讀表章之工作，〔註56〕奉旨為私家撰文，〔註57〕譯書文〔註58〕等。8. 修史，翰林兼國史院併史館之職，修史當為其重任自不待言，其詳容他文另述。

元代翰林國史院尚置分院於上都，此係遵兩都巡狩之制而來。大約每年四月底或五月起，至八月中旬左右，文武百司扈從皇帝駐上都，翰林國史院亦在該地設分院，所謂「職在代言以施命于四方；載事以傳信於萬世」，〔註59〕當得隨帝王而行。扈從至分院之人員，大約有承旨、學士、直學士、經歷、待制、修撰、應奉文字、編修官等，另有院屬七人，如典籍官、譯史、通事等等。〔註60〕其工作情形不詳，雖不見有起居注官隨行之記載，但應當是隨侍記錄的。

黃溍有〈監修國史題名記〉一文，敘述元代對宰相監修國史之重視，其以宰相領史事，「則特給印章，別設官屬，而勒尾以之入銜，重其事也」，〔註61〕他以為詞臣、史官原職掌不同，班列有異，但元代將之合一，而史事獨屬之宰相，蓋有所考究，他說：

> 蓋記錄天地日月之祥，山川封域之分，昭穆繼代之序，禮樂師旅之事，誅賞廢置之政，布在方冊，垂于萬世，其所繫之重，非它可比，抑可知也。

這是對修史之職責的重視，自當以宰相之尊來監臨治事的說明。至於「別設官屬」之事，所見並無相關資料，但李洞於英宗時為丞相拜住「擢監修國史長史」〔註62〕這當係丞相監修體系下的官屬，處理與監修有關行政，故翰林

〔註55〕見《元史》，卷四二，〈順帝本紀五〉，頁1上，頁13下。卷四四，頁11上。

〔註56〕見《元史》，卷六七，〈禮樂志一〉，頁6上、下。

〔註57〕如高麗瀋陽王求姚燧之詩文，姚燧即奉旨而作，見《元史》，卷一七四，〈姚燧傳〉，頁4上。

〔註58〕如阿鄰帖木兒，許師敬等譯帝訓，見《元史》，卷三〇，〈泰定帝本紀二〉，頁3上，至阿魯威，燕赤等譯帝訓，備為經筵進講之用，見頁6上。譯書者如仁宗時譯《大學衍義》，見卷二六，頁2下。

〔註59〕見同註39。

〔註60〕參見宋褧，《燕石集》（《四庫全書》本），卷一二，〈翰林國史分院題名記〉，頁11下、12上。關於翰林國史分院尚可參見馬祖常，〈上都分院記〉，《元文類》（臺北：商務，國學基本叢書），卷三一，頁400，蘇天爵，《滋溪文稿》（臺北：中央圖書館，元代珍本文集彙刊），卷二，〈翰林分院題名記〉，頁75。

〔註61〕見同註39，頁85。

〔註62〕見《元史》，卷一八三，〈李洞傳〉，頁16上。長史之官品見傳中所載其前後

國史院中並無其編制，而爲監修國史的丞相所任用。對國史院的重視，又可見之於仁宗時明白的表示；除去在皇慶元年（1312）將其品秩提高到從一品外，並有諭旨說：

> 人言御史台任重，朕謂國史院尤重；御史台是一時公論，國史院實萬世公論。〔註63〕

仁宗所言，確有見地。因重國史院而提升其品秩；比諸金、宋爲高，遂成有元一代之定制。

四、結　語

　　元代史官之置應早於史館之成立。雖然《元史》中說國史院之設立最早在中統二年（1261），而最早的史官記載爲至元五年（1269）之和禮霍孫兼修起居注，史院之設與王鶚之建議有直接關係，因之，至元元年乃有「選儒士編修國史」之事，〔註64〕然其史官皆不詳。不論至元元年之儒士編修，或至元五年和禮霍孫之修注，在此前蒙古自身即有史官之類的傳統，蓋因其設有「爲天子主文史」之「必闍赤」官，此皆親貴人士，甚且有位高權重的「必闍赤」之長兼爲記注官者。「必闍赤」所記以天子言動爲主，正合乎漢制的起居注。

　　世祖朝雖大量採用漢制，但蒙古傳統仍在，是以有翰林承旨的高官仍兼修起居注；而《元史》中所見之修注官皆爲蒙古人、西域人，且多爲禁中宿衛的親信身分。筆者懷疑元代史官制度具有雙重系統，其一是朝廷給事中等修注官，至國史院的編修、修史等，其二是宮禁「怯薛」中的「必闍赤」仍執行其傳統的「爲天子主文史」之職，是以有「脫卜赤顏」之史書，祕而不得外傳。

　　元代修日曆之所及掌修之官並無著落，此大不同於金、宋之制。通常以著作郎、佐爲修日曆之官，實則元代之著作郎、佐屬祕書監，但該機構爲掌歷代圖籍并陰陽禁書之處，其官職、人員等皆無關於修史，而著作郎、佐實與日曆無涉。近人指明初徐一夔所言「元朝不置日曆」爲非，筆者倒以爲徐氏之說乃有所見。推測元代之修日曆工作，或在給事中等，除修起居注外，

　　官歷來看，任長史之前爲太常博士，乃正七品官，任長史之後轉祕書監著作郎，乃從六品官，是以長史相當於正七或從六品之官。
〔註63〕　見《元史》，卷二四，〈仁宗本紀一〉，頁 17 下。
〔註64〕　見《元史》，卷五，〈世祖本紀二〉，頁 17 下。

亦完成日曆之稿本，然後送付國史院編修之。

　　元代史館爲翰林兼國史院，乃合併翰林、國史二機構爲一，殊爲特別；將代言、載事二職併於其一。除編修官外，翰林兼帶修史之銜，始預史事成史官之職，否則爲翰林掌制誥、詔令、經筵等工作。丞相或重臣監修國史，大體循傳統之例；領史事時得別設官屬，特給印章，可見愼重其事。至國史院之品秩高過金、宋，相當於從一品之平章政事，也可見元代對其優待之處了。

　　（原刊於《第三屆史學史國際研討會論文集》。臺中：中興大學，民國 80 年）

肆、《元史‧太祖紀》之撰述

一、前　言

　　以紀傳體形成的中國正史，其體例大同小異，自《史記》開始，全書由〈本紀〉、〈年表〉、〈八書〉、〈世家〉、〈列傳〉構成。其後各史損益不同，如〈八書〉自班固《漢書》以下皆以〈志〉代之，而各〈志〉之內容雖或不同，然〈志〉、〈書〉之義則相類。記載有關歷史人物者，除〈年表〉（表）過分簡略形同目錄外，其他〈本紀〉、〈列傳〉、〈世家〉所述則較詳。《史記》之本紀並不全以人物之個人傳記為主，如秦之前五帝、夏、殷、周本紀，以朝（時）代作整體歷史之敘述，不若後續如漢高祖各帝王之〈本紀〉。但自《漢書》以後，本紀則專寫帝王，體例已劃一；似成為帝王之傳記。〈世家〉以侯伯、家族人物之歷史為主，如吳太伯、晉、楚等，亦有以個人為中心之傳記，如孔子、陳涉等。〈列傳〉應為標準之人物傳記，但司馬遷亦將匈奴，朝鮮等族置於其中，整體敘述其族（國）之歷史，開此後正史上常見之外國列傳之例。

　　正史之體例非本文討論之目的，約略而言，正史之〈列傳〉為歷史人物之傳記，〈本紀〉則可視為帝王之傳記，但欲了解歷史人物僅閱讀其傳，實為不足，何況尚有疏漏訛誤之處？〈本紀〉之情形亦如是，而又有與列傳大不相同之所在。蓋〈本紀〉並非專為帝王傳記而作，帝王為國家元首，政權或朝廷之代表，以帝王繫年，依序列出軍國大事。因一朝之國政記之於該帝王〈本紀〉之中，是以〈本紀〉雖有傳記部分性質，實則為記國政大要之所需。帝王之傳記，讀史者皆知，除去〈本紀〉為基本資料外，尚須於〈列傳〉等史書其他地方蒐集有關之記載，更有史書以外的資料待於爬梳研討。但不論如何，帝王之傳記，正史之〈本紀〉仍是不可或缺的基本資料，可提供出大概的全貌。

中國歷史悠久，自秦始皇以來的帝制達兩千餘年，歷五十三朝三百四十八位皇帝，[註1] 其中少數民族建立朝代之帝王約三分之一左右。這些帝王之傳記基本上皆在各史書的〈本紀〉中，篇幅有其多寡，內容詳略不同，大體上還多能記其概況。雖然少數民族建立政權，但歷史之纂修仍大部份操諸漢人手中，即漢式修史傳統同樣地編寫漢族與少數民族之歷史。整體上書寫之形式其間應無太大差異。

二、元代修史與太祖實錄

元起自溯漠，太祖成吉思汗於十三世紀初建立其草原游牧帝國，而後西征南進，開疆闢土。蒙古初期大抵所接觸之漢文化較少，其帝國組織亦無漢制，漠北汗廷鮮少漢人，在此種環境之中，既無庶事之繁，則多採用蒙古傳統決策理政，或取用西域之法處事治民，漢人之參與蒙古政治，漢法或漢制之被接納、採用，乃太祖以後歷太宗、定宗、憲宗至世祖忽必烈時，始逐漸形成。

史官與史館制度爲漢族朝廷之傳統，從先秦記言、記行、君舉必書等記史之傳統，至元代已行之千餘年。元世祖時始正式設立漢制之史官與史館，記事修史一如漢法。世祖確立之漢制修史官僚系統，由起居注至翰林國史院相當完整，監修國史爲丞相、重臣，循傳統之例。其領史事時得別置官屬，特給印章，頗爲愼重，而國史院之品秩高於宋、金，可比平章政事宰執之地位。

世祖沿漢制立史館，史官亦襲漢制，但蒙古本身另有其史官之傳統，而與漢制結合、並用。此即太祖成吉思汗時代所云之「必闍赤」長，「爲天子主文史者，曰必闍赤」[註2] 所云爲世祖行漢制後之情形，但亦是蒙古早期之傳統加以制度化。蒙古文字晚起，太祖平乃蠻得塔塔統阿製作蒙古文字後，始有「主文史」之事發生，而早期「必闍赤」之長位比丞相，「掌宣發號令，朝覲貢獻，及內外聞奏諸事」，[註3] 似以「文」爲主，爲當時宮禁、朝廷之高官，且爲「怯薛」中親信重臣，[註4] 但亦有主「史」之職責，如太宗窩闊臺

[註1] 參見浦薛鳳，〈三百四十八位皇帝〉，《清華學報》，新十三卷一、二期。（民國70年），頁128～132。

[註2] 見《元史》（臺北：藝文），卷九九，〈兵志二〉，頁2下。

[註3] 見《元史》，卷三，〈憲宗本紀三〉，頁2下。

[註4] 關於必闍赤之研究，參見札奇斯欽，〈說《元史》中的必闍赤並論元初的中書令〉，《邊政研究所年報》第二期（臺北：政治大學，民國60年），頁19～113。

時代之鎭海，要兼記可汗之逐日言行，即爲行使漢制起居注之職，〔註5〕亦即柏朗嘉賓（Jean de plan Carpin）稱鎭海爲書記官、首席秘書之故，〔註6〕說明「必闍赤」之長是「爲天子主文史者」。同樣地，在拉施特（Rashid al-Din）之《史集》（Jami al Tawaeikh）中有察合台汗國之「必闍赤」長，他特別要紀錄窩闊台與察合台二汗之「必立格」（Bilig），此種箴言話語即漢制之聖訓，亦屬起居注之內容。〔註7〕所謂記天子言動應爲史官之職，在世祖之前，蒙古已有史官之傳統。

　　世祖用漢法、漢制建立史館與史官之制，但蒙古傳統仍在，《元史》中所見之修注官皆爲蒙古、西域人，且多爲禁中宿衛出身。元代史官制度應有雙重系統，其一爲朝廷給事中等修注官，至國史院之編修、修史等，其二爲宮禁「怯薛」中之「必闍赤」，仍執行其傳統的「爲天子主文史」之職，故有秘不得外傳的「脫卜赤顏」之史書產生。〔註8〕由上略述元代之史官情形，可知自太祖成吉思汗以來即有關於蒙古歷史之紀錄，其多寡詳略未必如一，但並非毫無紀錄且不必是世祖定漢制史官後始有歷史之記載。

　　元代史官有漢、蒙雙軌制度，以漢制傳統而言，一朝重要之歷史在於實錄，此實錄既可用於當代以修國史，復可供後代據以修其史，而實錄皆以各朝帝王廟號爲名，記其一朝之歷史，對於帝王本身爲核心之實錄，自然成爲後來纂修〈本紀〉最重要之基本材料。元承唐、宋之制，史館修史有其定法，故明初得元所修之十三朝實錄，〔註9〕然後據之修史，謂「上自太祖，下迄寧宗，據十三朝實錄之文，成百餘卷粗完之史」。〔註10〕實則元修實錄爲十七朝，因睿宗拖雷、裕宗眞金、順宗答剌麻八剌、顯宗甘麻剌，四宗未居汗位稱帝，爲追諡之號，不記其朝而成十三。又元末順帝未修實錄，明初則遣歐陽佑等採訪蒐集以補修史之用，此即第二次開局主修順帝朝之史，完成卷數爲紀十、

〔註 5〕參見馮承鈞譯，《多桑蒙古史》上冊（臺北：商務印書館，民國 56 年），頁 245、246。

〔註 6〕參見耿昇、何濟高譯，《柏朗嘉賓蒙古行記》（北京：中華書局，1985 年），頁99、102。

〔註 7〕參見余大鈞、周建奇譯，《史集》第二卷（北京：商務印書館，1986 年），頁186、187。

〔註 8〕關於元代史官制度參閱拙作，〈元代之史館與史官〉，收在《第三屆史學史國際研討會論文集》（臺中：中興大學歷史系，民國 80 年），頁 403～420。

〔註 9〕見《明太祖實錄》（臺北：中央研究院歷史語言研究所，民國 56 年），卷三九，洪武二年二月丙寅朔詔修《元史》，頁 1。

〔註 10〕見〈進元史表〉，載於《元史》，卷首，頁 2 上。

志五、表二、傳三十六，合第一次開局所修而成全部之《元史》。〔註11〕如此，則元修十七朝實錄，明初采訪順帝朝資料，爲《元史》之主要依據。

明初修《元史》二次開局，其修史之過程、人選、材料、與相關問題非本文所欲論者，依紀、傳等資料大體皆能明白其修纂之時間、修纂者等情形。茲將元修實錄作簡表如下：

實　錄	修纂（成）時間	進　呈　時　間	修　　纂　　者
太　祖	世祖至元十年（1273）左右	成宗大德七年（1303）	王磐、閻復
太　宗	同上	至元廿五年（1288）初進，至元廿七年復進，大德七年漢文寫本進呈	國史院
睿　宗	同上	至元廿五年初進，大德七年進呈漢文本	國史院
定　宗	同上	同太宗實錄	國史院
憲　宗	同上	同睿宗實錄	國史院
世　祖	至元卅一年（1294）至成宗元貞元年（1295）	大德八年（1304）	董文用、張九思監修，修纂者有王構、姚燧、趙孟頫、高道凝、張昇、李之紹、申屠致遠
裕　宗	同上	同上	同上
成　宗	武宗至大元年（1308）至仁宗皇慶元年（1312）	皇慶元年	玉連赤不花主修，修纂者有程矩夫、鄧文原、元明善、暢師文
順　宗	同上	同上	同上
武　宗	至大四年（1011）至皇慶元年	同上	程矩夫、元明善、楊載、蘇天爵
仁　宗	英宗廷祐七年（1302）至至治三年（1323）	至治三年	元明善、廉惠山海牙、曹元用、袁桷
英　宗	泰定帝元年（1324）至文宗至順元年（1330）	至順元年	吳澄、廉惠山海牙、曹元用、馬祖常、謝端
顯　宗	泰定帝元年		
泰定帝	順帝元統元年（1337）至後至元六年（1335）		王結、張起岩、歐陽玄、成遵
明　宗	同上		同上
文　宗	元統元年至後至元四年（1338）		同上
寧　宗	後至元三年（1337）至後至元六年（1340）		歐陽玄、謝端

註：以上參考王榮愼《《元史》探源》（長春：吉林文史，1991）頁25至35作成。

〔註11〕參見〈元史考證跋語〉，載於《元史》，卷末，頁1上。另見宋濂〈元史目錄後記〉，載於《元史》（臺北：鼎文版），卷末，頁4677。

由上略表可知元代十七朝實錄皆相當齊全，以之修成各帝紀爲現成之材料。〔註12〕而實錄之修可以王惲〈進呈世祖皇帝實錄表〉所說爲例：

> 立經陳紀者二萬餘事，……開館局而增置官僚，敕群司而大紬圖籍，編摩即富，搜訪加詳，採摭於時政之編，參取於起居之注，張皇初稿，增未見於罕聞，承奉綸音，俾蹢繁而就簡，俯殫管見，仰體宸衷，盡略虛文，一存實事，其饗會征伐，文物典章粲焉，……與夫才德孝廉之士，忠良姦佞之臣，版圖生齒之實繁，財賦畜牧之富盛，謹依條具，粗致無遺。〔註13〕

世祖實錄立二萬餘事，與世祖本紀相比略多，而實錄之內容除置入本紀外，亦分別置入志、傳等；本紀當據此實錄刪錄而成。修纂時之搜訪外，採時政記、起居注，皆爲宋代官方修史之作法，內容上則爲軍國大事、典章文物、各類人物事跡、人口、財賦、地理、畜牧等皆入記載，這些的確爲帝王〈本紀〉之所記，然則正史諸〈本紀〉所載不盡符合，其剪裁編刪各有不同，繁省銓配亦多有異，端在修史者之用心識見與史料之情形而定，猶有風向時趨之影響，以〈本紀〉、〈列傳〉述歷史人物者最易看出。

世祖朝如此，其他各朝實錄之修並無詳文可知，然以王惲所言約略不差，則實錄刪潤即爲帝紀，其餘志、傳類似，當可知明初修史之快速，實爲採此便捷之法以致。

太祖及其下四朝實錄於成宗大德七年（1303）由翰林國史院所進呈，其修纂時間約在至元十年（1373）：「以翰林院纂修國史，敕采錄累朝事實以備編集」，〔註14〕而此前十年，中統四年（1263）載「王鶚請延訪太祖事蹟付史館」，〔註15〕可知太祖史事之編修情形。前文曾略言蒙古傳統之「必闍赤」，其於汗廷祕中記載帝王言行如漢制之起居注官，是故太祖以下諸帝宜皆有紀錄，此即「脫卜赤顏」之產生，而「脫卜赤顏」今雖已全佚，但在當時已具

〔註12〕參見邱樹森，〈關於元史修撰的幾個問題〉，《元史及北方民族研究集刊》第十一期，1987年。陳高華，〈元史纂修考〉《歷史研究》1990年第四期，頁115～192。方齡貴，〈元史纂修雜考〉，《社會科學戰線》1992年第二期，頁161～172。羅仲輝，〈明初史館和元史的纂修〉，《中國史研究》1992年第一期，頁144～153。王愼榮，〈元史纂修中的幾個問題〉，《內蒙古社會科學》1989年第六期，頁67～72。

〔註13〕見王惲，《秋澗集》（臺北：商務，四庫全書）卷六七，頁13下、14上。

〔註14〕見《元史》，卷八，〈世祖本紀〉，頁4下。

〔註15〕見《元史》，卷四，〈世祖本紀〉，頁13下。

極高之史料價值與地位，《元史》中載仁宗時：

> 命譯脫卜赤顏，名曰聖武開天紀，及紀年纂要、太宗平金始末
> 等書，俱付史館。〔註16〕

由「脫卜赤顏」中譯出之書付於史館，則爲修史之所本，若不然，則不得見「脫卜赤顏」之內容。如仁宗時又載：

> 請以國書脫卜赤顏增修太祖以來事蹟，承旨塔失海牙曰：脫卜
> 赤顏非可令外人傳者，遂皆已。〔註17〕

知「脫卜赤顏」之爲「國書」，祕中不外傳，並爲史臣肯定其必極有助於修史；然則結果與上條資料相反，不得觀閱。前述仁宗時譯出諸書今亦皆失傳。

　　「脫卜赤顏」與今所見《蒙古秘史》、《聖武親征錄》二書有密切關係，後書是否即爲仁宗時譯出之《開天記》則無法得知，但《祕史》、《親征錄》二書與《元史》之太祖、太宗紀之內容極近，二書當可推斷爲實錄之所本，再由實錄刪寫爲〈本紀〉，而二書或即爲「脫卜赤顏」相關部分譯成〔註18〕又伊兒汗國史官拉施特（Rshid al-Din）所寫《史集》記太祖及其先世與《秘史》、《親征錄》、《元史》皆可見其差異不大，整體觀察同源之史料作成，此當爲「脫卜赤顏」始有可能，即祖宗事蹟頒布其汗國以爲修史所資。

三、〈太祖本紀〉之撰述

　　成吉思汗之〈太祖本紀〉沿傳統之編年記事，但以兩大部分撰述之，其一爲紀元元年前，綜述可汗早期及其先世之大略事蹟，其二爲元年後編年記事；兩大部分篇幅約略相當。紀元編年前之部分又可分爲兩部分，即太祖先世事蹟與太祖早年建國之史，前者約占四分之一左右，四分之三的大部分皆爲太祖早期之歷史。

　　太祖先世之事蹟始於其十世祖孛端又兒，以下言及先世之名者大部分未述其事蹟，僅二、三人略言其事。以十代之先世，蒙古族兩百餘年之活動，不過一千六百餘字，寫來未免甚爲簡陋，究其原因大略有二：一是太祖實錄修成並進講於世祖忽必烈時，當時「今上」之態度有重大關係，由於世祖有

〔註16〕見《元史》，卷一三七，〈察罕傳〉，頁3上、下。

〔註17〕見《元史》，卷一八一，〈虞集傳〉，頁9下。

〔註18〕相關之討論 參見王愼榮，《元史探源》，頁50～60。王國維謂《親征錄》與《史集》皆源自《秘史》，而《元史》則錄自《親征錄》，見《聖武親征錄校注》序，蒙古史料四種（臺北：正中書局，民國51年）。

意繼中華（漢）大統，轉變漠北草原帝國型態，故不取如《秘史》所言蒙古之先出「蒼狼白鹿」，而以「白光」感生之孛端又兒為天命神授之祖業，而後記太祖功蹟亦多在中國本土之偉業，稍略於西方之經營，是世祖有意所為之結果。〔註19〕二是如《元史》所言：「惜乎當時史官不備，或多失於記載云」，〔註20〕則為史料不足之故，此史料之不足應與禁中管制有關。而漢制史官確立於世祖時，無法及早行史官之職，故有前文引王鶚建言搜訪太祖事蹟之事。

少數民族之活動及其先世歷史，在正史中一向甚為缺陋，通常靠史書四裔之列傳與紀傳有關記載始能得知概貌，及其建國成一朝代，其先世之歷史亦不能通記。然諸史仍有所不同，如首部少數民族入正史之《魏書》，其帝紀第一為〈序紀〉，所載即太祖道武帝拓跋珪之先世，即述其民族源自黃帝之子昌意之後，復記六十七世成皇帝以下各帝名號，間或記各帝事蹟，繁略不同，共廿七帝。其愈近開國時期所述愈詳，此所謂近詳遠略者，亦有繫年記事者。魏收〈序紀〉之法頗佳，當是取法司馬遷於〈始皇本紀〉前先敘〈秦本紀〉以紀其先世；至於魏收〈序紀〉之內容或有訛誤曲諱者於此不作討論。

元末修宋、遼、金三史，遼、金為契丹、女真民族所建，以其民族活動與先世歷史而言，《遼史》則無專記，但有〈世表〉差可參見。《金史》有〈世紀〉卷，為〈本紀〉第一，建國之太祖為〈本紀〉第二。此體例與《魏書》同，述其民族之源，先世各祖名號及其活動、發展等。於〈本紀〉卷末增列〈世紀補〉一卷，記追尊帝號諸皇族人物，形同列傳，與〈世紀〉不類。

以《魏書》、《金史》而言，有專卷記其民族先世之略史，並列為本記之首卷，《元史》則無此法，但僅載於太祖之本紀中，且甚為簡陋粗疏，除史料缺乏、史官疏記外，世祖本人之考慮為其原因，後來史官未能蒐求甚為可惜！若世祖之意願恐或不值，寧有所諱而不詳記先祖事蹟，幾近於數典忘祖。

《元史》記太祖在位廿二年，係由丙寅（1206）諸王、群臣共上尊號成吉思汗皇帝始，此前為太祖創業之歷史。若先世事蹟不論，可知者為其十世祖孛端又兒乃神人感光所生，意為天命神授。其次為孛端又兒「狀貌奇異、沉默寡言」，又有預言「後世子孫必有大貴者」，其養生不豐，但「似有天相之」，而後以其英武略服部眾。述及納真（太祖七世祖）與海都（太祖六世祖）

〔註19〕參見王愼榮前揭書，頁36～40。韓儒林以為蒙古之感光生子與夫餘、鮮卑、畏吾兒之傳說有關，見〈突厥蒙古之祖先傳說〉，《穹廬集》（上海：人民，1982年）頁274～299。

〔註20〕見卷一，〈太祖本紀〉末，史臣所言，頁22下。

事蹟較多，在於其克苦英武而開基立業。海都事於《秘史》、《史集》中可得印證，爲蒙古民族先世中重要人物，其基業在「八刺忽怯谷」（八爾虎眞隰口，約在貝加爾湖東南），史稱「諸民共立爲君」，即蒙古首位有汗號之部族聯盟領袖。海都擊敗世仇押刺伊而部，「形勢浸大，列營帳於八刺合黑河上，跨河爲樑，以便往來，由是四傍部族，歸之者眾」，此爲蒙古族早期之基業。而後傳至太祖之父也速該，「併吞諸部落，勢愈盛大」，但其詳未記，應仍僅止於蒙古本部各族之聯盟勢力。其孛兒只斤氏族喪失領導權，部眾多歸泰赤烏部，史所謂「深池已乾矣，堅石已碎矣，留復何爲？」。此下即爲太祖少年之困境與其克苦奮鬥之歷史。

在太祖稱成吉思汗紀元前，〈本紀〉所書大部份在於征戰與擴張，皆爲草原部族戰爭，主要對手爲泰赤烏、篾兒乞、塔塔兒、札木合、汪罕父子，乃蠻等，草原之外爲征西夏。其次記葛不律寒（合不勒汗）族內之糾紛、鬥爭，即太祖與其同輩堂兄弟、堂叔輩之糾紛，以及各族之投效、戰友（功臣）之集結等。關於太祖本人之性格、言行等記載不多，但所描述皆較正面，能呈現出其德行仁心，茲列於下：

（一）泰赤烏部中之照烈部所居與太祖相近，太祖因邀與同宿並飲食款待其部眾，合圍時驅獸于照烈部，使其多獲以歸。照烈部人不滿泰赤烏部常恃強攘奪車馬飲食，而感恩於太祖，私相語曰：「有人君之度者，其惟鐵木眞太子乎！」

（二）泰赤烏諸部族多苦其非法，「時帝功德日盛」，而「見帝寬仁，時賜人以裘馬，心悅之」，於是諸部人馬皆「慕義來降」。

（三）薛徹別乞恃強欺凌太祖掌膳官與皇弟別里古台，太祖以其堂兄弟輩親戚，隱忍不發。而後薛徹、太丑、火察兒、按彈等堂兄弟、堂叔輩皆與太祖作對，違背當初擁護之衷，而投奔汪罕受到太祖之指責；而後這些親族皆遭太祖所滅。此說明太祖滅其親族是因親族們不忠不義之故。

（四）札木合與太祖之糾紛起於札木合部將奪馬被殺之事，而後札木合挑唆汪罕父子以敵太祖。此說明札木合之理虧與居心不良，故太祖與之對抗戰爭。〔註21〕

〔註21〕據《秘史》所載，札木合與太祖皆同出於孛端叉兒之裔，甚且二人曾結爲「按答」（義兄弟），札木合助可汗攻篾乞兒人，奪回妻子孛兒帖。二人嘗共同游牧生活，後以札木合疑心，至於二人分手。參見札奇斯欽，《蒙古秘史新譯並註釋》（臺北：聯經，民國68年）第一〇四節至一一九節，頁115～136。

　　（五）汪罕受太祖尊爲義父，汪罕早年受也速該（烈祖）之助，二人結爲「按答」。後太祖亦曾助困境中之汪罕，但汪罕終與太祖失和以至爲敵，其間過程敘述甚詳。太祖責告汪罕，以有功於汪罕五者，並言「是五者皆有明驗，君不報我則已，今乃易恩爲讎而遽加兵於我哉」。而後汪罕父子爲太祖所攻滅。此說明太祖滅其「義父」，皆因汪罕忘恩負義之故，而〈本紀〉中將有功於汪罕五者，皆詳載無遺，並記汪罕父子先欲借飲「布渾察兒」（許親酒）殺害太祖，謀既不成，即舉兵攻侵。

　　太祖稱成吉思汗紀元以前之歷史，概如上述，除攻戰征伐見其英武之業，上述數點又可見其仁義之德。其先世、家族略有記述，其生時「手握凝血如赤石，烈祖異之」，似有較爲特殊之處。此爲傳統史傳書寫歷史人物，尤其被視爲偉人、聖賢之類的一種模式，多少描述其生時之「異象」或「異狀」，同時亦及於幼、少年時之特殊表現，優越之才智等。《魏書》中記太祖道武帝拓跋圭之出生是：

> 母……夢日出室内，寤而見光，自牖屬天，欻然有感，……生太祖……其夜復有光。……體重倍於常兒，……弱而能言，目有光耀，廣顙大耳，衆咸異之。〔註22〕

這是感光生子之說，與孛端叉兒之生類似，其餘則述道武帝之異狀與特殊之處。再以金太祖阿骨打之生爲例：

> 遼道宗時有五色雲氣屢出東方，大若二千斛囷倉之狀，司天孔致和竊謂人曰：其下當生異人，建非常之事，天以象生，非人力所能爲業；咸雍四年戊申七月一日太祖生。幼時與群兒戲，力兼數倍，舉止端重。……甫成童，即善射。〔註23〕

這是望氣天命之說，其餘爲幼少年之特殊處。再以遼太祖耶阿保機爲例：

> 初，母夢墮懷中有娠，及生，室有神光異香，體如三歲兒，即能匍匐，……三月能行，晬而能言，知未然事，自謂左右若有神人翼衞，雖齠齔，言必及世務，時伯父當國，疑則咨焉。既長，身長九尺，豊上銳下，目光射人，關弓三百斤。〔註24〕

這是日神投胎之說，出生時之「異象」爲神光異香，眞如神人出世，其「異

〔註22〕見《魏書》，卷二，〈太祖本紀〉，頁1上、下。
〔註23〕見《金史》，卷二，〈太祖本紀〉，頁1上、下。
〔註24〕見《遼史》，卷一，〈太祖本紀上〉，頁1上、下。

狀」為體大、匍匐、三月能行，周歲即能言，且能預言，如神附身，至七、八歲齠齔之年齡，能談論軍國大事，至於當國之伯父亦請教以治國，凡此種種將阿保機描述如同神（日神）之轉世成人，故有遠超乎常理之特異功能；其餘如身長體貌、威嚴力強為其特殊之處。

以上三例皆為少數民族帝王，且皆為開國之太祖，其中遼太祖最為神奇，與魏道武帝之日神、體重、生時有光、幼早能言、目有光曜等極為相似，或許源於同民族之傳說而衍生；金太祖之生亦有望氣天命之說。由於係開國之君，即將天命、神人加諸其身，是自古以來漢文化之傳統，漢人書寫之正史中極易承襲此種傳統之思想。《史記》說黃帝「生而神靈，弱而能言，幼而徇齊」，〔註25〕由此而下，類似記載諸史屢見不鮮，於此不作贅述。神靈特異之記載雖不必在開國之君身上，但較諸其他君臣則比率較高，亦有國君本紀不在此處渲染，記錄平實，此涉及修史時之材料問題，亦涉及修史者之史觀、史學等等問題。至於幼時善射力強、相貌體態等說明皆非常人。大體開業立功者，幼少年時率多過人之處，或以才智，或以體貌，或以勇武、膽識，不一而足，此史傳中所常見，亦無需討論。

元人修宋、遼、金三史，遼、金太祖開國立業，其傳記記其出生、幼少年之特異已如上述。元所修《宋史》載太祖之情亦類似，言其出生及長：

> 赤光繞室，異香經宿不散，體有金色。三日不變。既長，容貌雄偉，器度豁如，識者知其非常人。〔註26〕

漢族開國帝王不異於少數民族遼、金二代。但元人修成吉思汗之太祖實錄，比之於宋、遼金三代太祖之出生則全然不同，《元史》僅記太祖生時，「手握凝血如赤石」，此或生產時之生理現象，在蒙古文化中，此現象似無特別意義，《元史》與《秘史》，〔註27〕與《親征錄》所載亦相同，但多加一句「長而神異」，〔註28〕其他皆不見有何「異象」或神靈之事，可知〈太祖紀〉根據實錄並不載如魏、宋、遼、金各太祖之神異。在正史中應是相當特別，至如民初之《新元史》，除如魏、金之史增加〈序記〉，敘述蒙古先世之歷史外，於太祖紀之出生亦如《元史》，但增加「面目有光」一句，〔註29〕是知其本於《元

〔註25〕見《史記》，卷一，〈五帝本紀〉，頁2上、下。
〔註26〕見《宋史》，卷一，〈太祖本紀〉，頁1下、2上。
〔註27〕參見《秘史》，第五十九節，頁56。
〔註28〕見《親征錄》，頁2上。
〔註29〕見柯紹忞《新元史》（臺北：藝文），卷二，〈太祖本紀二〉，頁1上。

史》並無增寫神異之象。《元史》中記載元代各朝帝王除憲宗蒙哥外，餘皆述其出生家世，無任何異象異稟之說，在此方面而言，顯得樸素平淡，頗有特色。憲宗之出生記「時有黃忽荅部知天象者言，帝後必大貴，故以蒙哥爲名」，〔註30〕天象如何未見說明，僅就此言日後大貴，雖是神秘性預言，但未多作渲染異象神靈之事。故整體來看，《元史》本紀載帝王之出生、幼少年時，可說皆未記述神奇異象之徵，此爲《元史》本紀之重要特色。

　　太祖稱號成吉思汗之後開始紀元，完全爲編年體形式記事，由元年至廿二年皆未間斷，所記係軍國大事，不外征戰降服，顯得單調。征戰之對象爲乃蠻、篾兒乞、西夏、金國、宋軍、西域各國，降服有各部族、畏吾兒、哈剌魯、金國官民、華北漢民等。其間亦載與金、宋之議和、假道攻金之策等。所記軍國大事如此，詳略不等，但仍稱簡要。若以前引王惲〈進呈世祖皇帝實錄表〉所言，實錄所載除征伐外，饗會、文物、典章、才德孝廉、忠良姦佞，版圖生齒、財富畜牧等皆爲其內容，則太祖實錄顯有不足，本紀廿二年之紀事，大抵止於征伐，紀年各條不外征戰降服，是史官之疏漏抑或史料之不足，目前難以確知。

　　正史一般帝紀固以軍國事爲首要，然軍國事亦非僅止於征戰，雖云開國之君如成吉思汗者，大體以征伐立業爲要，但比諸《秘史》之內容，則相去甚遠，如其載有可汗早年汗廷之組織與任官，征戰之間的諸多言語議論等，交待彼此之恩怨關係，「怯薛」組織之形成與演進，萬戶、千戶之分封，功臣集團之形成與帝國組織等等。《新元史》則據《秘史》與《元史譯文證補》、西方史料譯文等加以補訂，所述〈太祖紀〉較詳，亦以軍國事爲主，略增汗廷分封與組織事，言語部份稍多。正史囿於傳統本紀之體例，以軍國事爲核心，餘則多寡似無關緊要。實錄所載，後人修史時亦僅將有關軍國事列入〈本紀〉，其餘則依類散入傳、志等，自無法於〈本紀〉中得見如《秘史》之內容。

　　《魏書》除軍國事爲太祖紀之重要記事外，另記有登國元年侯辰叛時之言語，知其策略，皇始元年載用人策略，論攻伐慕容寶之策略。皇始二年兩段言語，見其性格之特殊。天興元年載議定國號之議論，敍立官制、禮樂之事，稱帝之過程。天興二年載興文治之事。三年載其詔書言一統大義，載革官號詔書，詳述原要。四年載興文治，製「眾文經」。天賜元年載分置眾職事。

〔註30〕見《元史》卷三，〈憲宗本紀〉，頁 1 上。按：黃忽荅部當係海都之孫晃豁壇
　　　　所形成之部族，參見《秘史》，第四十七節，頁38。

六年載太祖死前之喜怒乖常。《遼史》除軍國事外，屢見族屬、官制之文句，如元年「詔皇族承遙輦九帳爲第十帳」，四年「后族爲相自此始」等。六年載皇弟刺葛之叛時，太祖兩段言語，使此事變始末易明；至八年仍敘刺葛等諸弟之叛，其間言語與對策，可知太祖之性格。神冊四、五年載謁孔廟、寺觀、製契丹大字事。天贊三年載「未終兩事」詔以言其志。《金史》除軍國事外，載太祖既位前與世祖、穆宗、康宗之關係，由敘事與言語並述之，可見太祖之英略及其受家族之重視；接續述太祖與遼之關係，亦多透過言語以述史事之發展。收國元年載勃極烈官制，對遼戰事之進行亦多以言語見其策略。二年載安撫各族降人詔書，解放奴隸詔書，除遼法立金制詔書，禁同姓爲婚詔書等。天輔二年載禁奴詔、六謀克登耗詔、勿擾降民詔、訪文學詔。三年載查訪女眞流亡詔、頒女眞字。四年以後數年，大多以詔書、言語述伐遼之事及其安撫之策，對燕京與宋廷之策亦如此記載。

　　魏、遼、金三史太祖記除依傳統本紀以軍國事爲主外，各史記載之方式與內容仍有其多樣性，可見制度、文治、部族、社會等各方面史事，言語、詔書往往爲記載之方式，尤以《金史》最爲明顯，亦爲其特色。《元史》太祖紀由紀元開始，廿二年間詔書僅一見，即太祖最後一年所下不殺掠之詔，然未見載其詔文，言語記載僅二、三見，比諸上述諸史相差甚遠；但紀元前之記事，則常見言語之記載，前後差異頗多。內容上亦不如三史之富，除軍國征戰事外，幾不涉旁它，殊爲貧乏。

四、結　語

　　帝王本紀在中國史書之傳統非爲純傳記性質，是以帝王代表其國，記錄軍國大事爲主體，但既以帝王爲核心，編年相次，又在「君舉必書」傳統下，當不乏帝王傳記性之資料，如其言行舉止應爲所載，則仍有傳記色彩。少數民族之史成於漢族之手，除內容差異外，撰述之法宜當相同，以本文所舉魏、遼、金、元諸史書觀之，其開國〈太祖本紀〉大體書寫形式不異。成吉思汗之〈太祖紀〉係依傳統據實錄而來，實錄今雖不傳，以本紀比對《秘史》、《親征錄》，內容相近，則實錄或源於此二書之部份，而此二書當與宮中之「脫卜赤顏」有密切關係，筆者懷疑乃「脫卜赤顏」部份轉譯成此二書。元修太祖實錄資料有限，世祖時始延訪太祖事蹟付史館，而蒙古傳統史官記成之「脫卜赤顏」，乃中秘不得外示，除詔旨轉譯如《開天記》、《平金始末》等之外，

皆不得付史館用以修史，故太祖朝之史料應極爲有限。

　　〈太祖本紀〉之事記於紀年之後皆以軍國大事爲主，記事簡略，內容在於征戰降服，極爲單純，以傳記而言，則僅知其武功與克敵之記錄。紀年之前關於太祖部份，則擺脫大多史書如魏、遼、金史所述開國太祖出生時之神靈異象等，亦以言語記載於史事發展之中，頗具傳記性質等，較有人物傳記之色彩。〈本紀〉太祖事蹟之前爲其先世與民族發展之大要，此部份宜如魏、金史，另立〈序紀〉或〈世紀〉，而史臣不爲，且敍自十世祖始，其前付之闕如，此或世祖修實錄時之主觀意願，或材料缺乏之故。

　　本紀之內容如魏、遼、金史所述，除軍國事外，尙可見載其他如制度、文治等等事蹟，此除記史之完備要求外，亦可加深視本紀爲帝王傳記之內容需要，不必直如戰功登錄簿式撰述；《元史》〈太祖紀〉於紀年之廿二年間即爲如此。若能將所舉之魏、遼、金諸史太祖紀之書寫形式與敍述內容之範圍等，參照入《元史》〈太祖紀〉而修撰，則成吉思汗之傳記基本可在此掌握。

　　（原刊於《成吉思汗學術研討論文集》。臺北：蒙藏委員會，民國87年。）

伍、王若虛之史學批評

一、前 言

　　《金史》無藝文志，對於金代文化、學術之研究頗爲不便。清人有鑒於此，乃陸續爲之補作，自黃虞稷《千頃堂書目》始，又有倪燦、盧文弨、金門詔、錢大昕、龔顯曾、孫德謙諸家之作，所著錄多不過五百種。近時楊家駱先生綜合諸家，並廣加蒐求，完成《新補金史藝文志》二十卷，又總目一卷，著錄金源藝文達一千三百餘種，此正大概如其副題「金源著述及史料彙考」所標示者，對有金一代文字資料已整編成爲目錄。〔註1〕在新補志書中，若不計「院本之屬」條目外，可得六三八種書目，其中經部書六十九種，史部書一五四種，子部書二三二種，集部書一七八種，是知史部書居數量上第三位，但其差距並不大。

　　金代素以文學較受重視，其在文學史上有相當之地位，其他各部則鮮爲人所論及。就史部而言，一般史學史上幾無其地位，所論者僅在「德運」問題上；而金史之專業內，述及史學者，除「德運」外，多在金代修史之官僚系統上，兼及例舉史書一、二。若究其原因，厥以資料缺乏爲主；以前述史部之書一五九種，而今可見者僅約二十種上下，只占百分之十二左右。在今所見諸書中，又以王若虛《史記辨惑》、《新唐書辨惑》、《君事實辨》、《臣事實辨》共四種居多，是以王氏之史學應可加之注意。

〔註1〕參見楊家駱，《新補金史藝文志》，目錄及自序，收在新校本《金史》第五冊
　　　　（臺北：鼎文，民國65年）。

　　王若虛字從之，藁城人，家世務農，於鄉里略有聲望。若虛幼受鄉學者之教，復得其舅所學及名士指導，為承安二年（1196）進士。歷任國史院編修官，著作佐郎，直學士等。汴京降元後，即微服北歸，晚年游於泰山而卒。若虛為學之特色及地位，其好友元好問記之如下：

　　　　學無不通，而不為章句所困，頗譏宋儒經學以旁牽遠引為夸，而史學以溪頤幽隱為功，……云戰國諸子之雜説寓言，漢儒之繁文末節，近世士大夫參之以禪機玄學，欲聖賢之實不隱，難矣！經解不善張九成，史例不取宋子京，詩不愛黃魯直。著論評之凡數百條，世以劉子玄史通比之，……文以歐蘇為正脈，詩學白樂天，作雖不多，而頗能似之。秉史筆十五年，……又善持論，……典貢舉二十年，門生半天下，而不立崖岸，……。〔註2〕

由是略知若虛學博四部，通知古今，而能有所意見；其任史職，頗富實際經驗，又著述評論，時人比之與劉知幾《史通》同等，則若虛之史學於金代可堪為重鎮矣！

　　元初李冶稱若虛「學博而要，才大而雅，識明而遠」，故於經史詩文皆有所辨正，又辨歷代君臣事跡，「條分區別，美惡著見，如彩墨然」。〔註3〕金末狀元王鶚曾受若虛教誨，稱若虛為文不事雕篆，唯求當理，「主名節，區別是非，古人不貸也」，雖其好議論，然其學「本諸天理，質諸人情，不為孤僻崖異之論」。〔註4〕此皆言若虛以其才學而發為議論也。

二、史文與史論

　　王若虛之史學議論可包括三方面：其一為對史書史文部份之意見，其二為對史事或歷史之看法，其三為歷史學之理論及思想上之觀點；此即廣義之史學批評範圍。但若虛之史學批評以前二者資料較多，就狹義之史學批評而言，其重點當在有關史學之理論及思想方面。《四庫提要》言其史學云：

　　　　《史記辨惑》、《諸史辨惑》、《新唐書辨》，皆考證史文，掊擊司馬遷、宋祁，似未免過甚；或乃毛舉細故，亦失之煩瑣。然所摘

〔註2〕見元好問，《遺山先生集》（臺北：成文，九金人集），卷一九，〈內翰王公墓表〉，頁3下、4上。王若虛之生平傳略亦見於此文，另見《金史》（臺北：藝文，廿五史本），卷一二六，〈王若虛傳〉，頁8上～9下。

〔註3〕見李冶，〈滹南先生文集引〉，《滹南集》（臺北：成文，九金人集），卷首。

〔註4〕見王鶚，〈滹南先生文集引〉，《滹南集》，卷首。

遷之自相牴牾與祁之過於雕斲，中其病亦十之七八。雜辨、君事實
辨、臣事實辨，皆所作史評。〔註5〕

如提要所言，若盧對史書之議論皆在於史文方面，包括《史記》、《新唐書》、
《諸史》等，而史評則在君、臣事辨及雜辨之中，此爲大概之分法，約略不
錯。然其論史書雖重史文，但間亦可見其史學之理論及思想；史評部份亦如
此。

若盧論《史記》、《新唐書》、《諸史》等皆以辨惑爲名。其論《史記》十
一卷，分之爲十目，所占篇幅最多，舉例甚細，其目爲採摭之誤、取舍不當、
議論不當、文勢不相承接、姓名冗複、字語冗複、重疊載事、疑誤、用而字
多不安、雜辨等。其中又以採摭之誤條例最多，約有七十二條，所舉司馬遷
之疏誤泰半集中於此目內。

今就若盧所舉採摭之誤各條，將之整理分類成下列各項以觀之：〔註6〕

1. 推測其爲不可能者，如「詩頌言古帝命湯武，文曰武王載斾；謂之武
   者，詩人之所加也。殷記乃云：湯曰吾甚武，號曰武王。聖人決無此
   語。」

2. 字詞義不當，如「燕世家云：民人思召公之政，懷棠樹不敢伐。贊又
   云：甘棠且思之，況其人乎？謂之愛棠樹則可，云懷與思不可也。」

3. 取古文斷絕無次第，如「夏本紀載皋陶之言，……索引曰：此取尚書
   皋陶謨，爲文斷絕，殊無次第，即班固所謂疏略牴牾者也，嗚呼！豈
   特此一節而已哉！」

4. 不成文理，如「論語閔子騫辭費宰之命，曰：如有復我者，則吾必在
   汶上矣。蓋一時拒使者之言也。《史記》〈子騫傳〉直云：不仕大夫，
   不食污君之祿，如有復我者，必在汶上矣！殆不成文理。」此與下條
   以意增損原典相似。

5. 以意增損原典，如「論語云子在齊聞韶，三月不知肉味，司馬遷意其
   大久也，遂加學之二字，夫經有疑義，闕之可也，以意增損，可乎？
   然《史記》如此者，何可勝數」。

6. 引古文時序錯亂，如「盤庚三篇，凡以告諭臣民之不欲遷者，《史記》

〔註5〕見同前，卷首。
〔註6〕採摭之誤各條，見《滹南集》，卷九、卷十。

－67－

既略言其大旨矣，而復云帝小辛立，殷復衰，百姓思盤庚而作，不已乖乎！」

7. 引古文背景歷史疏失，如「周紀云成王既崩，召、畢二公以太子釗見于先王廟，申告以文王武王之爲王業之不易，……今其書但載成王末命使之率循大卞，燮和天下以荅揚文武之訓而已，曷嘗有二公申告之事哉？」

8. 戾經取奇，如「金縢一書，蓋周公嘗請代武王之死，已乃納冊匱中而祕其事，……《史記》魯世家既載周公納冊金縢，……又云初成王少時病，周公自揃其爪沈之于河以祝于神，……如書之所記，戾于經矣，然蒙恬對胡亥亦引周公揃爪及奔楚之事，則戰國以來固有陋說，而子長愛奇，因以亂之耳，……」

9. 乖戾牴牾，如「《左傳》召公二十年十月，齊景公疥遂痁期而不瘳……。二十六年冬，齊有彗星，齊侯使禳之；……《史記》齊世家雜取二書之說云：魯昭公三十二年，彗星見，景公坐柏寢歎曰……。嗚呼，此一事也，而差互不同如是，其餘繆妄可勝道哉！」

10. 讀古書疏略，如「或問禘之說，子曰：知其說者之於天下也，其如示諸斯乎，指其掌，孔子自指其掌而言耳。〈封禪書〉引之直云其於治天下也，視其掌不已疏乎？」

以上十項皆由若虛評論《史記》中「採摭之誤」辨的兩卷內條例出來，粗舉的各項大體可以涵蓋其評司馬遷的疏略牴牾之處，有些類似的指責，即不再另立條項以舉證。此外，從「採摭之誤」條目專論《史記》之史文，另有「文勢不相承接」、「姓名冗複」等等，皆同與「採摭之誤」，論辨史文之失，唯「取舍不當」及「議論不當」二辨則不重史文之批評，較側重於史法及史論，後文當述及之。

至於對《新唐書》之批評，多在指責宋祁之失，三卷之篇幅也以對史文的評論居重。他說：

宋子京不識文章正理，而惟異之求，肆意雕鐫，無所顧忌，以至字語詭僻，殆不可讀。其事實則往往不明，或乖本意，自古史書之弊，未有如是之甚者！〔註7〕

〔註7〕見《濟南集》，卷二二，頁1上。

這是對宋祁極嚴厲之批評，不但評其史文，亦評其史事；依此而寫出的史書，自然價值甚低。若虛又說：

> 唐子西云：晚學遽讀《新唐書》，輒能壞人文格。吾不知此論
> 併記、志而言之邪？抑其獨指列傳也。歐公之作，縱不盡善，無壞
> 人之理。若子京者，其自壞也已甚，豈壞他人哉？溫公作《通鑑》
> 未嘗用子京一語，蓋知所決擇矣！〔註8〕

顯然宋祁遠不如歐陽修，而祁所寫之史已達到可壞人文格之地步，若虛認為司馬光不採用宋祁所寫之史，即基於其無價值之故。

對宋祁寫《新唐書》部份的批評，若虛共條例出近一百五十條，除去十餘條係有關於體例上的問題外，其他全屬史文上的批評，而又以對字詞使用不當的指責為最，如「疾雷不及掩耳」，宋祁改為「震霆不及塞耳」；「炙手可熱」，宋祁寫為「權勢可炙」、「勢焰可炙」、「權寵可炙」，又如用「門如沸湯」、「門若沸羹」等詞，若虛以為乖邪之至。〔註9〕凡此史文上之指責類同對《史記》之文評，如前引《四庫提要》所云：「考證史文，掊擊司馬遷、宋祁，似未免過甚；或乃毛舉細故，亦失之煩瑣」。但史文亦是史學批評中一部份，此與史才有關。

對於史事及歷史之看法是一種史評或史論，有時評論一件單獨的史事，有時則表現於對一個時期的歷史的看法，往往又與其史觀相關。至於對已有之史評或史論再加以批評議論，是史論批評，批評史論實際上也是一種史論，不過是透過另一種形式來表達。若虛在這方面的議論頗多，其於史事批評有「君事實辨」二卷，「臣事實辨」三卷，於史論批評則有「議論辨惑」一卷等，所論史事及史論皆可見讀之意見，頗有其獨到之看法。

「君事實辨」列論歷代帝王數事，並批評有關之史論，所論兩漢帝王如高祖、武帝、光武、蜀先主等，其他有晉武、宋文、隋文、唐太宗、玄宗、憲宗、武后、宋太祖等。若虛的史論採取兩種方式進行，其一係就史事發表其議論，其二係批評某些史論而申以己意。除「君事實辨」外，其他如「臣事實辨」、「議論辨惑」等亦皆以此二方式列論其讀史所見。

若虛之史論是以儒家思想為基調，他極重視義理，以仁義、人倫之理為天地自然之理，不得因政治上之要求而悖此義理，如批評李德裕、蘇洵、蘇

〔註8〕見前註，頁2上。
〔註9〕參見前註，頁3下、4上。

軾等論漢高祖存呂后乃爲制衡將相功臣之故，若虛以爲史論當求義理之安，不得惟詭異之貴，本分之事亦不得強以權術處之。〔註10〕論人倫之理則評「漢高祖杯羹之語，天地所不容」，又以高祖心善家令之言，尊其父爲太上皇，反失家人父子之禮，以荀悅所言：「雖天子必有尊也，家令之言過矣！」加之申論，並說：「末流於後世，遂專以家事爲私，動持義掩恩之說，人主泰然享長上之朝覲」，以此爲天理人道絕滅之時；〔註11〕故屢以史事申明人倫、親情等出於天性之理。〔註12〕其論治道及君臣爲政處世，力倡仁義，反譎詐、權術之用，以誠厚守禮爲重，如論漢高祖平城解圍之後「斬先使十輩，而封（劉）敬爲侯」之事，責其「惟知殺人而曾不罪己也」。〔註13〕論漢武殺鉤弋夫人，末流及於元魏，此乃不道之行爲「殺一不辜而得天下，君子不爲」，又評曰：「此固凶毒殘酷之所爲，殆禽獸之所不忍，而帝自爲明，史臣又從而贊譽之，何其袉也」。〔註14〕責劉備以私憾殺張裕，「此舉乃與曹操無異，惜哉！」。〔註15〕論范蠡爲「才略有餘，而仁義不足」，蕭何等漢初君臣「類無學術，暗于義理」；後世史論往往溢美。〔註16〕

　　若虛重義理，透過對范曄的批評可以看出：

　　　　范曄《史論》云：義重於生，舍生可也；生重於義，全生可也。
　　　夫義當生則生，義當死則死；義者所以主生死，而非對立之物也，
　　　豈有時而輕重哉！義重於生已爲語病，又可謂生重于義乎？雖然此
　　　自漢以來學者之所共蔽，曄也叛人，何足以知之。〔註17〕

於人之生死由義，治國爲政者亦當本於仁義之道，故前述評漢高、漢武、劉備等舉措即由於此。論光武分封，丁恭議以不合法制，若虛評以光武知本，其本即道德仁義，設治天下無道德仁義相維持，欲恃區區法制蓋亦難矣！〔註

〔註10〕參見《滹南集》，卷二五，頁1下。
〔註11〕參見前註，頁2下～4上。
〔註12〕如評高祖疑張敖反，呂后猶知有人情親屬之義，見前註，頁4下，論楚靈王、唐文宗因父子人倫之情的感悟，見頁5下，論劉昌斬孤甥張俊事爲害理，見卷二九，頁2上。
〔註13〕見卷二五，頁2上。
〔註14〕見前註，頁5下～6下。
〔註15〕見卷二六，頁1上。
〔註16〕見卷二七，頁1下～2下。
〔註17〕見卷三〇，頁1上。
〔註18〕見卷二六，頁1上。

18〕仁義之道在統治者而言，具體之表現即在待人接物與生活言行中可見。如其批評漢高祖倨洗、溺冠等行為，乃「無禮而不誠」；〔註19〕其他尚有數條對高祖之批評，無非是評其薄仁義等。史稱高祖寬仁大度，誠信使人，若虛則頗不以為然，而對論史者每過譽高祖，亦表示不滿。〔註20〕同樣地，對漢武帝踞廁見衛青，斥為無君臣之禮。〔註21〕

　　若虛對統治者的奢侈及欲求甚表重視，他以為「人主之道，在于罷貢獻、絕貪求，為天下後世法」，〔註22〕而唐明皇則眈于淫樂，天下風腐傚之，至於寇亂及興，中原發禍而不可解塗炭，此導之者之罪也。〔註23〕西晉親貴崇奢極欲，武帝應以節儉勵俗，始自近貴，奈何反寬貸此風，甚且參與其中，助長風氣，「天下安得不亂哉！」〔註24〕這是對君王及其時代奢靡之批評，因關係到天下之衰亂，不得不警惕。唐明、晉武之失，固攸關世運，而唐憲宗助長朋黨若虛亦不假以辭，直評不貸。其他如對宋文帝處置孔熙先謀亂之失言，以及隋文帝、唐太宗言語之失，亦如之論評。至於對唐太宗赦劉恭、段志充而殺李君羨、劉洎，以及武后能容蘇安桓而不容魏玄同、劉褘之等行為，都提出批評，並揭露君王之心術。〔註25〕可見若虛讀史所得，並不僅止於前述挑剔文字耳！

　　司馬光極稱周世宗之美，因之而言「太平之業，天將啟聖人而授之」，若虛指溫公此乃「媚主之辭也」。〔註26〕歐陽修媚宋太祖於五代史，若虛頗不以為然，尤其對於統一大業，所論有其見地，他透過歐公之《史論》而言：

　　　宋主征李煜，煜遣徐鉉朝京師，言其師出無名，且曰：煜以小事大，如子事父，未有過失，奈何見伐？宋主曰：爾謂父子為兩家可乎？鉉無以對而退。歐公載其事于五代史而論之曰：嗚呼！大哉！何其言之簡也，王者之興，天下必歸于一統，可來者來之，不可者伐之，期于埽蕩一平而後已。周世宗征淮南，詔撝摭前事，務較曲直以為辭，何其小哉！慵夫曰：歐公之言過矣！自古出師未嘗無名，

〔註19〕見卷二五，頁2上、下。
〔註20〕見同前卷，頁3上～5下。
〔註21〕見同前卷，頁6下。
〔註22〕見同前卷，頁5上。
〔註23〕見卷二六，頁3下。
〔註24〕同見前卷，頁1下、2上。
〔註25〕以上各條，見同前卷，頁2上～4上。
〔註26〕見同前卷，頁5下、6上。

而加人之罪者必有辭，而後可曲直之理，正所當較也。宋主此舉果何名而何辭哉？偶鉉及父子之喻，因得以是而折之，夫父子固不當為兩家矣，而宋之與唐何遽有父子之分哉？天下非一人之所獨有也，此疆彼界，容得分據而並立，小事大、大保小，亦各盡其道而已。有罪則伐，無罪則已，自三代以來莫不然，豈有必皆埽蕩使歸于一統者哉……宋主之初出師，撫曹彬背曰：會取，會取，彼本無罪，只是自家著他不得，此則情實之語也。歐公一代正人，而曲媚本朝，妄飾主闕，在臣子之義，雖未為過，而史書垂世之言，安可不出于大公至正邪？不載可也。〔註27〕

宋初承五代之分裂，及其取江南，一統天下，如溫公、歐公而言，宋人自以正統自居，不免流露媚本朝之意。若虛金人，正與南宋對峙，值分裂之局。身處時代不同，立國歷史有異，其所見差距宜可理解。以客觀歷史之發展來看，「天下非一人之所獨有也」，「亦各盡其道而已」，若虛所言，恐怕是較合理的。

陳壽與孫安國評孫皓殘暴虐民，而晉武優寵過厚，實非弔民代罪之義。若虛則以為除湯武革命之外，皆在得國。他說：

後世伐人者，例皆志於奪國，而既得而止矣，詎有誠意為民者？蓋不獨晉武為然也。初羊祜陳伐吳之策曰：皓暴已甚，於今可不戰而克，若皓不幸而沒，吳人更立令主，雖有百萬之眾，長江未可窺也！嗚呼！果使吳人更立令主，民得樂業于一方，釋而存之，以為外懼，豈非好事，今乃幸其無道而易取，惟恐失之，此其心曷嘗在民邪？武帝不足責也，若羊公者，世所謂仁人君子，而為謀亦爾，則是舉也，尚可以湯武之事繩之哉？〔註28〕

這是一語道破自來建立政權的統治者之心，重在得國謀位而已，所謂弔伐之義，例皆藉口；晉武取江南亦當如是觀。至民若樂業於一方，當釋存為外懼，與前所謂分據並立，各盡其道之義相同。由此而言，若虛並不主張必欲一統天下始為正途，是可並存列國之天下觀。

若虛《史論》中含有濃厚之名教思想，他批評司光正直有餘而寬假曹操，蘇轍道學高而獎飾馮道，「皆繆戾之見，有害于名教，不足為長厚也」。〔註29〕

〔註27〕見同前卷，頁6上～7上。
〔註28〕見卷二七，頁7上。
〔註29〕見卷三〇，頁2上。

他說司馬光論曹操篡漢，以為取於盜手而非取之漢，此「失言之罪，萬古不磨」，又說：

胡致堂（寅）力攻之是矣！及其論蕭道成當討蒼梧，劉知遠不必赴晉難，乃皆引以相明而不廢何邪？是非有定理，前後反覆以遷就己意，此最立言之大病也！〔註30〕

對於司馬光之批評如此，但肯定其書之價值，「《通鑑》一書，妙絕古今，雖萬世不能易也」，「正閏之說，吾從司馬公」，不過又說溫公對荀彧之評論為不當等，〔註31〕這也是從名教的觀點來看。因此對蘇轍為馮道辯說深表不滿，他斥馮道乃忘君事讎，萬世罪人，欺盡五代時人，又欺至宋朝諸公，以至胡瑗、王安石、富弼、蘇轍等人紛紛為之解說，「乃知逐臭之夫，今古不乏」，他以為並非馮道「此老賊」之技倆高，而是愛之者陋見，「士大夫誦先王之書，食人主之祿，而敢倡言以馮道為是者，皆當伏不道之誅也」，〔註32〕若虛視馮道為「販君賣國，習以為常」之徒，又對北宋偏祖馮道者大加撻伐，正是站在其維護名教之觀點上。因之，對曹操、王敦、朱溫這類「悖逆」者，也直視之為而不貸。〔註33〕至人論及湯武、伊周之事，有謂「不為亂臣賊子倡，未必後世敢兆是亂也」，若虛則以為此種訕薄者尤為名教之罪人，而讀書人當知革命之義乃名教之理，豈能不知以大義公天下與後世之藉口的區別？〔註34〕

倡名教亦不免流弊之生，若東漢之士，有詭激好名而不量輕重者；如劉翊欲為志士而與眾俱餓死，此為若虛所不取。〔註35〕對名高但有害於道者亦加之指出，如論李希烈攻寧陵，劉昌殺其孤甥以警眾，若虛說：「無罪而殺其所親，以之警眾，雖云成功，害理甚矣！」。又論張巡、許遠之事，曰：「忠矣，然而未仁」，以為其死節之名固千古不可磨，但食人之罪亦萬劫不可滅。張、許等應計走，或可戰則戰，若戰不勝則死之，可以盡為臣之責。若虛對此感嘆說：「去古逾遠，義理不明于天下，士大夫以名節自高，而卒不免害道

〔註30〕見同前註。

〔註31〕見同前卷，頁5上。司馬光對荀彧之評，見《資治通鑑》（臺北：世界，民國63年），卷六六，獻帝建安十七年，其論有云：「且使魏武為帝，則彧為佐命之功，與蕭何同賞矣；彧不利此而利於殺身以邀名，豈人情乎」，見頁2117。

〔註32〕見卷二九，頁5下～7上。

〔註33〕見卷三〇，頁2下。

〔註34〕見同前卷，頁3下～4下。

〔註35〕見卷二七，頁5上。

者，可勝數哉！」〔註36〕可見儘管倡名教，求高名，但與不通理、害理、害道者仍需有所甄別。

三、史學批評

王若虛在史學批評上對《史記》、《新唐書》用力較勤，其他所論及者有《通鑑》、《後漢書》、《左傳》、《三國志》、《晉書》、《宋書》、《南史》、《北史》、《公羊》、《穀梁》、《唐書》、《隋書》、《五代史》等。諸史多在評史文以及對史事之觀點，間評對史論之看法；直接涉及史學之理論與思想者並不多見。然則由其諸史之批評中，約略可整理出在史學批評上之要點。

首先論史文，他提出繁簡之規則問題：

> 劉器之嘗曰：《新唐書》好簡略其辭，故其事多鬱而不明。遷、固載相如文君事幾五百字，而讀之不覺其繁，使子京記之，必曰：少嘗竊卓氏以逃而已。文章豈有繁簡，要當如風行水上，出于自然，不出于自然而有意于繁簡，則失之矣！〈唐書進表〉曰：其事則增于前，其文則省于舊。新唐所以不及兩漢文章者，正在此兩句，而反以為工，何哉？可謂切中其病。〔註37〕

一般以為《新唐書》之優處，在若虛之意正為其短，並且以為文章不必刻意求繁簡，當出于自然，換言之，繁簡不能作為文章優劣之必然標準，文章優劣有其規則評定，豈只在繁簡而分？至於史書則更與一般文章不同，「寧失之質，不可至于華靡而無實；寧失之繁，不可至于疏略而不盡」〔註38〕，為雕鏤修飾，致文采華麗而失實，不如樸實書寫；而寧可文繁，亦不得因求簡而至於疏略未盡。故在繁簡上檢討史書之優劣，並非史學之標準，端視其是否造成疏略未盡。蓋史學非為求文筆簡潔為目的，亦非為求華麗文采之篇章，若史文不實，則已失史學之價值。為求實，寧可文質而不欲文華，為求盡，寧可文繁而去文簡。

史文之繁簡，若虛另有具體之說法：

> 晉張輔評遷、固史云：遷敘三千年事止五十萬言，而固敘二百年事，乃八十萬；繁省不同，優劣可知。此兒童之見也，遷之所敘，雖號三千年，其所列者幾人，所載者幾事。寂寥殘缺，首尾不完，

〔註36〕見卷二九，頁2上、下。
〔註37〕見卷二二，〈新唐書辨〉，頁1上、下。
〔註38〕見前註，頁1上。

往往不能成傳，或止有其名氏，至秦漢乃始稍詳，此其獲疏略之譏

者，而反以爲優乎？且論文者，求其當否而已，繁省豈所計哉！遷

之勝固者，獨其辭氣近古，有戰國之風耳！〔註39〕

此處論繁省，即前述繁簡之說。簡而疏略則不如繁而能盡，故司馬遷之優並不在簡。文章不刻意求其繁簡，出于自然爲要，亦即此處「求其當否而已」。

若虛於史求實與盡，因之對宋祁大加評擊，說歐陽修之分修唐史，「其文體不同，猶冰炭也」，而後歐陽修於進《唐書》時，自署名於紀、志，而列傳則署宋祁之名，在若虛認爲「歐公正不肯承當耳」，〔註40〕此種推測固難考其實，貶抑宋祁則招然若揭。若虛復批評曰：

子京譏舊史猥釀不綱，而以傳遠自語。今之學者，類皆歆艷以

爲新奇，舊史幾廢，……以愚觀之，舊史雖陋，猶爲本分，且不失

當時之實，寧無新書可也！〔註41〕

《舊唐書》固有缺失，但在史學上而言，求實爲本分要務，就此點而言，《舊唐書》當較新書價值爲高，「歆艷以爲新奇」者，是不能作爲史學之標準。

據於此，若虛對史文之意見是以不得失實爲本：

《魏氏春秋》好用《左傳》語以易舊文，裴松之譏彈甚當。

凡人文體，固不必拘至于記錄他人之言，豈可過加潤色而失其本

眞。〔註42〕

因潤色文字而失其本眞，即失實矣！正是「歆艷以爲新奇」同義之語。由此對刪潤史書當有所講究，班固刪潤《史記》，雖「往往勝之」，但「亦有反不及者」；〔註43〕其所不及者，並非止於文字之講究，而在於史事失眞之弊。司馬光《通鑑》「以爲更加精擇，削其繁蕪」，然亦時有太過之處，至疏略而不能敘事完備；〔註44〕正是略而不盡之失。

〔註39〕見卷三四，〈文辨〉，頁 4 下。

〔註40〕見註 37，頁 1 下。

〔註41〕見前註，頁 2 上。

〔註42〕見卷二四，頁 8 下。

〔註43〕見卷二〇，頁 3 上，若虛說：「如《史記》高祖聞田橫死，曰：嗟乎！有以也，夫起自布衣，兄弟三人更王，豈非賢乎哉！《漢書》但云：嗟乎！有以起布衣，其語太簡，讀文殆不可曉也！」

〔註44〕見卷二一，頁 5 上、下，若虛說：「如《漢書》郭林宗傳云：茅容耕于野，與等輩避雨樹下，眾皆夷踞相對，容獨危坐愈恭，林宗見奇之，遂與共言，因請寓宿。旦日，容殺雞爲饌，林宗謂爲己設，既而，以供其母，自以草蔬與

求實爲本，正與實錄之主張相應。若虛評〈太史公自序〉言「嘉尙父之謀，作齊世家，嘉旦金縢，作魯世家」，其他燕、衛、宋、晉等皆有所嘉而作，因而說：

> 夫史書，實錄也，事所當記，善惡必存，豈因嘉一事而後作乎？
> 大抵諸序傳皆不足觀，刪之可也。〔註45〕

這對司馬遷的序傳提出嚴厲之批評。史書爲實錄，當記則記，不得因個人之嘉許而作史，《史記》序傳所言頗爲不當。對於《大事記》說：《史記》〈文帝紀〉多載詔書，至〈景帝紀〉則皆不載，「蓋以爲不足載也，其旨微矣」，若虛則說：

> 予謂史書，實錄也，詔誥一時之大事，縱使帝之所行，不能副
> 其言，豈容悉沒之乎？此自遷之私憤，而呂氏（按：即《大事記》
> 之作者，呂中）深取之，遂以判班馬才識，予未敢知也。〔註46〕

實錄是事當記則記，「豈容悉沒之乎？」同樣不得因個人之喜好而作。因實錄故爲信史，而「信史將爲法于萬世，非一己之書也，豈所以發其私憤者哉！」〔註47〕史書之作將垂後世爲法，非私書可比，個人因素須排之在外，如此則「事所當記，善惡必存」，此實錄之書，方得爲史書。因實錄則記史要求直筆，若虛說：

> 所貴乎史臣者，善惡必存，以示勸戒，故謂之直筆，豈以掩人
> 君之過爲賢乎！〔註48〕

史臣之貴在此，既不當飾主闕，亦不當媚主，故若虛對司馬光、歐陽修寫史，即諷評有媚主之嫌，此前文已言及之。

實錄之信史將爲法于萬世，在若虛而言，即「善惡必存，以示勸戒」，故史家之評論尤需愼重，要因人事之善惡而正其是非，以示勸戒，而裨益於教化，此亦史評之可貴也。〔註49〕若虛特別對《史記》議論不當之處提出十餘條辨正，大抵在反對「以貌取人」，「儗人必于其倫」，及其他失言之處。在其

客同飯，林宗起拜，因勸合學。《通鑑》載之略同而節本，直云：茅容耕者，危座愈恭，殺雞爲饌，泰謂爲己設，容分半食母。其疏已甚，不盡事情矣」。
〔註45〕見卷十九，頁8下、9上。
〔註46〕見前註，頁9上。
〔註47〕見前註，頁9下。
〔註48〕見卷二二，頁2下。
〔註49〕見卷一二，頁1上。

批評中也可以反映出未必了解司馬遷之意，他說太史公序〈滑稽傳〉「夫天道恢恢，已不見發明滑稽之意，而六藝之事又何所干涉也」，〔註50〕又說：

　　　夫酷吏、佞倖，類皆小人，史之立傳，大抵著其罪惡，以為世戒，

　　而遷獨有取于此等，然則是非之謬，豈特游俠、貨殖之論哉！〔註51〕

善惡勸戒是若虛很明確之觀念，但司馬遷寫史所有取者，正在反映其時之社會，交待當時之歷史，並非「類皆小人」則毫無所取，故各傳有其記述之價值，亦自有其不同角度之觀察。若虛視這些傳記為「無謂」、「污編錄」，〔註52〕實有偏差。

　　關於史書的體例方面，若虛著重於《史記》與《新唐書》二者，其中包括對體例之安排、記述之法，取材等問題。如論《史記》體例，他以為「世家最為無謂」，諸侯有國稱君，不可謂世家，而孔子、陳涉等亦與世家無干，至於記、傳、表、書等編籍之稱，世家與此不類，〔註53〕又如論「諸夷狄當以類相附」，〈匈奴傳〉即不當在李廣、衛青之間，〈刺客傳〉在李斯之上，〈循吏傳〉在汲鄭之上，皆不知何意。〔註54〕在記述法上，如說禹之平水土，箕子作洪範，只需記載其事，不必全載二書，「徒增冗滯」，〔註55〕在取材上，如論孔子嘆老子猶龍之事，「蓋出于莊周寓言，是何足信，而遂以為實錄乎？」，其他如成王翦桐以封唐叔，周公吐握以待士等，「皆委巷之誤，戰國諸子之所記，非聖賢之事，一切信之」，〔註56〕這些例子與對《新唐書》所舉各方面類同，即在體例、記述、取材上皆有所意見，而由此可見若虛讀史細心，復有其個人之觀點。但因其所涉事廣，非本文所欲論者，其次，若虛雖提出不少意見，但並未在這些方面有具體之理論，實難以細作討論，如論孔子、陳涉不當入世家，然則卻未明言當如何安排？理由何在？在體例上有何規則、理論可作為史書之標準，其與史學之關係又如何？凡此皆無資料可見，故在這些方面實不易說明，可以說明者大抵皆在取材上，即不足信者不當輕信而入史書，仍是實錄求真、求實之原則的引申。

〔註50〕見前註，頁3下。
〔註51〕見卷一九，頁8下。
〔註52〕見卷一一，頁4上、下。
〔註53〕見前註，頁1下。
〔註54〕見前註，頁4下。
〔註55〕見前註，頁2上。
〔註56〕見同前註。

四、結　語

　　王若虛的史學批評較令人注意者在於史文方面，或由於其文學素養較高之故。他著有《文辨》四卷，《詩話》三卷，在文學批評上有其地位，因而以之用於史學，在史文部份的確有許多見地，尤其對《史記》、《新唐書》的文字句法，指正不少缺失之處，可謂二者之功臣。

　　在史論方面，若虛充份表現出傳統儒家之思想，以仁義、人倫爲自然之理，此種天理當高於政治之上，故其史論力求義理，對統治者之權謀、心術皆有所評擊，並指出三代以下，建立政權及統一天下者，多以美名爲飾，實則在謀國奪權而已，他又提出「天下者，非一人之天下」的觀念，作爲列國分立，各盡其道之根據。

　　義理高於政，由仁好禮爲其所推崇，而名教觀念亦爲若虛所提倡。但名教卻不可害道、害理，否則成爲虛名形式，而流弊叢生。至其名教所攻擊之對象則是曹操、馮道之流，由此可知若虛之觀點何在。

　　在史學之理論上，若虛以實錄觀念爲其史學批評之基本精神，因之，其論繁簡在求實而不華，求盡而不簡。其論記述在「事所當記、善惡並存」。其論史學之用則在爲法於萬世，以示勸戒等。

　　又若虛學識淵博，精通文史之外，對《五經》、《論語》、《孟子》亦多有其意見，而諸家之解讀、釋義等，同樣能提出其個人之見解。此或有待他文再論。

　　（原刊於《興大歷史學報》，第二期。臺中：中興大學，民國 81 年。）

陸、金代士人之歷史思想

一、前　言

　　金代政權為女真族人所建，領有漢地華北與華中一帶，其典章制度承唐、遼、宋之遺規，而遼、宋之士亦進入其統治階層，逐漸與女真人共治其國。金代接受漢文化較早，施行漢官儀制亦較全面，但畢竟係「外族」立國之政權。而金代不論遼系或宋系之漢人儒士，多沿唐宋之傳統以安身立命，其處於「外族」政權之中，彼此間諸多之關係成為金史研究上之重要課題。金滅遼及北宋以建新朝，此種歷史上之大變動對於漢人儒士應產生相當之影響。本文是就漢人儒士之歷史思想作一探討，以觀察其內容之特色，而此方面之探討，尚乏人論及。

　　金代史學遠不如文學之盛，故言金代幾無史學家與史著，論中國史學者多略去遼、金二代。考金代史著，以目錄上所載尚略有可觀者，而金設史館以修史，亦不可為絕無史家。依《新補金史藝文志》所輯錄史部之作應有一五四種，然今存者僅近二十種而已。〔註1〕金之史館修遼史及其國史，以譜牒、起居、實錄等為主，與修前朝遼史皆頗有成績，其襲漢制傳統之史官制度，以文學儒士主其事；〔註2〕是故金代之史著與史家尚有跡可尋。但就現有史料而言，既不如元代，更遠遜於宋代，今存之史著極罕、復多為小品雜述，不

〔註1〕見楊家駱，《金史藝文志》（臺北：鼎文，新校本《金史》附補），頁11～33。其中收錄一五九種史部之目錄，然所收《大金國志》、《金國節要》、《金圖經》、《北風揚沙錄》、《金國文具錄》五種非金人著作而為南宋人所著；故以一五四種計。今可見者約二十二種，除上述宋人所著五種不計，僅餘十七種左右。

〔註2〕關於金代之史館及其修史情形參看拙著，〈遼金之史館與史官〉，《國史館館刊》（臺北：國史館，民國76年），復刊第六期，頁15～28。

易考察其史學；且文儒之士多重文學政事，較少論及歷史之學。

本文所論之歷史思想係取廣義之涵意，內容包括三方面，其一爲對歷史事實與因果關係之認識，及其對之表示之意見，此即歷史知識之範圍。其二爲歷史研究者對其工作各方面之認識與省察，以及對史學上之各種觀點與論述，此爲史學思想之內容。其三爲對歷史發展之過程與動力之探討，以及對歷史知識性質之研究，此屬歷史哲學之領域。此三方面因史料之關係未必皆能全面論及，但取此廣義之中而條舉陳述。又由於女眞儒士之有關資料極爲罕見，難以列論，故本文以漢士爲研討之對象。

二、史學與史論

金代史學以官修國史與前朝《遼史》爲著。國史中有起居注三種，即天德、世宗、章宗三朝。實錄十二種，有太祖至宣宗八朝，加上始祖以下十帝、睿宗、章宗另一種及顯宗各實錄；此皆爲元修《金史》之底本。加之日曆及前朝《遼史》之修，其間史官、編修等多人，是皆可視之爲史家之作。〔註3〕大體上由官方所主持修編之公文書籍，如詔令奏議、儀制、職官、刑法等亦爲史部著錄之範圍，不過當時作爲法規典制之屬，較之實錄與《遼史》則史學意味遠爲不如。

史著正史類有蕭貢《史記注》百卷，蔡珪《南北史志》三十卷，女眞字譯《史記》、《漢書》、《新唐書》等，然以上諸書今皆不存；存者有王若虛《史記辨惑》十一卷、《新唐書辨惑》三卷。書不存則難有討論之具體對象，故後文於正史類將以對王若虛之討論爲主。其他雜撰、編年、紀事本末、別史、雜史、譜牒、傳記、政書、地理、金石、史評等各類史部著述，大多不存，但亦可看出各類史著之一般；〔註4〕至於所存者，則以與本文論題有關者析而述之。金代之史部著述與史家或容他文再論。

閱讀經史原爲儒士之傳統，然亦不稍忽於講究文章節義，金代漢士並不例外。文學之士能修史或有史部之著作，迨可以稱之爲史家，差別在於用力之多寡、著述之精粗，與夫史學史上之影響及地位，故金代之史家有官方修編之作，亦有私家著作，《新補藝文志》中大可見其一般。然用力於史學之家

〔註3〕關於金修其國史，可參考拙著，〈金修國史與金史源流〉，《書目季刊》，第二十二卷，第一期（臺北：學生書局，民國77年），頁47～60。
〔註4〕以上見楊家駱，《金史藝文志》，頁11～33。

則超過志中所載之史著作者，如金代頗盛於《通鑑》之學，衛紹王大安二年（1210）曾詔儒臣編《續資治通鑑》，〔註5〕但編纂結果不詳，此當為楊雲翼主編之《續通鑑》若干卷，為《藝文志》中所著錄。〔註6〕《通鑑》之學則有女真皇族密國公完顏璹，「於書無所不讀，而以《資治通鑑》為專門，……雖老於史學者無不加詳也」。〔註7〕

唐佐著《集諸家通鑑節要》百二十卷，又著《通鑑詳節》傳世。〔註8〕元好問言其時有蔡珪、蕭貢、完顏瑜、璹等十數人號稱《通鑑》學之專家，而於金末廣為流行，至於武臣宿將「講說記誦，有為日課者」，又說「中州文明百年有經學，有史漢之學，通典之學」，〔註9〕可知金代史學盛行《史》、《漢》、《通典》，而《通鑑》學雖不如江左南宋，但亦有十數人專精於此；惜金代《通鑑》之學皆未得一見。

金代儒士依循傳統普遍讀閱經史，其所得之歷史知識多見諸於史論與詠史之中；具體之史論以名儒趙秉文較多，其著述有〈兩漢論〉、〈東漢論〉、〈唐論〉、〈遷都論〉、〈侯守論〉等篇章。其論西漢自高祖約法三章已具四百年氣象始，雖呂后盜國執柄，但以漢興之餘威猶在，莫敢誰何。論文帝以德量過於賈誼，所不及者為才具，無賈誼仍不失守成之主，若行賈誼之策則禍不勝言，「使誼加以數年不死，亦自悔其前日之論，則伊管之儔也」；而景帝用晁錯之計，致七國之反。論武帝崇儒，若用董仲舒為相則可以三代矣，然武帝甘心四夷，奢侈無度，「所不亡者幸也」；評武帝好殺、變亂舊章、果於自用，與秦始皇相去無幾。論宣帝屬精為治，但嚴刑為其過失，破先零、行屯田則有帝王之略。至於元、成之下則不足論矣！〔註10〕其論東漢重在外戚、宦官之禍，以明、章之後，君王不足以有為，謂「西漢大臣，寬博有謀，可定大事，然不及東漢士大夫之節」，「東漢士大夫忠義有守，足鎮頹俗，然不及西

〔註5〕見《金史》（北京：中華），卷一三，〈衛紹王本紀〉，頁292。

〔註6〕見《金史》，卷一一○，頁2425。楊家駱前揭書中著錄於《編年史類》，見頁16。但言「揚雲翼、趙秉文撰。衛紹王大安元年編輯。金史但載之雲翼傳……」按趙秉文傳中未載其參加《續通鑑》之編纂，又大安元年與《金史》所載二年有異。

〔註7〕見元好問，《遺山先生集》（臺北：成文，九金人集本），卷三六，〈如庵詩文序〉頁7下。

〔註8〕前註書，〈集諸家通鑑節要序〉，頁4上～5下。

〔註9〕前註書，〈陸氏通鑑詳節〉，頁1上。

〔註10〕趙秉文，《滏水集》（臺北：成文，九金人集）卷一四，〈西漢論〉，頁3下～6上。

漢大臣之謀」，並明醫理寒熱通塞之說，忌用猛藥，以及易卦治蠱之道，不可以瘀，論述東漢士大夫未能消彌外戚、宦官之禍。〔註11〕其論唐代歷史，言貞觀之治雖同符三代，然好大喜功，養成武后之禍，至子孫殺戮，故雖有政治之美而不能贖樂殺人之禍。玄宗相牛、李，用蕃將，招致安史之亂，又使生靈塗炭，藩鎮爲禍。肅、代不能用顏眞卿、德宗不能用陸贄、宣宗不能用李德裕，「自是以還，唐衰矣」，以唐政之衰壞在於嗜殺、黷武、貪樂、侈大所致，加之不能用人，使社稷傾危。〔註12〕

趙秉文於〈遷都論〉中議論金朝之遷都問題，首引蘇軾之言：「周室之壞未有如東遷之謬也」，秉文加以駁斥，以爲周平王不遷都則不能朝諸侯而外四夷，甚至或淪爲蠻夷。又提出「有天下者，安必慮危，治必防亂」，舉出歷史上如唐玄宗幸蜀，晉東遷江陵，爲恃江山險阻之形，周之東遷爲恃諸侯強勢，若無形、勢可依，則需以固本爲要。秉文所議其時，正爲宣宗受蒙古所迫之時，朝廷群臣議論遷都往河南或陝西之地，而秉文以爲關河之險不足恃，又棄河北根本之地爲不可，故主張遷都山東之地，並行封建之勢以固，則形、勢、本三者皆得之。〔註13〕而其時攻守之策頗爲盛行，言封建以禦敵者大有人在，秉文則有〈侯守論〉抒其主張，建侯置守之得失各具，舉三代封建之得爲守在四夷，其弊有尾大不掉之患；封建或郡縣之制在於依「勢」而行。至於晚金之形勢，行封建之利有三：一爲諸侯世擅其地，愛民備兵，自爲戰守，則夷狄不能交侵，二爲無夷狄之侮，則天下終爲我有，三爲大小相維，足以長世；故行封建爲「就弊不得以而言之也」。〔註14〕

趙秉文熟讀諸史，其歷史知識表現於史論之中，並援引之論金朝之時事，堪爲學術致用之典型。又於史學上作魏晉與蜀漢之〈正名論〉，表現其史學批評之觀點。秉文以爲「遷固而下作史者何其蕩而無法也」，引歐陽修之言「魏晉而下，以佐命之臣皆可貶絕」，以其二心於本朝之故。因之評陳壽列陳群于魏傳之中，《晉書》以賈充爲晉傳之首，當以《春秋》之法，附陳、賈于漢魏賊臣傳中，準此復論及孫彧之志，羊祜、杜預當列於晉傳之首，王祥無補於國亡，當附於〈王導傳〉，陸機、雲當列於〈文藝傳〉，稽康、阮籍當列於〈玄虛傳〉，王衍當列於〈奸臣傳〉，王凌、毌丘儉、諸葛誕雖以廣陵叛，猶有存

〔註11〕前註書，〈東漢論〉，頁6上～8下。
〔註12〕見趙秉文，《滏水集》，〈唐論〉，頁14上～16下。
〔註13〕前註書，〈遷都論〉，頁18上～19下。
〔註14〕前註書，〈侯守論〉，頁20上～22下。

魏之心，故當作「魏」臣，阮籍作九錫表，名魏而實晉，故當作「晉」臣，
至於司馬氏無存魏之心，當書「司馬師廢正始皇帝、昭弒正元皇帝、炎篡景
元皇帝」等。〔註15〕

其論蜀漢亦以正名為準，劉備、諸葛亮有公天下之心，故宜稱漢，「漢者，
公天下之言也，自餘則否」，而言漢中王自立為帝者，以「著自立也」，但秉
文對此猶有所憾，認為自立為帝則與曹丕、孫權同為「僭稱」，不如奉漢以成
大計，退則以漢中王終身北面。論劉備命諸葛亮輔太子，乃公天下之心，復
見伊湯之德，其與曹氏託司馬懿之別在於「誠」。其論諸葛亮擒縱孟獲事，以
為係古帝王正義明道之事，修德服心之意。〔註16〕

由「正名」立論史事兼論書法，可見趙秉文歷史思想之大要。對於歷史
上之君臣，重於君德、仁義、名教，故貶斥黷武好殺，奢侈享樂。而於治國
理政則提出變通之「勢」，因勢擇術，安慮危，治防亂，曉通塞，行漸革；加
之識人而任，慈儉以守。因名教而為立身之標的，亦為史學上書法之準則，
此為秉文再三所致意者。

名儒王若虛亦有較多之史論與史學批評。元好問稱其「學無不通，……而
史學以深頤幽隱為功，……史例不取宋子京，……世以劉子玄《史通》比之。」
〔註17〕視其史學素養比之於史家劉知幾。若虛之有關著作為〈史記辨惑〉十一
篇、〈新唐書辨〉三篇、〈諸史辨惑〉二篇、〈君事實辨〉二篇、〈臣事實辨〉三
篇，其他尚有議論、著述、雜辨，通過這些論述大體可掌握其歷史思想。

若虛在史學上特別重視對史文之要求，對各史書之體制、記述、文字等
表示相當多之意見；尤以對《史記》與《新唐書》有嚴辭且詳盡之批評。其舉
出實例，分列條目而陳，大部份皆在於文字句法之誤謬，以及史法與史論之不
當，如論《史記》，言其史法與史論者有「取捨不當」、「議論不當」，論史文者
有「文勢不相承接」、「姓名冗複」、「字語冗複」、「重疊載事」、「疑誤」、「用而
字多不安」，論史文兼史法者有「採摭之誤」、「雜辨」。其中「採摭之誤」即列
出七十二條。對於《新唐書》則列出一百五十條批評，亦絕大多數在論其史文
之失。大體上在史學方面要求「寧失之質，不可華靡而無實；寧失之繁，不可
至於疏略而不盡」的史文觀，以及「事所當記，善惡必存」之實錄觀。在史論

〔註15〕見趙秉文，《滏水集》，〈魏晉正名論〉，頁8下～11上。
〔註16〕前註書，〈蜀漢正名論〉，頁11上～14下。
〔註17〕見元好問，《遺山先生集》，卷一九，〈內翰王公墓表〉，頁3下～4上。

方面，具有儒家傳統之思想，以仁義、人倫為自然之理，此天理高於政治之上，對統治者之權謀、心術皆不取，此為其史論之義理觀。義理高於政治，由仁好禮之名教觀為若虛所標榜，然主張倡名教卻不可害理、害道，否則成虛名形式而流弊叢生，故以史學之用在於為萬世法、示勸戒。〔註18〕

金末大儒元好問（遺山）素為學者研討之重點，其於文（包括詩）史方面之貢獻極大。關於其史學已有學者論及，大體上研究其《文集》、《中州集》、《壬辰雜編》等與《金史》之關係，或以之探討其史學，史觀等。今綜合諸家所論可知遺山之著作多為《金史》所取材，故史稱「纂修《金史》，多本其所著云」。〔註19〕其為研究《金史》之重要史料，保存許多金人之傳記資料，而其論詩、文復論史具有開創性。在史學思想上，遺山主真實為質，以義理為准，又以中道為史之原則，即本實錄之精神，而以儒家思想之義理為史論之準則，其中道在於仁，為歷史過程所引之原則。〔註20〕遺山重史，「每以著述自任，以金源氏有天下，典章法度，幾及漢唐，國亡史興，己所當為」，乃有修史之意。然修史不成，遺山以為「不可遂令一代之美，泯而不聞」，於是作《中州集》，欲以詩人存史；又築「野史亭」記金代相關之史，意欲私家修史。〔註21〕遺山為一代鴻儒，文學卓越，復潛心於史，主要在於國亡而史不可亡之念，與司馬遷不欲史事泯滅不存之旨相同，皆有強烈之歷史意識與著史之心。遺山於《中州集》後自題詩云：

> 平世何曾有稗官，亂來史筆亦摧殘，
>
> 百年遺稿天留在，抱向空山掩淚看。〔註22〕

〔註18〕以上見拙著，〈王若虛之史學批評〉，《興大歷史學報》（臺中：中興大學歷史系，民國81年），第二期，頁59～69。

〔註19〕見《金史》，卷一二六，〈元好問傳〉，頁2743。

〔註20〕相關之研討，參見拙著，〈金修國史與金史源流〉，另見張博泉，〈元好問與史學〉，《晉陽學刊》，1985年，第二期，頁92～98，張博泉、程妮娜，〈中州集與金史〉，《遼金史論集》（北京：書目文獻，1987年），第三輯，頁261～278。程妮娜，〈遺山文集與史學〉，《史學集刊》1992年，第二期，（長春：吉林大學），頁63～69。陳學霖，〈元好問壬辰雜編探頤〉，《忻州師專學報》，1989年，第二期。孟繁舉，〈元遺山先生對金源史學的貢獻〉，《山西文獻》（臺北：山西文獻），第三五期，頁2～6。胡偉志，〈中州集研究〉，《文獻》（北京：文獻），1995年，第一期，頁57～66。

〔註21〕見郝經，《陵川集》（臺北：商務，四庫全書），卷三五，〈遺山先生墓銘〉，頁2上、3上。

〔註22〕見元好問，《中州集》（臺北：商務，四庫全書），附錄，頁359。

其國亡之情與述史之心躍然紙上。惜其史著今皆不存，唯《遺山文集》、《中州集》載有金一代之人物與史事耳。

　　金代漢士在議論之中尤其在論證時事中表露出其歷史思想，但此種思想多由史事中看出些許觀點，並不能得到略具系統的思想，因其議論之目的不在於表達其歷史思想，止於借其歷史知識以史事爲理據，發爲議論以顯其目的而已；然就其議論仍約略可看出相關之觀點。如世宗將幸金蓮川，梁襄上書諫之，引漢武帝幸甘泉，唐太宗居九成，太康畋於洛汭，魏帝拜陵近郊，煬帝、海陵遠事征巡等皆致禍之史事，「皆可爲殷鑑也」。又以唐太宗、漢文帝受魏徵、袁盎之諫爲例，務期世宗納其建言，議論中亦不乏就巡幸之實際弊害加以分析等，世宗遂納其所諫；而諫世宗之巡幸，許安仁同樣有舉史爲例之說。〔註23〕此處可見梁襄認爲歷史具有垂訓鑑戒之功能，故引史事爲理據，表現出歷史功用論之觀點，同時對這些歷史事件具有簡單之評價；綜合其所論，要在於統治者之帝王不宜以巡幸逸樂爲務，而至於士卒人民奔忙苦累以奉之。

　　以史爲鑑之觀念本爲儒士之傳統，論述中常可見及，如金初圍汴京時，劉彥宗即謂宗翰、宗望兩主帥言：

　　　　蕭何入關，秋毫無犯，惟收圖籍。遼太宗入汴，載路車、法服、
　　石經以歸，皆令則也。〔註24〕

以史事爲例，勸金帥勿虐殺虜奪，即鑑戒之意。又於世宗時，有罷科舉之議，世宗問於老臣張浩，《金史》載其事云：

　　　　上曰：自古帝王有不用文學者乎？浩對曰：有，曰：誰與？浩
　　曰：秦始皇。上顧左右曰：豈可使我爲始皇乎？事遂寢。〔註25〕

始皇已有歷史評價之定論，張浩、世宗皆知之；世宗不欲爲秦始皇，而亦足見張浩言中重點矣！張浩之子汝霖，曾與世宗論事，世宗言及唐太宗晚年之過，汝霖勸進以「有始有終」，並說「魏徵所言守成難者，正爲此也」，世宗以爲然。〔註26〕世宗以太宗爲鑑戒，張汝霖則以魏徵爲證言，皆是以史爲訓之例。

〔註23〕見《金史》，卷九六，〈梁襄傳〉，頁2133～2137。〈許安仁傳〉，頁2132。
〔註24〕見《金史》，卷七八，〈劉彥宗傳〉，頁1770。
〔註25〕見《金史》，卷八三，〈張浩傳〉，頁1864。
〔註26〕見《金史》，卷八三，〈張汝霖傳〉，頁1866。

以史爲鑒之議論所在甚多，簡單舉之爲譬喻、例證者較爲常見，運用之範圍亦極廣。由於歷史知識浩富，史事繁雜，個人對之運用及說證論理不一，故不需細加指陳，僅稍舉例而言。熙宗時程寀論天子出入警蹕宜清道而行，又論定謐號字數，選充後宮等事，即檢舉史例爲証。〔註27〕楊伯熊舉漢文帝見賈誼之事以諫海陵帝之問鬼神，又舉魏徵與唐太宗之良臣名君例復答世宗之問，亦檢舉史例爲戒。〔註28〕又如世宗時梁肅以「漢之羽林，皆通《孝經》」，勸賜《孝經》給親軍教讀。〔註29〕石琚以史官記帝王言動，勸世宗議事不避記注官。〔註30〕世宗時議五岳更名，范拱既舉史例爲証，遂不改。〔註31〕章宗時爲罷提刑司事，張暐以史例而止之。〔註32〕宣宗時，陳規上書，舉史例論練士卒以振兵威。〔註33〕

金代漢士議論之範圍極廣，內容多寡不一，而軍國大事之政論所在尤富。〔註34〕就上略舉之資料既包括軍政制度、生活禮制、君臣之道等方面，雖或其議論並非爲談論歷史、史學之作，但都引舉史事爲証例，可謂肯定歷史「古爲今用」之功能。又以爲歷史之價值有其恆久性，可以觀照古今，甚至成爲一道理之常，如唐太宗與魏徵之例成爲君臣間共同之價值標準，又可慨括爲其史觀之構成部分。

三、史懷與史觀

以史事爲議論、諫章之理據或旁証，原既爲傳統文儒之士所常用之具，甚至各引其所知史事互爲論辯。一則可見其肯定歷史之功能，一則亦可見個人歷史知識之深淺。往往在同異之議題及特定之目的中，引經據典與借史言事，時或可見其觀點與思想，至於文章之作與吟詠之間亦然。懷古題壁素爲文士之習，表現出對歷史之感觸、情懷，或發思古之幽情，或念人生之無常，或用以自況，或聊以寄懷；故詠史之作，此處且以因表現對歷史之情懷而以

〔註27〕見《金史》，卷一〇五，〈程寀傳〉，頁2208～2209。

〔註28〕見《金史》，卷一〇五，〈楊伯雄傳〉，頁2318～2319。

〔註29〕見《金史》，卷八九，〈梁肅傳〉，頁1984。

〔註30〕見《金史》，卷八八，〈石琚傳〉，頁1962。

〔註31〕見《金史》，卷一〇五，〈范拱傳〉，頁2313～2314。

〔註32〕見《金史》，卷一〇六，〈張暐傳〉，頁2328。

〔註33〕見《金史》，卷一〇九，〈陳規傳〉，頁2409。

〔註34〕見筆者與陳昭揚，《金代漢士政論之研究》（臺中：國科會計畫報告，民國85年）。

「史懷」概稱之。

　　論詩歌之鍾嶸言：「氣之動物，物之感人，故搖蕩性情，形諸舞詠」；〔註35〕說自然間之變化，動搖人之性情，故發之爲歌舞。劉勰亦言：「春秋代序，陰陽慘舒，物色之動，心亦搖焉」，〔註36〕所說相同。又有「詩言志」之說，《尚書》曰：「詩言志，歌永言」，《詩‧序》曰：「詩者志之所之也，在心爲志，發言爲詩，情動於中而行於言」。〔註37〕無論言志或緣情，總是性情有所動，感而抒懷，發之爲歌詩。對歷史有所感懷乃有詠史之作，舉凡對歷史所知曉，不論其知識之深淺，皆可發爲各種詠史詩作。尤以知識份子熟讀經史諸子，人生歷練亦較富，可資爲吟詠者甚多，故其觀念、思想亦可能由其中尋見。班固有〈詠史〉之句，〔註38〕或爲最早以「詠史」爲題之詩作，鍾嶸稱：「孟堅才流，而老于掌故，觀其詠史，有感嘆之詞」。〔註39〕班固爲史家，自熟於歷史，故「老于掌故」；在對史事簡述中而發其感懷，此亦成爲後來大部份詠史之作之模式，即於敘史事中發其感懷。後世大量之詠史詩中，或重敘史，或重感懷，然仍以兼具者居多。詠史詩作至唐宋時期爲發達，一般文儒之士於詩文中多見引用史事典故，而專爲「詠史」之風則盛于晚唐，如胡曾、周曇之流，後演爲講史、平話之源，成爲普及性之歷史敘述性質。〔註40〕此種詠史與講史除歷史敘述外，當含有作者之個人意見，表達對歷史之看法或觀念，較其他詩文作品偶或引用史事之感懷更爲具體。故本文所取之金代詠史詩即以詩題與內容爲對歷史詠懷之作品。

　　金人詠史詩作品較多者爲李汾與李天民，但多爲歷史敘述之詩，如李汾題其篇目爲〈感寓述史雜詩五十首〉，今可見五首；李天民詩題爲〈襄陽詠史〉五十二首，今缺五首。〔註41〕若單爲敘史而無序、引之註說，實不易看出其

〔註35〕見周振甫，《詩品譯注》（北京：中華，1998 年），鍾嶸〈詩品序〉，頁 15。
〔註36〕見楊明照，《文心雕龍校注》（臺北：河洛，民國 69 年），卷十，頁 294。
〔註37〕見孔穎達，《尚書正義》（臺北：東昇，十三經注疏本），卷三，《毛詩正義》（同前），卷一○一，前者見頁 26 上，後者見頁 5 上。
〔註38〕見周振甫前揭書。鍾嶸云：「東京兩百載中，唯有班固詠史，質木無文」，恐爲其個人意見，見頁 1：固「質木無文」故列爲下品。
〔註39〕班固之詩以緹縈上書漢文帝救其父淳于意肉刑之罪，文帝因之而廢肉刑，班固詠詩爲：「聖漢孝文帝，惻然感至情，百男何憒憒，不如一緹縈」；是敘史而有感懷之作。見周振甫前揭書，頁 77～78。
〔註40〕見張政烺，〈講史與詠史詩〉，《史語所集刊》，（南港：中央研究院，民 37 年），第十本，頁 601～645。
〔註41〕李汾詩見元好問，《中州集》，卷十，頁 330～331。李天民詩，見《莊靖先生

史懷，亦不宜強解其具有何種歷史之思想，故僅就其中能有所觀察者述之；其他漢士之詩作關於單純之敘史亦略而不論。

　　歷史古今映照能啓示人心，而人事代謝，世運浮沈，則不免有滄桑之嘆，如李天民詠〈樊城〉云：

　　　　暫來朱序秦還守，出入曹仁漢復攻。

　　　　顚倒江山今幾主，樊城依舊襲周封。〔註42〕

借樊城之地，言爭戰更守之史，而樊城依舊，世代興替已然遷變。詠〈楚昭王廟〉云：

　　　　一間茅屋暗塵埃，香火淒涼幾奠杯。

　　　　故國到今如傳舍，後人復使後人哀。〔註43〕

借楚昭王人物言興亡，後人倍覺淒涼之感。借史傳人物之詠，亦可見其評價所在，如金人所詠之諸葛亮，王元粹〈武侯廟〉詩謂「天下不可無奇材，千年精爽安在哉」，〔註44〕肯定武侯爲天下奇才。郝俁〈題五丈原武侯廟一首〉謂「三分豈是平生志，十倍寧論蓋世才」，〔註45〕亦作如是觀。李天民〈隆中〉詩則惜武侯未畢其天下計，又於〈作樂山〉詩中譽之爲高人卓才。〔註46〕言三國人、事之史多寄情於蜀漢，除前述三人之詩作外，又如周昂〈先主廟〉，李天民〈三顧門〉、〈關將軍廟〉、〈鹿門山〉、〈龐士元宅〉、〈徐庶宅〉、〈劉表祠〉、〈的顱溪〉、元好問〈蜀昭烈廟〉等。〔註47〕諸詩作敘史而惜蜀漢未成大功，對其付以肯定的價值，甚至王庭筠作昭烈帝廟碑文中盛讚其爲仁者，又云：

　　　　仁者未必成功，成功者未必仁。仁者之心以仁仁天下，不仁者

　　　之心以仁濟其私。故善論人者，論其心之何如，而成敗不與。〔註48〕

不以成敗論歷史人物，似乎反映出金人詩文中共同之觀念，故對蜀漢之事與人多持肯定與惋惜。唯劉昂在其詩中云：「阿瞞狐媚無多罪，誰做桓文到盡

　　　　遺集》（九金人集），卷六，頁1～17上。

〔註42〕見前註李天民書，頁2上。

〔註43〕見前註李天民書，頁3上。

〔註44〕見元好問，《中州集》，卷七，頁70上、下。

〔註45〕前註書，卷三，頁40下。

〔註46〕見李天民書，頁5上，13上。

〔註47〕周昂詩見《中州集》，卷四。頁10下。李天民諸詩見其書，卷六。元好問見《遺山先生集》，卷十，頁6上。

〔註48〕見王庭筠，〈涿州重修漢昭帝廟碑〉，《金文最》（臺北：成文，民國56年），卷三六，頁2上、下。

頭」，〔註49〕以齊桓、晉文爲春秋之霸主，仍表奉周室爲天子，喻曹操猶尊漢天子而霸天下，而其子曹丕乃終奪漢室；劉昂因之對其有歷史之諒解。

今可見金代漢士詠史詩作並不多，所詠之對象，其中較多者爲兩漢三國，依次爲魏晉南朝、唐、宋等，而又以人物爲主，敘史之外表示感懷、評論者多爲傳統之歷史觀念，如蔡珪所作〈讀史〉云：

> 夏氏不無孽，作孽生妖龍，蒼姬丁衰期，玄黿游後宮。天心未悔禍，墮此文武功，麗弧漏天網，哲婦鴟梟同。狂童一何愚，巧言惟爾從，殷鑑不云遠，覆車還蹈蹤。坐令周南詩，悲入黍離風，君看後庭曲，曾笑驪山風。〔註50〕

以《史記》夏、周〈本紀〉所載夏帝孔甲、周厲王龍漦之禍，童謠「檿弧箕服，實亡周國」之讖，而有褒姒毀西周之史。強調殷鑑、覆車之歷史教訓，然則〈黍離〉悲亡國之情，後世不以史爲鑑，乃不免有陳後主仍唱〈玉樹後庭曲〉而亡國之事；顯現出傳統對此段史事之認識與殷鑑史觀。其他詠史之感懷，如對漢高祖、光武帝之肯定，項羽無大志，蕭何開國之功，韓信人傑而不免狗烹，陶淵明之隱逸高雅，習鑿齒之留心漢晉間，魏徵之忠諫事君等，大體上皆循傳統之觀念，未見多少新意。

蔡珪《讀史》詩中對司馬遷略有微詞，詩云：

> 伯陽名跡世人知，太史成書未免譏。
>
> 不是道家齊物我，豈容同傳著韓非。〔註51〕

以爲太史公史論與體例不當，然未詳言析論之所以故。《史記》載伯夷、叔齊餓死首陽山，且作「採薇」之歌，言：「由此觀之，怨耶，非耶？」〔註52〕似爲蔡珪所指史公之譏，實則觀太史公所著全傳而言，並未對伯夷、叔齊有所譏，反而推重其爲列傳之首篇，又對人事與天道之際發爲深思之論。其次言老莊、申韓列爲同傳，以爲道、法二家豈可並論之意，然太史公言申、韓皆主刑名法術，而學本於黃老。〔註53〕蔡珪對此亦未加以辨析而非之，於詩中既無註語、按句、復無其他論議之文可資，不比王若虛評司馬遷史學之詳，故難以進一步討論。又如李過庭評公孫弘，以簡單史事表現其評價，較之蔡

〔註49〕見元好問，《中州集》，卷八，頁 45 下。

〔註50〕前註書，卷一，頁 40 下。

〔註51〕前註書，頁 47 上。

〔註52〕見《史記》（北京：中華），卷六一，〈伯夷列傳〉，頁 2123。

〔註53〕見《史記》，卷六三，〈老子韓非列傳〉，頁 2146。

珪所言爲易於理解，其詩云：

> 古來好客數平津，我道眞龍未必眞；
>
> 一箇仲舒容不得，不知開閤爲何人。〔註54〕

此指公孫弘徙董仲舒於膠西之事，正如司馬遷所記：「弘爲人意忌，外寬內深」；
〔註55〕李過庭則作詩直刺之，諷公孫弘之爲人處世而直指其心。元好問爲金代
文豪，引歷史典故感興者不計，其詠史詩作則甚少，於〈讀漢書〉詩云：

> 室方隆棟非難構，水到頹波豈易回。
>
> 豐沛帝鄉多將相，莫從興運論人才。

意謂歷史發展有其勢可見，非僅從興運中始可論人才。好問重史並有志於著
史已如上文所述，於其詩中亦透露此種心懷：

> 國史經喪亂，天幸有所歸，但恨後十年，時事無人知。
>
> 廢興屬之天，事豈盡乖違，傳聞入讎敵，祇以興罵譏。
>
> 老臣與存亡，高賢死兵飢，身死名亦滅，義士爲傷悲。
>
> 哀哀淮西城，萬夫甘伏尸，田橫巨擘耳，猶爲談者資。
>
> 我作南冠錄，一語不敢私，稗官雜家流，國風賤婦詩。
>
> 成書有作者，起本良在茲，朝我何所營，暮我何所思。〔註56〕

首言國史所歸係指金國實錄收於萬戶張柔家中之事，以國亡喪亂，史事最爲
混淆，乃有志執史筆以存實，爲其朝暮營思之所在，是表達作《南冠錄》之
心，惜其作今未存。其詩中所言之《南冠錄》，正如其文中所言，意欲取百年
來名君賢相可傳後世之事，恐後不知而深惜之。〔註57〕

詠史詩固可見其史懷，但言歷史思想則有相當侷限；輔之以文章議論，
即可見其梗概。金代中晚朝又有德運之議，此種傳統政治歷史思想，原爲漢
人文化之產物，受到歷代朝廷之重視，以五德之終始循環與相生剋之理，推
演其朝代之正統繼禪。〔註58〕原爲漢文化而爲女眞之金朝所重視，並認眞討

〔註54〕見元好問，《中州集》，卷八，頁53下。
〔註55〕見《史記》，卷一一二，頁2951。
〔註56〕見元好問，《遺山先生集》，卷二，〈學東坡移居八首〉，頁3下。
〔註57〕見《郝經》，《陵川集》，卷三五，〈遺山先生墓銘〉，頁2下，3上。亦參考元
好問本人所言「歷朝實錄，皆滿城帥所取」，所指即張柔，見《遺山先生集》，
卷三七，〈南冠錄引〉，頁7上。
〔註58〕關於五德終始與政權，參看顧頡剛，〈五德終始說下的政治和歷史〉，《古史辨》

論實行，足見其漢化與自居中國之正統。章、宣兩朝六次集議德運，前後達廿四年，共有四種意見：其一爲不論所繼，只爲金德，其二爲繼唐之土運爲金德，其三爲繼遼之水運爲木德，其四爲繼宋之火運爲土德。〔註59〕後終定德運爲土德，此爲繼宋之意。而主張繼唐爲金德者亦多，總之意欲繼唐、宋而爲中國之正統王朝，放棄外族入主中原之本位觀念。〔註60〕爲論德運而及於正統，承德運即認正統，在漢士議論中呂貞幹、趙泌以爲金「先遼國以爲帝業」，故繼遼之水德，以成正統；意謂遼未滅亡統一五代十國之宋朝，而金滅遼則當繼之。主繼宋德者有孫人傑、趙秉文、王仲元等人，以爲宋爲金所滅，故應繼宋，此與章宗之意和，而趙秉文又言「不可越宋而遠繼唐」。不以宋爲正統，亦不以五代各朝爲正統，直接繼唐而爲金德者居多，如孫鐸、孫行簡、楊庭筠、張行信、黃裳、田庭芳等人，以爲五代皆稱時攘竊，國祚短促，而宋繼周是「自失其序，何爲閏位」？以唐爲正統，五代簒亂世促，不足推序，故宜仿漢越秦而繼周之意。對唐、五代、遼、宋認正統之意雖起自章、宣二帝，朝臣或迫於當議而有異同之論，但其中亦有不論或不信德運之說，如李愈以爲「本朝太祖以金爲國號」，即宜定爲金德，此合於天道、人心、祖訓。王仲元亦以爲金之國號，係太祖取其不變之意，非取五行之數，又舉歐陽修論大居正、大一統之意，「豈必偏名於一德哉」，而五行德運爲「曆官數家之術，不知出於何人」。〔註61〕五德終始之循環史觀不爲李、王二人所認同，以爲正統與否之根據不在此，無需侷限於此種框架之中，此爲章、宣二帝爲其政治號召目的而議德運之時較爲特出之論。

論德運正統表露出對朝代建立與政權性質之看法，視五代爲簒竊，亦有視宋爲取於孤兒寡婦之手，然終未於其中言及興衰之理與立國之道。趙秉文

（坊印本），第五冊，頁 343～753。

〔註59〕見《大金德運圖說》（臺北：商務，四庫全書），頁 6 下。

〔註60〕見陶晉生，《女眞史論》（臺北：食貨，民國 70 年），頁 98～101。並見 Hok-lam chan, "Legitimation in Imperial China"（臺北：弘文館，民國 75 年），書中敘德運正統之傳統及金代章、宣兩朝之德運議論，有關資料之介紹與翻譯等。另外參見饒宗頤，《中國史學上之正統論》（臺北：宗青，民國 68 年），趙令揚，《關於歷代正統問題之爭論》，（香港：學津，1976 年）。兩書皆論相同問題，所附資料亦類同。

〔註61〕見註 59 所載諸人之議論文字，並「省判」，「省議」諸文，其中李愈之議見頁 2 上，王仲元之議見頁 12 上，下。又關於金國號與德運之關係，參見陳學霖，〈金國號之起源及其釋義〉，《遼金史論集》（北京：書目文獻，1987 年），第三輯，頁 279～309。

以天地否泰、日月晦明喻六經厄于秦而復於漢，王道厄於晉南北朝而復於唐，謂「此自然之理也」；〔註62〕似說歷史興衰亦否泰循環，爲自然之理。此理中之一治一亂亦如日月之中昃虧盈，然「福生有基，禍生有萌」，是以惡直、喜譽、驕奢、好大爲禍之基，必「心定神休，嗜欲不生」則可禍亂不作，天下平和。以亡漢者爲其自身，非莽、卓所爲，亂唐者亦爲其自身，非安、史所作，若漢唐以前朝爲鑒則不至亂亡，「如何以一晌之樂而忘累世之患也」。〔註63〕興衰治亂爲自然之理，若能以史爲鑒抑禍生之幾，則可使禍亂不作。秉文對興衰之理與立國之道另有較系統之論，其於史論之〈總論〉中提出仁義之說。秉文以世治係乎義之大小，指紀剛刑政等人事之大綱小紀；而世數之久近長短，則係乎於仁所積之厚薄。行仁道則大綱小紀皆出於正，其次若大綱正而小紀不正，仍不失爲治世，若大綱不正而小紀正，則不能救其爲亂。所謂大綱之具體內容則爲風俗、人才、兵食三者，風俗以質勝華爲治之原，華勝質則爲亂之端，歷代初興多先由實而趨於華，華之極則奢潛姦僞以致亂。人君之處正邪人物關係於治亂，若邪勝正於極，則請託讒妬而日趨於亂。兵食不可一日無，然用之非道，其弊爲黷武、聚斂以致於亂。因之天寶、宣和之末，雖有小紀而不免於亂，即大綱不正之故。歷代或有償斷復振續者，乃在於仁所積之效；至於以不仁而得天下者雖有之，但未有不仁而世數能久遠者。〔註64〕秉文所論爲其對歷史總結所得之理，所謂大綱小紀之人事爲智力可及之地，天道之仁非智力所可及，仁不足則可繼之以義；然則人定可以勝天，天定亦能勝人，兩者間之關係如此。仁成爲行義之動力與精神，亦是歷史興亡之所據，故如慈儉猶能存續，貪一晌之樂則致亂亡。

上文曾述及元好問之史學與史懷，好問言其考察歷史上興王之跡，言曰：

> 蓋帝王之興，天將舉全所覆者而畀之，時則有魁偉宏傑之士爲之倡大義、建大事。一六合之同異，定群心之去就，猶之天造草昧，龍見而躍，雲雷合勢，爲之先後，然後騰百川而雨天下者，易爲力。臣主之感遇，天人之參會，無不然者。〔註65〕

此中透露好問之天命史觀，似乎指歷史發展有其運會，當此之際各種條件有

〔註62〕見趙秉文，〈手植檜刻像記〉，《金文雅》（臺北：成文，民國56年），〈卷9〉，頁9下。

〔註63〕見趙秉文前揭書，卷一二，〈華山感古賦〉，頁11上、下，12上。

〔註64〕見趙秉文前揭書，卷一四，〈總論〉，頁1～3上。

〔註65〕見元好問，《遺山先生集》，卷二六，〈東平行台嚴公神道碑〉，頁1上。

所感遇而合，則可以興王立國；然好問對此玄奧之理並未進一步析論。其他尚有名君賢相之歷史思想，史論則以善行與正義爲基礎，揚一統盛世而痛分裂戰亂之時，又納遼、金、元並唐、宋之朝爲歷史各代之遭遞，而不排除「外族」之政權。〔註66〕

與元好問同在金末時期之劉祁亦有天命史觀，然其所言較諸好問爲具體，以湯武伐桀紂引《書》篇立論：

> 大抵以桀紂爲惡逆天，天絕之。我則誅惡救民，爲順天；且若陰受上天之命而行者。嗟呼！聖人之心則天心也，天之心則聖人心也。天之所絕，聖人則絕之；天之所與，聖人則與之。……故當時爲聖人者，權其輕重，計其公私，而不暇顧其君臣之分。彼桀紂所行誠順天耶？吾則事之。誠逆天邪？吾則去之；其事其去皆與天合。……有湯武之聖遇桀紂之惡，然後可以言受天命，否則徒爲篡逆而已。〔註67〕

劉祁所言之天或天命係落實在民與民心之上，逆天與順天即逆民與順民，聖人如湯武之心亦在於民心，故「尋天合」，「受天命」並非玄奧之理，而爲其「革命」之義；此與王若虛言湯武順天應人，爲民救天下之義相同，又與郝天廷言人心去就即天命絕續之說相近。〔註68〕劉祁同樣有運會之思想，然其所言爲循環運會史觀而以儒道考察：「吾道盛衰自有時，吾嘗考之，如循環相乘除也」，以周衰後諸侯不禮士，至戰國時有魏文侯、燕昭王之禮士，秦有坑儒之禍，漢末諸侯不禮士，光武則徵聘禮士，繼之有黨錮之事，唐朝士夫爲將相，後有白馬之災，宋興上下皆儒，至宣、政則極矣！至於金朝士氣遂不振；「而今日困頓摧頹亦何足怪？但我輩適當此運者爲不幸耳」。〔註69〕以歷史上儒道士運之順厄，似有循環運會之安排，所言雖嫌疏略，大體仍可見其史觀。類似之思想，劉祁又以歷代之士風加以析論，云：「竊嘗考自古士風之變，係國家長短存亡」。其言以三代之前淳質修謹，三代之後世道喪亂，士夫以功利爲上，爭尚權謀。戰國間由縱橫變爲刑名，以至秦之焚書坑儒。漢興厚重與權謀相雜至武帝時士風一變，爭尚經術文章；西漢末則虛文委靡，致

〔註66〕見《金史》，卷一二六，〈元好問傳〉，頁2743。另參見張博泉前揭文。

〔註67〕見劉祁，《歸潛志》（北京：中華，1997年），卷13，頁147、148。

〔註68〕見王若虛，《滹南集》，卷二七，頁6下、上、卷三〇，頁3下。郝天挺之說見《金文雅》，卷7，〈貽范元直書〉，頁3下。

〔註69〕見劉祁，《歸潛志》，頁148。

權臣肆志，國遂以絕。東漢初則群臣守職奉法，至桓靈政衰，然士風激厲，亂賊猶有所畏忌。三國時士爭以智能自效，迨晉初爭尚玄虛，希高明無實用，至於誤天下國家。東晉王、謝稍務事功，然其頹靡仍不可救。南朝則誇文華門第，國祚不能長久。唐興以事功，貞觀時權謀經術錯立其間，然有唐一代人才最多，國勢及於三百載。五代則無可取。宋初馳騁智謀，而後其風大變，經術文章不減於漢唐，尚學問道義，故持國兩百載；雖遭喪奪，尚能有南宋之偏安。劉祁之結論曰：

> 大抵天下亂，則士大夫多尚權謀、智術，以功業為先。天下治，則士大夫多尚經術、文章、學問，以名節為上。國家存亡長短隨之，亦其勢然也。〔註70〕

天下之興亡治亂隨此「勢」運行，天下亂則尚智謀，天下治則崇文學，乃是政治導引士風，而士風亦稍能影響政局，二者似有辯證之關係存在。

　　論興亡則劉祁與元好問同處于金元鼎革之際，好問發為國亡而史不可滅之志，劉祁則有〈辨亡〉之篇，〔註71〕對金朝本身之歷史與興衰作概括性總結，以金之享國不能長久在於「根本不立也」；其後評論金代歷史發展之大要。以金初順民望，能用遼、宋人才，典章法度皆出於書生。海陵王雖淫暴自強，然英銳有大志。世宗仁厚守成，多用敦樸謹厚之士，有漢文景之風，開明昌、承安之盛世。宣孝太子欲以華變夷如魏孝文帝，惜未繼位而逝。章宗崇尚儒雅，政令脩舉，文治爛然，至於鼎盛，然不知講明經術為保國保民之道，又好浮侈，上下皆無維持長世之策，安樂一時而啓大安、貞祐之弱。衛王苛吝無人君體，強敵生邊，內外交病。宣宗無能猜忌，南遷失策，而擢用胥吏，無興復遠略又疏外漢人，為臣者迎合上意，為將者偷榮幸寵，敢為者皆不得馳騁，此所以啓天興之亡。末帝外示寬宏以取名，內實淫縱而自肆，闇於用人，不知大略，驕將又多難制，終至國亡不振。觀劉祁所論實簡要中肯，其概括之總結「根本不立」，近一步論之，即所云：

> 大抵金國之政，雜遼宋非全用本國法，所以支持百年。然其分別蕃漢人，且不變家政，不得士大夫心，此所以不能長久。

論興亡與立國之道，上文言王若虛之史論中已說明其重仁義、人倫、名教之觀念，故於「子貢問政，夫子答以民信之」中申論為政至于不為民信，則號令

〔註70〕前註書，頁144。
〔註71〕前註書，頁135～137。

日輕，紀綱日弛，賞罰不足勸懲，委靡頹墮，每事則不能立，故寧去食而不可失信，「非徒立教之空言」，乃理所必至。〔註72〕以信爲立國之道，而有實際施政上之理據。然其論天下統合與立國有特殊之見解，以宋初征南唐，李煜遣徐鉉朝京師以問出師之名，並表以子事父之心，宋以「父子爲兩家可乎？」答之。歐陽修對此事於其《五代史》中論宋主「大哉！何其言之簡也，王者之興，天下必歸於一統，可來候來之，不可者我伐之」，王若虛於此持異議而論之曰：

> 歐公之言過矣！自古出師未嘗無名，而加人之罪者必有辭，而後可曲直之理，正所當較也。宋主此舉果何名而何辭哉？偶鉉及父子之喻，因得以是而折之，夫父子故不當爲兩家矣，而宋之與唐何遽有父子之分哉？天下非一人所獨有也，此疆彼界，容得分據而並立。小事大，大保小，亦各盡其道而已，有罪則伐，無罪則已，自三代以來莫不然，豈有必皆埽歸於一統者哉？〔註73〕

所言「天下非一人所獨有」，「各盡其道」，爲金儒所罕言，若虛因之而評歐公史論宜「大公至正」，不應「曲媚本朝」；雖是爲歐公史論所發，然亦可見若虛之史觀。大約其時金與南宋對峙，亦各盡其道矣！

因論立國興衰而論及君、臣之道與世代人才，朝代興廢治亂皆與此三者密切相關；君固爲統治之主，而臣亦屬統治階層。君德與心志於舉措間可知，趙秉文以爲君道在於「以仁義刑政治天下，略法唐虞三代，參以後王之制，其可矣！如其禮樂以俟之名哲君子」，而「禮樂法度亦各隨時之制」。〔註74〕統治階層當行仁義、法先王、參後王，原爲諸儒普遍之觀念。然則有時類同之制作行爲，可因心志不同而有異，如楊宏道所言：

> 楚之章華未必峻於周之靈台，秦之阿房未必大於漢之未央，一毀一譽，孰存孰亡？是知周漢之示制度，異夫秦楚之爲淫荒者也。
> 〔註75〕

此爲對歷史上君主制作因心志、目的不同而毀譽有異，所言雖未必與存亡攸關，但旨在勸誡淫奢，以示爲君之道；此與王若虛諷評晉武帝、唐明皇倡侈樂而生亂之說相同。〔註76〕

〔註72〕見王若虛，《滹南集》，卷六，〈論語辨惑〉，頁3下。
〔註73〕見王若虛，《滹南集》，卷二六，頁6上、下。
〔註74〕見趙秉文，《滏水集》，〈唐論〉，頁16上、下。
〔註75〕見楊宏道，〈臨水殿賦〉，《金文最》，卷一，頁13下。
〔註76〕見王若虛，《滹南集》，卷二六，頁1～3下。

　　早在熙宗之時，燕京儒士韓昉即與之暢論君臣之道。熙宗意欲規法《貞觀政要》所載君臣議論之事，時韓昉爲翰林學士，以爲唐太宗溫言訪問，房、杜竭忠盡誠，始有君臣之美事，熙宗復問以玄宗，昉對以「明皇所謂有始而無終者」，若能愼終如始，則可追貞觀之治而不致生天寶之亂。〔註77〕貞觀君臣向爲美談，金代亦不例外，如趙秉文特別著作《貞觀政要申鑒》以供上覽，又引文大申君臣之義；另作《尙書無逸直解》以爲君臣龜鑒。〔註78〕貞觀爲史上之治世，而成治世之原因多集中於進諫乃忠臣之道，訥諫乃賢君之道而論；金儒皆普遍接受此種說法，又由上文言詠史詩中亦可見知。

　　由於君臣間相互對待之合理性構成君臣之道，分別爲君道、臣道，其主要論據之來源幾乎全出於歷史。由歷史中之興治衰廢歸納出其道，如聖賢之君當行仁義、法先王、參後王、戒侈樂、訥諫、存公心等。金儒中言君臣之道較多者爲王若虛，如上文所言其著作在史學批評、史論，故精詳於史，易就史事立論，另著有〈君事實辨〉、〈臣事實辨〉，除論史與書外，皆在於君臣之道。〔註79〕若虛所言爲君之道可由其對史稱賢君有過譽之處而加以批評中看出來，如言漢高祖，「惟知殺人而曾不罪已」，「無禮而不誠」，頗疑史稱高祖寬仁大度之說，又譏其尊父爲太上皇之意爲不通倫理。論光武封功臣之言爲君主知本，以「治天下者無道德仁義相維持，而欲恃區區之法則，以沮姦雄而弭禍亂，蓋亦難矣！」論宋文帝故令諸子晚食，唐玄宗率太子以下芟麥於宮中，認爲君王當使太子「親師傅、通古今、義理既明，百行自正」，文、玄二帝所爲乃係枝節，實爲不足制其心。由歷史中求明義理始爲人君之大體，自可行道德仁義、戒殺、講倫理，待人臣有禮且誠，凡此皆爲君道。論臣道主在忠諫，然爲臣亦當通義理始能舉措合道，故巧詐不如拙誠，宜守名教、重倫常，虛談高名不足以取。對臣事君之進諫提出「順其美」之說，評蕭何啓高祖奢靡，姚崇勸玄宗逸遊，以「二主初懷戒懼之意，正當將順以成其美」論蕭、姚未盡臣道。若虛曾引《孝經》言「君子事君，將順其美」，言君主有善因而誘引成就之；〔註80〕對一般士儒屢言魏徵之諫而言，有較深之解。又

〔註77〕見《金史》，卷四，〈熙宗本紀〉，頁74。

〔註78〕見趙秉文，《滏水集》，卷一五，〈貞觀政要申鑒引〉、〈尙書無逸直解引〉，頁7～10上。

〔註79〕見王若虛，《滹南集》，卷二～二九。以下王若虛所論君臣之道皆出於其中相關各條。

〔註80〕前註書，卷二，〈五經辨惑〉，頁5上。

曾引子夏「信而後諫」之語論之，以朱子解子夏之言曰：「事上使下皆須誠意
交孚」、「仰以事君必先罄盡忠赤深結主知，而使上見信」、「是道出于至誠也」，
進而論之曰：

> 蓋此信字在我者之事耳，而世人多錯認了，人臣畏罪而不言，
> 輒以是借口曰：上不吾信也。或一諫不從，則奉身而去，自謂無媿
> 於其心，嗚呼！彼亦嘗先盡其在我者乎？〔註81〕

若虛言臣道可謂概括於「誠」字，以誠事君，盡之在我，此爲臣道之心性與
源頭，加以明義理則可謂近美矣。子夏言信與朱子言誠乃通「事上使下」而
言，是「誠」爲臣道亦爲君道，故金儒論君臣之道多言誠與義理，如若虛由
經解君臣之道，亦由史論君臣之道，經史結合，其理仍一。君臣之道皆同，
因名分有別而具行事之序，往往君臣之道時亦稱之爲君臣之義；然君臣之道
有其義於中，在於所論各有發明而已。

楊雲翼於金末哀宗時爲經筵，講臣道有事君之禮，事君之義，然以禮爲
虛器，義則爲「危言正論」，指出「姑徇事君之虛禮，而不知事君之義，阿合
取容，國家何賴焉！」，又言「人君必先正其心，然後可以正朝廷」。〔註82〕
君道在正心，當即爲誠其意，事君之義在忠諫正論，亦不外明義理而進諫，
此與王若虛之說近似。元好問論君臣之義乃爲天理之眞淳，不宜「利害相摩，
機械相直」，應以天理之「公、信」相待。〔註83〕則好問所言較重於君待臣之
義，存公心誠信不殊於上文諸士儒所論。

世代人才與國之興衰關係密切，劉祁於《辨亡》中檢討金朝興衰之故，
除論帝王君道不足外，亦指出人才不足，謂：「國家養育人才當如養木」，需
護持成長以待大用，而國家之待士大夫應講究其道，亦即養士之法：

> 國家以爵祿導之，以語言使之，精神橫出，材氣得伸，銳於有
> 爲，然後得爲我用。儻繩以文法，索過求瑕，爲之則有議，言之則
> 有罪，將囊括袖手，相招爲自全計矣，國家何賴焉？〔註84〕

劉祁既總結金代興衰之歷史，發現重視人才之功用，故提出國家養士之法；
宜使「材氣得伸」，不可「索過求瑕」，此亦爲君待臣之道。

〔註81〕前註書，卷七，〈論語辨惑〉，頁4下。
〔註82〕見元好問，《遺山先生集》，卷一八，〈內相文獻楊公神道碑銘〉，頁 4 下、5
　　　　上。
〔註83〕前註書，卷一五，〈章宗皇帝鐵券行引〉，頁1下、2上。
〔註84〕見劉祁，《歸潛志》，卷一二，頁139。

趙秉文有類似之看法而特別作〈知人論〉之篇，〔註85〕言天下之患莫大於小人，小人之患難知，知而難去，至於國家覆敗。小人言行智詐巧飾，故難知難去，其略論云：

> 小人不知大體而寡小過，苟得苟合，易進而難退；君子知大體
> 而不免小過，不苟得不苟合，難進而易退。

君子不免於小過，帝王應不記小過而責其遠大者。此與劉祁言爲政者「儕繩以文法、索過求瑕」則無士大夫可用，意義相似。皆無非是對君德之要求，能知人、用人、遠小人、近君子之意；秉文於其〈漢唐史論〉中亦再三申知人、用人之重，實繫禍亂興衰。又於其言中論述小人之性格與伎倆相當詳盡，以人之禍敗如少年聲色蠹其心，至暮年不免餌金石以敗，舉歷史上王莽、東漢宦官、八王之亂、王安石爲例，所見爲金石之敗禍，而其時之言語則如在先之酒色之蠹也。王莽與安石爲小人之流，大體上金代士儒對此二人皆無好評，視之爲篡臣與禍國之臣。然則君子與小人在實際政治上又有其歷史發展，趙秉文認爲東漢黨錮之禍「非獨小人之過，亦君子之過也」，東漢至於「非朝士誅宦官，則宦官誅朝士」，終至君子與小人皆無以自立於世，此與前文言忌用猛藥相爲呼應。又以曹操與孔融爲譬，說明小人常勝，君子常不勝，乃「理固然也」。至於北宋新舊黨爭類似黨錮，指元豐新政初亦有爲，但荊公新法不合人性，乃有溫公之力革前弊。至於黨爭大起，應如范忠宣（純仁）輩稍變其不合者，漸以圖之，則可安定政局，而後子孫亦安；然則黨爭使賢士略盡而國隨以亡，此亦爲君子之過。〔註86〕秉文論君子、小人之分，而言政爭之結果兩者皆有其責，當爲平允之論。政爭或不能竟免，若雙方皆視己爲君子，斥對方爲小人，必欲竄斥而達目的，則將流於意氣而毀人。秉文舉范忠宣爲中肯正道之行，依《宋史》所載，范純仁公正寬仁，畢生行忠恕之道，力圖消弭朋黨，對之有切中之語：

> 朋黨之起蓋因趣向異同，同我者爲之正人，異我者疑爲邪黨。
> 既惡其異我，則逆耳之言難至；既喜其同我，則迎合之佞日親。以
> 至眞僞莫知，賢愚倒置，國家之患，率由此也。〔註87〕

范純仁于宣仁后垂簾用司馬光爲相時，對於盡改熙、豐新法頗不以爲然，其

〔註85〕見趙秉文，《滏水集》，卷一四，頁 16 下～18 上。
〔註86〕見趙秉文，《滏水集》，卷二〇，〈題東坡書孔北海贊〉，頁 3 下～4 上。
〔註87〕見《宋史》（北京：中華），卷三一四，〈范純仁傳〉，頁 10288。

意為先去重弊，其餘應觀究竟而可否更改；此即為趙秉文所取者。

　　劉祁言國家培養人才如養木，元好問謂士之立於世，除國家教育外，尚須「父兄淵源，師友講習」，三者全備始能造就人才。〔註88〕劉祁重於國家待士之道，秉文重於國家知人之理，好問則重士養成之方。國家主學校教育，家學乃為家庭教育，師友則可謂社會教育，是知好問有全備之人才教育觀。安生立命或經世致用表現其所志所學，全備之士常可立於世。好問當金末亂世，其志於史，其學於著述，蓋由此乎？士君子不論居位大小，皆可為國家人才，至於一縣之守亦在得人而用，王若虛以為「為治莫如重守令」，因其最親民，理亂之原即在於此，若一縣得人則一縣之事舉，「在在得人而天下平也」。〔註89〕縣令之小官亦需得人才以治，以其影響天下之治亂，然則州縣地方之治理，仍在於行仁義，其言曰：

　　　　君子有德政而無異政，史不傳能吏而傳循吏。若夫趨上雪下，
　　借眾命以易一身，流血刻骨而求幹濟之譽；今之所謂能吏，古之所
　　謂民賊也。〔註90〕

若虛復舉宋代社祁公（衍）於永興之治，邵康節（雍）勵門人之語，言造次顛沛之時，勿忘士儒之所學。故得能吏之名多不恤民，有違仁民愛物之心，可謂之「民賊」，不若循吏之治民；兩者之別一在於為己，一在於為民。由地方小官至中央君臣皆以行仁義之政，即為得人，則天下可理治。

四、結　語

　　金代漢士處於女真所建政權之下，仍然承襲漢文化之傳統；不論遼系或宋系漢士，所讀所學皆唐、宋文化。女真建國初期即走向幾乎全盤漢化之途，故在思想文化上鮮少扞格之處，禮儀典制為漢制，學術上亦唯有漢制是從。雖然漢士在政治權力與地位上無法等同於女真貴族，但亦被大量納入於統治階層，故除女真政權之性質與特權外，漢士之待遇與唐、宋朝廷並無太大差異。若就文化面而言，金代仍是以漢文化為基調、為主流所建構之朝代，漢士思想之內容亦不致與前朝有多大不同，差別應僅在於精深高明之程度。女真建立新朝為時代巨大之變動，遼、宋漢士所承之漢文化仍然保存流傳，而

〔註88〕見元好問，《遺山先生集》，卷二四，〈張君墓誌銘〉，頁13下。
〔註89〕見王若虛，《滹南集》，卷四一，〈真定縣令國令德政碑〉，頁4上。
〔註90〕前註書，卷四四，〈達章仲傑書〉，頁4下。

歷史之變遷並未影響其歷史之思想，即對歷史思想雖有個別之異，但大體上仍不出傳統之思想；尤其是儒家思想之承傳，其中以受宋學之影響爲大。

金代史部著錄諸書今存者甚少，故難以窺其全貌。在官方修史系統方面頗爲健全，史館、史官之建置與其修史工作不殊於唐宋，其成果亦不差，足見其時漢士努力於建制及重修史之觀念。漢士之史學批評與史論可見其史學思想與歷史知識，而於政論中亦可見其歷史知識，至於詠史懷古之作仍不乏歷史思想之表達。在史學批評上以王若虛最爲突出，論《史記》、《唐書》甚多意見，由史文、史論、史體、書法等各方面條列批評，頗見新意。其次，趙秉文則以漢、唐歷史爲主發爲史論。二人所表現之歷史思想爲重史法、名教、德政，而以義理爲核心，實錄爲精神，鑑戒爲功能。其他漢士之歷史思想亦多類同，兼而論及天道循環、運會際合之天命觀，有託之於民之天命，亦有神秘色彩之天命。至於晚金德運之議則係承傳統之政治文化，主繼唐、宋爲正統之朝，意欲爲中國之漢家朝廷。

論歷史之興替與立國之道，在實際政治上以君臣之道爲中心，君道在於仁義，臣道則爲忠諫，此中依天理而成君臣之義，構成二者必守之關係。似乎表示歷史之發展方向依君臣之道而進行，興盛廢替皆由此中可以觀察而得。大體上漢士對君道所論爲多，以作爲最高之統治者本身需具仁心、誠信待人、行德政，加之能知人、用人，故有待士、養士之方，有君子、小人之別。較重於對君道之要求，係就觀察長期歷史所得；基於實証分析而尋出之理。而在詩文中所討論之史事、人物以漢、唐爲多，亦承其觀點而論，忠姦賢愚、才智不肖；大體不出於傳統之看法。天下治亂之理與歷史之發展具體可表現在士風與民心，而造成之民心與士風則又歸之於君臣之道。至於天下觀則漢士甚少論及，有王若虛提出之「天下非一人所獨有」與「各盡其道」之獨特觀點。

（原刊於《興大歷史學報》，第十一期。臺中：中興大學，民國 89 年。）

柒、郝經之史學

一、前　言

在中國史學史的探討上，元代素爲人所忽視。《元史》無藝文志之作，《新元史》也未爲之補寫，而清代黃虞稷、倪燦、金門詔、錢大昕等皆爲《元史》補作藝文志。以錢大昕補志而言，其中載錄元代史部都四〇四種左右，其總卷數近二千卷，〔註1〕可知元代史著亦不算少。

除去元代所修之各朝實錄、正史之外，儀制政典及地理等類亦不計，以編年、雜史、古史等撰著之史書而言，要以郝經所撰《續後漢書》九十卷爲最鉅。郝經之書係修三國之史，實則據陳壽《三國志》改纂而成。此前，宋人蕭常亦據陳志寫成《續後漢書》。二書皆以蜀繼漢而抑魏、吳；其取材本陳志及裴注外，一般以爲並無新材料，但郝經復纂八錄以補陳書所缺之志，是其不同於陳書者，且其旨要，不在史事，而重書法，意猶朱子之綱目。〔註2〕

郝經爲元初之儒士，《宋元學案》列之於「江漢學侶」，在學術上爲華北朱學大師趙復之系統，而與許衡、姚樞、竇默等名儒同調。〔註3〕其於經學、理學爲人所重，但對其史學則鮮有論及。就九十卷鉅著之《續後漢書》而言，

〔註1〕 錢大昕補《元史藝文志》（臺北：商務，叢書集成簡編），所錄較黃、倪、金三家爲全備，故以之爲據。補志中所錄間有金人所作，茲以元人所作之史部書，計實錄類十五、正史類三、編年類廿一、雜史類廿七、古史類十七、史鈔類卅五、故事類卅一、職官類十九、儀注類廿六、刑法類十四、傳紀類卅八、譜牒類卅四、簿錄類四、地理類一一九。以上見卷二，頁17～25。

〔註2〕 參見金毓黻，《中國史學史》（臺北：鼎文，民國63年），頁161。

〔註3〕 參見黃百家、全祖望，《宋元學案》（臺北：廣文，民國68年），卷九十，頁1～14。

其書法固已知仿《綱目》而尊蜀，然關於其體例、取材、史論等仍有討論之餘地，而在其以朱學爲基調之思想中，當可配合參討其於史學上之思想。

二、郝經學術思想之淵源

郝經字伯常，其先世由潞州（山西長治）遷至澤州陵川（山西陵川）。家世業儒，金末流寓於燕趙間，受知於張柔、賈公輔。後爲世祖羅致於潛邸，對軍情形勢、治理安民等皆有所建言，頗爲世祖所重。及世祖即位，以爲翰林侍讀學士，充國信使使宋。前此，賈似道曾與世祖訂密約，以卻敵爲功，奏之於宋廷。而後世祖以郝經使宋，賈似道恐泄其謀，竟主拘留郝經，於是郝經被留置眞州（江蘇儀徵）達十六年之久。至元十二年（1275）始得歸，是年七月死，享年五十三。〔註4〕

郝經在元史上係以使宋而著名，元人文集亦多贊誦其事，如王惲〈壯士吟題郝奉使所書手卷〉、〈哭郝內翰奉使〉，〔註5〕袁桷〈題郝伯常雁足詩〉，〔註6〕吳澄〈題郝陵川雁足繫詩後〉，〔註7〕陶宗儀〈雁足詩〉並記事〔註8〕等。所謂雁足詩者，係指郝經寫詩繫於雁足，於開封金明池爲人所獲，其詩係作於眞州拘留之地，詩云：

霜落風高恣所如，歸期回首是春初。

上林天子援弓繳，窮海纍臣有帛書。

紀年月爲中統十五年九月一日〔註9〕。其時已至元十一年，蓋因郝經遭拘，音訊中絕，固不知改元之事，仍繫之於中統紀元。此事頗膾炙人口，皆爲贊嘆郝經奉使之忠貞節義也。

郝經之學術源本於家學外，又曾受學於元好問、劉祁、楊奐、王粹、高嶷

〔註4〕郝經之生平，可參見《元文類》（臺北：商務，國學基本叢書），卷五八，盧摯，〈翰林侍讀學士郝公神道碑〉，頁848～850。蘇天爵，《國朝名臣事略》（臺北：學生，民國58年），卷十五，〈國信使郝文忠公〉，頁457～464。《元史》（臺北：藝文，廿五史本），卷一五七，〈郝經傳〉，頁12～24。閻復，《靜軒集》（藕香零拾本），卷五〈元故翰林侍讀學士國信使郝公墓誌銘〉，頁33下。

〔註5〕見王惲，《秋澗集》（臺北：商務，《四庫全書》本），卷五，頁22上下，卷十五，頁9下、10上。

〔註6〕見袁桷，《清容居士集》（《四庫全書》本），卷十二，頁9上、下，並其註文。

〔註7〕見吳澄，《吳文正集》（臺北：商務，《四庫全書》本），卷九二，頁21上、下。

〔註8〕見陶宗儀，《輟耕錄》（臺北：商務，四部叢刊廣編），卷二〇，頁13上、下。

〔註9〕見前註，又見陳衍，《元詩記事》（臺北：鼎文，民國60年），卷四，頁27。

等人，並接江漢先生趙復之傳。〔註10〕趙復傳朱子理學於華北，爲元初一大事，
亦爲國史中學術思想上之盛事；朱子學在元代地位之奠定，趙復爲極具關鍵性
之人物。元初儒者多受趙氏所傳或受其影響，理學道統在元代之確立亦由此而
發端。〔註11〕郝經並未親受趙復之學，但以弟子身份請益趙氏之教，〔註12〕而
《元史》中載郝經與名儒許衡、劉因等「皆得其（趙復）書而尊信之」；〔註13〕
是以郝經得江漢之傳係由其書及論學求教而來；於是，間接承朱子一脈之學源。
至受學於王粹亦如此，蓋王粹佐趙復講學於太極書院，傳伊洛之學，〔註14〕而
郝經亦未親受其學，但曾受其惠顧，因作書與之求教論道。〔註15〕郝經對紫陽
先生楊奐並有論學求教之書，〔註16〕此與前述類似，可謂間接受其學。

　　郝經直接受學者有高巍其人，高氏於金、元之際嘗教授郝經讀書、作文
之法，故郝氏有「問學淵源算略長」之句。〔註17〕劉祁爲儒學世家，以作《歸
潛志》著名〔註18〕，郝經於庚子年（1240）即曾拜見劉祁，至己酉（1249）
年始入弟子之列，親聞其格言義訓。〔註19〕元好問亦金末儒學世家，以文章
著名於世，有《遺山集》、《中州集》、《壬辰雜編》等。〔註20〕好問曾受學於

〔註10〕　參見《宋元學案》，卷九〇，頁14上、下，〈王梓材案語〉，又見王梓材，《宋
　　　　元學案補遺》（臺北：世界，民國63年），卷九〇，頁5下、64上等。

〔註11〕　關於趙復對元代理學之貢獻，及朱子學在華北之流傳與對元代影響等，參見
　　　　陳榮捷，《朱學論集》（臺北：學生，民國71年），〈元代朱子學〉，頁299～329。
　　　　另見拙作，〈略述元代朱學之盛〉，《中華文化復興月刊》，十六卷，十二期（臺
　　　　北：民國72年），頁12～18。

〔註12〕　參見郝經，《陵川集》（《四庫全書》本），卷二四，〈與漢上趙先生論性書〉，
　　　　頁1至4下。

〔註13〕　見卷一八九，〈趙復傳〉，頁2下。

〔註14〕　參見《陵川集》，卷二六，〈太極書院記〉，頁18上。

〔註15〕　參見《陵川集》，卷二三，〈與北平王子正先生論道學書〉，頁13上～16上。
　　　　又卷十三，頁4下，〈哀王子正〉，詩中小注云：「時方作太極書院未畢」，或
　　　　王粹未及講學於書院即亡。

〔註16〕　參見《陵川集》，卷二四，〈上紫陽先生論學書〉，頁4下～7上。

〔註17〕　見《陵川集》，卷十三，〈哭高監察〉，頁6下、7上。高巍字士美，遂州人，
　　　　以才幹精絕，拔爲樞密院都事，學術純正，轉監察御史。金亡後入燕，旋卒。

〔註18〕　劉祁之生平及其家世，可參見王惲前揭書，卷五八，〈渾源劉氏世德碑〉，頁1
　　　　上～9上，另見《金史》（臺北：藝文，廿五史本），卷一二三，〈劉從益傳〉。
　　　　其著作《歸潛志》，可參見陶晉生，〈劉祁與歸潛志〉，收在《邊疆史研究集──
　　　　──宋金時期》（臺北：商務，民國60年），頁87～110，陳學霖，〈歸潛志與金
　　　　史〉，《遼金元史研究論集》（臺北：大陸雜誌），頁1～5。

〔註19〕　參見《陵川集》，卷二〇，〈渾源劉先生哀辭〉，頁30上、下。

〔註20〕　元好問之家世及生平等，可參見《陵川集》，卷三五，〈遺山先生墓誌銘〉，頁

郝經之祖天挺，而郝經之父思溫亦同受學焉，其後郝經即受學於好問有年，〔註21〕可知其間關係匪淺。

　　高嶷、劉祁、元好問皆以文學專長名世，劉、元二人更爲士儒家傳；郝經所授大多此業。但劉、元二人皆有史事記作，尤其好問慨然欲以修史爲任，復有「野史亭」可明其志〔註22〕，此皆於郝經之作史當有所啓發也。

　　郝經間接受學於趙復、王粹、楊奐等皆在於程朱之學，然朱子《綱目》之正統觀即爲其所仿，而楊奐有《正統八例總序》，〔註23〕亦爲其所循；可知郝經之史觀於學術淵源上當有可踏查之跡。

　　至若郝經學術之基礎當在其家所傳，〈先父行狀〉中說：

　　　　經年十有六，（父）命治六經，先傳注疏釋，而後唐宋諸儒議
　　論；必一經通，然後易業焉！〔註24〕

其受經先後以詩、書、禮，春秋、易之作，而後「自語、孟、子、史諸書，各如先君之命治之，不敢少躐其等殺焉」，如是者讀書五年。〔註25〕郝經之父教其學乃揭所以爲道，非爲藝能；在於修身，非爲祿養之旨，並示家學之序曰：

　　　　天人之際，道德之理，性命之原，經術之本，其先務也。諸子
　　史典故，所以考先代之迹也，當次之。諸先正文集，藝能之藪也，
　　又當次之。若夫陰陽術數，異端雜學，無妄費日力，慎勿慕人紛華
　　戚吾之窮也。爾祖有言，士不能忍窮，一事不能立；故忍窮爲學之
　　本，郝氏之家法也。遂以太極、先天二圖，通書、西銘二書付畀，
　　且指授其義曰：此爾曾叔（大）父東軒老得諸程氏之門者，爾其勉
　　之。〔註26〕

1上～4下，此文與施國祁輯注〈大德碑本遺山先生墓誌銘〉略有出入，見《遺山先生集》（臺北：成文，九金人集），卷首。另見《金史》，卷一二三，〈元德明傳〉。

〔註21〕　參見前註《陵川集》，又見卷三六，〈先父行狀〉，頁12下。《遺山先生集》，卷九，〈贈答郝經伯常伯常之大父余少日從之學科舉〉（按：原題宜爲「贈答郝經伯常」，其下文字當爲自註），頁14上、下。

〔註22〕　參見同註20。

〔註23〕　參見《元文類》，卷三二，頁417～420。

〔註24〕　見《陵川集》，卷三六，頁13下。

〔註25〕　見《陵川集》，卷二六，〈鐵佛寺讀書堂記〉，頁20下、21上。另見卷六，〈答龐參軍〉，自註文，頁4下。

〔註26〕　見前註，頁19下、20上。

由是可知郝氏家學以經、史、子、集等部秩序爲學，而以周、張及程氏之學開其義，上承東軒老人受程門之教。所謂東軒老人係指郝經之曾叔祖郝震，「郝氏之學浚源，起本而托大之者，自東軒君始」〔註27〕。然郝氏家學實則源於程顥之令晉城，其以經旨授學，故澤州之晉城、陵川、高平等地，往往出經學名家，文理風氣重，禮義之俗遍；而陵川地區學者，即推郝氏爲首。〔註28〕

郝震光大家學，實溯源於明道。其先世郝元從學於明道，而傳其學於東軒，以次相傳至郝經，郝經自述說：

> 嘗聞過庭之訓，自六世祖某，從明道先生學，一再傳至曾叔大父東軒老，又一再傳及某。其學自易、詩、春秋、禮、樂之經，男女夫婦父子君臣之倫；大而天地，細而蟲魚，邇而心性，遠而事業，無非道也……。〔註29〕

郝經之六世祖亦即其在〈宋兩先生祠堂記〉中所述：「經之先世，高曾而上，亦及（明道）先生之門，以爲家學，傳六世至經」，〔註30〕此六世祖在元好問爲郝天廷所寫墓誌銘中說：「（天挺）……曾祖諱元，祖諱璋，考諱昇……至先生之伯父東軒先生，始宦學蔚爲聞人」。〔註31〕天挺爲經之祖父，郝氏家學傳六世至經，則其六世祖當即郝元（從義）也。〔註32〕

〔註27〕 見《陵川集》，卷三六，〈先曾叔大父東軒老人墓誌銘〉，頁1下。
〔註28〕 參見前註。
〔註29〕 見註15，〈與北平王子正先生論道學書〉，頁13上、下。
〔註30〕 見《陵川集》，卷二七，頁19上。另見卷六，〈贈長沙公族祖〉，自註文，頁4上。
〔註31〕 見《遺山先生集》，卷二三，〈郝先生墓誌銘〉，頁8下。
〔註32〕 陵川郝氏世系，據盧摯前揭文，謂：「郝氏自潞徙澤之陵川，始公八世祖祚，曾祖昇、祖天挺、父思溫」。前註《遺山先生集》，謂郝天挺之曾祖諱元，祖諱璋，考諱昇，伯父諱震（東軒）。註27，郝經述其曾叔祖之先世「始祖儀，自太原遷潞州，高祖祚，又遷澤州陵川，曾祖善，祖從義，父璋，七子，君其季也，……子男三人，天祐、天祺、天貞，君初名旦，後更今名，自號東軒老人」。又卷三六，〈先伯大父墓誌銘〉，述其伯祖家世謂：「君諱源，字清卿，曾大父屬之長子也，……二子，輿、輩」同卷，〈先叔祖墓誌銘〉，知天祐之子名思直。據此，則郝氏世系可粗列之如下：

始	一世	二世	三世	四世	五世	六世	七世	八世
儀	祚	善	從義（元）	璋	昺	源	輿、輩	
					昇	天挺	思溫	經、彝、庸
					旦（震）	天祐、天琪、天貞	思直	

郝經之學術思想既以家學承傳爲主，而其家學始自六世祖郝元，所學爲明道之學，即接周、邵、張之學，則可謂得北宋理學之傳矣。故而其父「手書名銘畀經」，〔註33〕「遂以太極、先天二圖，通書、西銘二書付畀」等。迨趙復講學於燕，得朱子之書，則更歸之於朱子之學。是以盧摯言郝經「泝源洙泗，以肩周程，雷風斯文，陶冶當世，慨然以爲己任」，〔註34〕當不爲過也。

郝經之學術思想非本文所欲論者，此處僅述其淵源，當可明其學術基調何在。質言之，即承宋代理學所傳，而匯歸於朱子。其於朱學，義理發明甚少，而祖述朱子爲多。然其匯通於文章經術，與夫史跡治道，於朱學固爲發揚也；至行事力踐，則可謂學務有用矣！〔註35〕

三、《續後漢書》之寫作

盧摯於郝經之神道碑中說：「既處幽所，日以立言載道爲務。撰《續後漢書》，絀丕僭權，還統章武，以正壽史之失」，〔註36〕以郝經遭宋拘於眞州時，作《續後漢書》，在於絀魏吳而尊蜀，以修正陳壽之正統史觀。郝經在其書自序中說明著作之原委：其以陳壽之《三國志》爲體統不正，大義不明，紊其綱維，故稱號議論皆不正。而習鑿齒之《漢晉春秋》，乃以蜀爲正，蜀平，漢始亡，故請晉室宜越魏而繼漢，以正統體，然不爲晉所用。及裴松之注《三國志》，雖補闕辨錯，績力勤，但亦不能更正統體。至司馬光作《通鑑》，始更蜀爲漢，但仍以魏紀事，視昭烈爲僭僞。迨朱子作《通鑑綱目》，絀魏正蜀，以昭烈繼漢，體統於是乎正；然本史正文猶用《三國志》。故郝經有志於改作，復有先人之遺命，乃決意遂其志。但因事中梗，及拘留眞州，於是乘機破藁發凡。其時間起漢至晉，立限斷條目，以更改陳壽之書；由裴注之異同，《通鑑》之去取，綱目之義例，參校刊定之。〔註37〕

由郝經自敘作書之原委可知其目的在於辨正統，初不在於對三國史事之研究探討。其資料係據兩《漢書》、《三國志》、《晉書》，而參酌《裴注》、《通鑑》、《綱目》等而成，是以編書爲主。今將其書之架構、體例、取材等作一

〔註33〕見註21，〈先父行狀〉，頁14下。

〔註34〕見註4，盧摯前揭文。

〔註35〕郝經學術思想之大要，及其尊主朱學，可參見龔道運，〈元儒郝經之朱子學〉，《國立編譯館館刊》，第九卷，第一期（臺北：國立編譯館，民國69年6月），頁1～23。

〔註36〕見註4，盧摯前揭文。

〔註37〕參見《陵川集》，卷二九，〈續後漢書序〉，頁18下～20上。

分析，然後再言其史學。

　　《續後漢書》全部九十卷，加上各子卷共一百三十卷，分年表一卷，帝紀二卷，列傳七十九卷，錄八卷。帝紀爲蜀漢昭烈及末帝，年表有目缺文，其餘人物皆入列傳，其錄八卷仿志書，分道術、歷象、疆理、職官、禮樂、刑法、食貨、兵八目。〔註38〕其書先本文，然後有議，每卷復有贊，但並不完整。至書中之註解，爲書狀官苟宗道所作；宗道爲郝經之門生，隨之在眞州拘留處。

　　本書內文頗有缺漏，除缺年表一卷外，列傳人物部份約略估計爲八六三篇（人），其中正傳五〇二篇，附傳三六一篇，其缺漏正傳有一五二人，附傳有一〇三人，分別佔所存之比例爲 30％、29％，是以知其所失近三分之一。其餘有〈經術總序〉一篇，〈文章總敘〉四篇，〈四夷總序〉九篇；若計以附篇，則附篇達一一〇篇。所缺者爲〈南蠻〉、〈西南夷〉兩篇，附篇所缺者有三十五篇。總計列傳篇數則正篇爲五一六，附篇爲四七一，總爲九八七篇，所缺之篇數則正篇爲一五四，附篇爲一三八，總爲二九二篇。列傳所缺者在全部列傳篇數中接近 30％之比例，此損失可謂不少。

　　又列傳皆原有議、贊，大略於正篇有議，每卷有贊，然則計其所缺，則缺議者六十一，缺贊者有二十五，間亦有缺傳文但存議贊者，此大略之計數也。

　　錄八卷，缺第八十八卷之〈刑法〉；若以篇數計，共八十七篇，其下附篇有一三六，所缺之正篇爲二十二，附篇爲四十一，缺議贊者即爲所缺之篇數，計六十三篇。錄所缺篇佔 28％左右，亦近似於列傳所缺之比例。

　　在篇目之安排上，年表、帝紀之下爲列傳，首以后妃、皇子、宗室，接續爲漢臣，由皇甫嵩、何進、董卓、袁紹等東漢末期人物述列，佔十九卷（卷六至卷二四），魏則自曹操父子、后妃、宗室、諸臣，佔二十四卷（卷二五至卷四八），吳自孫堅弟子、家人、至宗室、諸臣，佔十六卷（卷四九至卷六四）。列傳其餘部份，按其篇目爲儒學、文藝、行人、義士、死國、死虐、技術、狂士、叛臣、簒臣、取漢、平吳、列女、四夷等，大體皆以漢、魏、吳三者分別列述之；共佔二十六卷（卷六五至卷九〇）。其卷目之分配，大體尚稱均允。

〔註38〕　本文所用之《續後漢書》，係據四庫全書影印之珍本別輯（臺北：商務）。該
　　　　書另有《宜稼堂叢書本》。

　　《續後漢書》既爲編纂之作，其取材乃兩《漢書》、《三國志》、《晉書》，並《裴松之注》、《通鑑》、《綱目》等。經筆者初步之考察，列傳部份幾全襲取於《三國志》，但《三國志》中亦有二十餘人未爲郝經所收。其取於《後漢書》者近五十人，取之於《晉書》者約五十餘人，其他人物皆以《裴注》所載而編列之成傳。故其基本上乃以陳壽及裴松之所記爲主；向前延伸東漢末之人物則取《後漢書》以補，向後擴至西晉初之人物則採《晉書》以入。其四夷各國傳紀亦復如此，而本紀二帝則用陳壽之書。

　　郝氏取材之大要如此，其詳細內容當可取諸書比較即知。如昭烈帝紀，抄錄陳壽〈先主備傳〉，至「好交結豪俠，少年爭附之」接下「河東關羽亡命來歸，與同郡張飛兄事昭烈，誓以死從」，則取壽書之關羽、張飛傳中語。其下接「中山大商張世平；⋯⋯除下密丞」復爲壽書之原傳文。其下「靈帝崩，皇子辯即位，⋯⋯初平元年，⋯⋯劫帝西遷長安，天下大亂」，此二段文取《後漢書》〈靈帝紀〉末、〈獻帝紀〉首而成，〔註39〕其中文字略作刪節。其下接「昭烈復去官，後爲高唐尉，遷令」等，爲壽書之原文。初平二年一段，則取壽書原文爲主。初平三年一段，以《後漢書》〈獻帝紀〉初平三年爲提綱，並述州郡各擁兵自保。初平四年一條，亦以《後漢書》〈獻帝紀〉初平四年中擇「公孫瓚殺大司馬劉虞」一事以記，但記公孫瓚「自領（幽）州」，此與初平二年記袁紹逐韓馥「自領（冀）州」同，以示其書法。興平元年記「曹操攻徐州⋯⋯屯小沛」，取壽書原文，其下「曹操擊破昭烈于郊東。秋，九月，益州牧劉焉卒，子璋自領州」一段，取之於《通鑑》興平元年記事中。〔註40〕其下所述劉備領徐州之事皆爲壽書原文，並裴註所引《獻帝春秋》原文，稍作節略而錄之。以後所記大體皆此例。要之，以《後漢書》、《三國志》、《裴註》、《通鑑》等參用去取；而綱領在《三國志》，《裴註》及《通鑑》則用在配補記事。

　　再以〈曹操傳〉爲例（卷二五）。傳首以《三國志》〈魏武紀〉爲據，復以《裴註》引司馬彪《續後漢書》，節略而述至曹騰說梁冀立桓帝事，則取之《後漢書》、《通鑑》，〔註41〕然僅記其事，未詳說此經過。曹嵩事跡三行，取

〔註39〕參見《後漢書》，卷八，頁 15 下～16 下，卷九，頁 1 上～2 上。

〔註40〕參見《資治通鑑》（臺北：世界，民國 63 年），卷六一，〈漢紀五十三〉，頁 1950、1956。

〔註41〕參見《後漢書》，卷七八，〈曹騰傳〉，頁 8 下、9 上，卷六三，〈李固傳〉，頁 10 下，《通鑑》，卷五三，〈漢紀四十五〉，頁 1707。

之於《後漢書》及《裴注》。〔註42〕曹操本人之事跡，始錄陳壽之原文二行，接之採《裴注》引《曹瞞傳》而敍，此下皆並壽書及裴注參取之。敍及冀州刺史王芬等謀廢靈帝事，全用裴注引《九州春秋》所述，然末數行則取《通鑑》之文，言至王芬事敗自殺止。〔註43〕其下接壽書原文，益以《裴注》。初平元年載各郡守推袁紹爲盟主，獨鮑信對曹操言推崇之語，事據壽書《裴注》云：「信事見子勛傳」，乃〈鮑勛傳〉引《魏書》爲注，郝經取注中鮑信對曹操所言，以之入文中。〔註44〕其下所記曹操事，多仿此例，即以壽書、《裴注》、《通鑑》等交互輯錄之。茲不再贅舉。

　　郝經對人物傳記方面的取材不出前述劉、曹二例，東漢、西晉之人物則直接取之於二史；如同三國時些許人物，逕取之於《裴注》所引之傳紀而成。至如〈四夷列傳〉，其總序一篇頗能扼要敍述上古至西晉之概況，而後各傳仍就各史書中節略以述，如〈匈奴列傳〉，將《史記》、《漢書》、《後漢書》、《三國志》、《晉書》等刪節成篇，僅載其大要，不詳述細節，頗能表現其歷史發展之所趨，類似上述諸史書紀之綜合節要。然於史料價值而言，則既未見新資料，又失之簡略，不若直接就原史書閱讀之。且其所記三國前之史事過多，於義例恐有不妥也。

　　《續後漢書》記三國之史，最不同於陳壽書者在於志書部份；壽書無志，郝書有錄爲志，其取法於史、漢，曰：

　　　　翔於東漢之季，天光分曜，海宇幅裂，律呂失次，禮樂廢缺，官號不一，刑法無章。國異政，家異俗；不爲考定，則散無統紀。所以壽之書必當刊削補完，期於詳備；纂三史之後，收二漢之餘，爲一代之典也。〔註45〕

可知郝經特爲《三國志》無書志部份而「刊削補完」，又「期於完備」，是以其八錄部份內容頗多。大體上係採各史相關部份雜抄而成。

　　八錄首篇爲〈道術〉，分別列爲〈正傳〉、〈諸子〉、〈百家〉、〈異端〉四篇，所述自宓犧、堯、舜、先秦諸子、至兩漢，並道、佛、二教，不啻爲一學術思想史簡編，爲史、漢各書所無。其內容多不重代表人物之傳紀，而偏重於

〔註42〕 參見前註〈曹騰傳〉，頁90，《三國志》，卷首，〈魏武紀〉，頁8上。
〔註43〕 參見前註〈魏武紀〉，頁15上、下，《通鑑》，卷五九，〈漢紀五十一〉，頁1890。
〔註44〕 參見〈魏武紀〉，頁21上，鮑信事及其對曹操所言，見卷十二，頁27上。
〔註45〕 見《續後漢書》，卷八三上，〈錄第一上〉，「義例」，頁2上。

其思想之大要，並兼批評議論，採述論方式成文，與其他各錄不同。

〈歷象〉錄係將《史記》中〈歷〉、〈天官〉二書，兩《漢書》及《晉書》中〈律歷〉、〈天文〉、〈五行〉等志合編而成，但將各書之律法部份放在〈禮樂〉錄中，「以爲律歷、天文、五行皆出於象數」之故。〔註46〕本錄大體雜抄而成，略顯冗亂，其「太極陰陽」、「天地」二分篇爲各書所無，可視爲郝經本人之宇宙觀，大體係宋儒理學言論。

〈疆理〉錄載三國疆域，但缺篇甚多，原十七篇僅存六篇，內容甚爲簡略，僅載州郡廢置之大要，及各州郡下所轄之縣名。郝經以爲「凡歷代因革，土風物產，貢數賦藝，道理戶口，川藪山鎮，前史具載，故不復錄云」。〔註47〕

〈職官〉錄共三篇，分篇各目中「爵級」、「奉祿」、「車服」、「印綬」、「選舉」等皆遠述自上古以迄於漢，爲制度之簡史源流。其餘各官制皆本於兩《漢書》爲主，所述亦多爲漢制，於三國官制僅及大略一、二語而已。

〈禮樂〉錄中禮之部份分天、地、人三類，依各禮之性質及對象分別歸之於其類下，共五十八分篇，但缺三十分篇，已失去其半。樂之部份有二卷三篇，未有缺篇，分別爲「律呂」、「聲音」、「代樂」。大體上皆述先秦至兩漢，兼及三國、晉初，每分篇並無一致，如述「宗廟」頗詳，自上古至三國；其三國中詳於曹魏，孫吳粗具，劉漢則僅及一語耳。又如「亳社」、「五祀」等，僅述其制之源流，不及各代之變遷。

〈食貨〉錄一篇所載東漢、三國二時期，其取材於《晉書》〈食貨志〉中相關部份而成。郝經以爲史漢二書已載食貨，而東漢志書已不可考，故續光武訖於晉初。〔註48〕本篇既就晉書所載中抽取而出，抑無新資料補充，故而內容不富。

〈兵〉錄十五篇，缺十篇，存者僅三分之一。此錄頗有特色，以其目錄所列及見存各篇而言，此錄可視爲兵學之理論也。其序文實爲兵家之目錄，其條目及內容，由兵學哲學、軍事制度、編組、訓練、領導統御、戰術、戰略等無一不及，可謂傳統上有關兵法之作，措其內容缺篇甚多。蓋郝經之本意以爲古兵書亡失頗多，且《史記》、兩漢於兵制皆「凡而不目」，故欲本六

〔註46〕見《續後漢書》，卷八四上上，〈歷象〉序文，頁3下。
〔註47〕見《續後漢書》，卷八五，〈疆理〉，頁四上、下。
〔註48〕見《續後漢書》，卷八九，〈食貨〉序文，頁4下。

經、子史，折中兵家，「定經制、明道義、辨正譌，要終八政，補前史之未備」，
〔註49〕謂三史僅舉大要而無專列條目以敘，是故郝氏分篇列目以補之也。〈兵
錄〉所存者爲〈兵道〉、〈兵法〉、〈兵攻〉、〈兵守〉等五篇，多引史而論，兼
及子家之言，時間範圍自先秦至三國，然其議論性質強，抽象理論弱；是依
史而論其兵學，非建立懸空之理論體系也。

　　郝經所作三國史全書之架構及其篇卷之安排如上述，其取材及內容大要
亦可略知，該書蒐羅與夫整齊排比之功雖不可沒，然亦不能無所出入，如：

　　　　士燮、太史慈皆委質吳廷而入之漢臣。李密初仕漢，終仕晉；
　　《晉書》以陳情一表，列之孝友，而入之高士，則於名實爲乖。又
　　黃憲卒於漢安之世，葛洪顯於晉元之朝，而皆入此書，則時代並爽。
　　其他晉漢諸臣，以行事間涉三國而收入列傳者，不一而足。又八錄
　　之中，往往雜採《史記》，前後《漢書》、《晉書》之文，紀載冗沓，
　　亦皆失於限斷，揆諸義例，均屬未安。〔註50〕

此既言體例安排之不當，復舉取材之雜冗，大約爲郝書之缺失。上文已述及
郝氏之取材乃以三國之人、事爲本，上下延及漢末、晉初，就諸史相關部份
採入，其篇幅已增多，又以《裴注》爲材，或羼入、或單獨立目以記，故其
卷帙多於陳壽之書。壽書無志，郝氏作八錄爲志，取材亦仍舊以史漢晉書雜
抄而成，其自作者爲〈經術總敘〉（卷六五上上）、〈文章總敘〉（卷六六上上）、
〈道術錄〉（卷八三上、下）、〈兵錄〉（卷九〇上、中、下）四篇，然此四篇立
意雖佳，抑未爲評論者所重，而僅言其雜抄諸史以成書也。至其義例失於限
斷，的確爲郝氏所忽之處。

　　郝氏作八錄爲志，志書之體大概備矣，然其〈職官〉所述在漢，〈疆理〉
甚略，而〈兵〉錄所缺頗多，難窺其全貌。至其創作〈道術〉錄，實有見地，
所述以先秦爲主，重在儒家道統所傳，兼及諸子百家，並佛老之學，然其道
術正傳僅述及孟子而止，豈孟子之後無得正傳乎？兩漢僅述董、揚，而列之
於諸子，其餘陰陽、墨、道、法等，不入百家即爲異端，此可見郝氏於思想
上之立場。又郝氏未作〈藝文志〉，殊爲可惜，其〈經術總敘〉、〈文章總敘〉
述各經源流、詳別體裁，誠爲佳構，亦有辨章學術之意。此直可爲〈藝文志〉
之總敘；若再依其所理之條目分篇，續爲取材，當可完成藝文之志。

〔註49〕見《續後漢書》，卷九〇上，〈兵〉序文，頁3下、4上。
〔註50〕見《續後漢書》，卷前，〈四庫全書提要〉，頁2下、3上。

　　陳壽書無志、無表，後人所補表、志頗多。郝氏作錄為志，然亦缺表，其首卷為〈年表〉，但有目缺文，此〈年表〉或係大事年表，然無由得見。

四、郝經之歷史思想

　　郝經作《續後漢書》正可見其歷史思想，其史學基礎亦由此建立。前述該書之序文，已表明其斥陳壽書為統體不正，大義不明，而紊其綱維，故欲新作，其目的為：

> 奮昭烈之幽光，揭孔明之盛心，祛曹丕之鬼蜮，破懿昭之城府。
> 明道術，闢異端，辨姦邪，表風亮，甄義烈，核正偏。曲折隱奧，
> 傳之義理，徵之典則，而原於道德，推本六經之初，苴補三史之後，
> 千載之蔽，一旦廓然矣！〔註51〕

是郝氏以正蜀黜魏晉為掃「千載之蔽」，而其作史即在於此；故正統史觀當強烈表現於書中。辨正統，則〈本紀〉為蜀漢二帝，后妃亦以蜀漢四后為傳，至曹魏、孫吳，皆編之於列傳，其后妃僅得繫之於〈家人〉傳說。述諸臣，由漢而蜀，列之於先，其次述魏則接魏臣，述吳則續吳臣，其餘分目專傳，如儒學、文藝、行人等，亦皆先漢蜀而後魏吳。由郝氏書之形式結構大概可知其意，此亦為郝氏之「義例」也。

　　以《續後漢書》而言，郝經之歷史思想，往往可由書中之「義例」及「序」中得見，如〈帝紀〉首敘義例，駁陳壽不以漢為帝紀，而稱先主傳，「先主者，大夫稱其先大夫之辭也。繼漢而不稱漢，未嘗稱蜀而稱蜀，篾劣甚矣。」郝氏以昭烈為景帝之子中山靖王之後，受獻帝密詔討曹操，及操死丕篡，獻帝降廢，漢統中絕，昭烈遂即漢皇帝位以祀漢，漢統于是乎在，而魏、吳實乃僭偽。其本紀義例舉《史》、《漢》、《三國志》、《通鑑》之書法，而從范曄之《後漢書》，「始稱昭烈，至即位稱帝、稱上，于魏吳則始終皆稱昭烈」。〔註52〕關於末帝劉禪之〈本紀〉，其義例以諸書所稱皆非正統。綱目雖稱昭烈皇帝，然仍稱禪為後主，是亦有未安。末帝之稱以其無諡號，但妨歐陽修《五代史》，國亡無諡稱末帝，是正其位號之書法。〔註53〕

　　在〈宗室諸劉〉列傳中，郝氏指陳壽書法之不當，壽書以劉焉、劉璋與先主為蜀書，郝氏曰：「皆私意也，焉、璋，亦漢賊爾，豈得並興復漢室之帝

〔註51〕見同註37。

〔註52〕見卷二，〈帝紀第一〉，頁1上〜2下。

〔註53〕參見卷三，〈帝紀第二〉，頁1上、下。

乎？」壽書以劉繇爲吳之僭僞，劉表、劉虞爲魏之僭，此亦爲郝氏所斥，而繫之於漢宗室，至劉煜、劉放雖爲帝胄，然以其佐操氏父子，而終臣於魏，是以爲魏臣，絕不爲親也，乃排於宗室列傳之外。〔註54〕其〈漢臣列傳〉，以爲漢室之禍始於黃巾，中於董卓，終於曹操，由靈、獻二帝至天下三分，其間人物或終於漢、或終於魏、或終於吳，皆爲故漢臣，是以收皇甫嵩至徐庶爲「亡漢臣僚」，收諸葛亮至卻正爲「恢復臣僚」，而總之爲漢臣。〔註55〕

由上述郝氏作史之義例可知其正蜀漢之意，故書法上當有明確之講究，於漢事皆以正統敘之，於魏、吳則視爲僭僞，故「自操至奐凡六主，皆削其號，稱姓名，同夫孫氏，皆爲漢僭僞」。〔註56〕又於〈叛臣傳〉中伸其義，以「三國之義，魏爲篡漢之盜」，以蜀、吳之臣而降魏者視爲叛，而魏臣入吳，則視爲「欲正君討賊，故申其志而不治也」。〔註57〕至其記「篡臣」皆繫之於魏，記「死國」在反魏、吳，記「死虐」述魏、吳之虐，而不及漢也。

郝氏於其文集中亦表現出正蜀漢，黜魏、吳之觀點。如〈漢義勇武安王廟碑〉、〈涿郡漢昭烈皇帝廟碑〉、〈漢丞相諸葛忠武侯廟碑〉、〈漢高士管幼安碑〉、〈漢義士田疇碑〉。〔註58〕所記關羽、劉備、諸葛亮，管寧、田疇，加上劉虞、張飛等人，郝氏稱之爲「節高天下，忠義動千古者，惟茲六人」。〔註59〕不過又以張飛代諸葛亮，劉虞奉漢而死，管、田二人皆不仕魏，故併劉、關、張爲六義士。

關於歷史上之政治層面，郝經有〈思治論〉一篇，其意在政治之道或爲治之本，以殷周爲無意於取，而有意於治者，漢唐爲有意於取，亦有意於治者，晉隋爲有意於取，有意於治，然不知所以取與治者。若取之以道，治之以道，其統一以遠；取之不以道，治之以道者次之，取與治皆不以道者隨得而隨失也。其治少亂多，乃在於知治體者鮮。政治之道以自治爲上，治人次之；自治爲本，治人爲末。所謂本在於「不勤遠略而反自近者始」，即修仁義、正綱紀、立法度、辨人材、屯戍息兵，務農足食，輕賦實民，設學校、敦節義、選守令等等。郝氏復舉歷史爲例，如漢知所以取之者爲蕭何、張良，知

〔註54〕參見卷五，〈宗室諸劉列傳〉，頁1上、下。
〔註55〕參見卷六，〈漢臣列傳〉，頁1上。
〔註56〕見卷二五，〈曹操上〉，頁1上、下。
〔註57〕見卷七四，〈叛臣傳〉，頁1上、下。
〔註58〕以上參見《陵川集》，卷三三，頁6上～7下，頁14下～19下，頁19下～23下，卷三四，頁1上～3上，頁3上～5下等。
〔註59〕見卷三四，頁4上、下。

所以治之者爲賈誼、董仲舒、汲黯等，但漢不能盡其用，故不能爲三代，而
僅爲漢。孔明知所以取與所以治之者，但天下不能盡用，故僅爲庸蜀之局。
至如晉僅能用羊祜所以取吳之長，但不能用其所以治，是以隨得而隨失也。
唐知所以取與治，乃有天下，復開貞觀之治，但因大綱不立，不能爲三代，
終至一治一亂而亡。〔註60〕郝經此論原意在其時元初之環境所獻之治國道
理，但其中可見對歷史治亂之看法，漢唐皆有知取與知治之人物，但皆不至
三代，是以三代爲標準之史觀，而所謂治體、治本等亦皆綱目條文，援歷史
以述論，但實無論辨之力據。其說治少而亂多，在於需有知治體之君臣配合，
二者缺一則不可，說明政治之難，亦爲歷史發展於求治之困局。

　　郝經之史觀亦有「夷而進于中國則中國之」之說，以三代爲基礎，行禮
樂爲中國。三代之下則爲兩漢，兩漢於王道未純，但有三代之遺風；然漢之
遺風至晉則亡，是以郝氏認爲「禮樂滅於秦，而中國亡乎晉」。但以苻秦、元
魏爲治之例，及晉、隋能混一而不能守爲說，所謂「天無必與，惟善是與，
民無必從，惟德之從」，中國既亡，豈必中國之人而後始能善治哉？是以天之
所與，在於人，而人必在於力行其道，此道即三代禮樂之治；若能行中國之
道，雖夷狄亦可主中國。〔註61〕郝氏此說應是爲蒙古入中國張目，但引聖人
「夷而進于中國則中國之」，頗有說服之力，故說：「苟有善者，與之可也，
從之可也，何有于中國？」此乃文化史觀以分夷夏，亦以之消融夷夏。

　　郝經之文化史觀異常強烈，此與前述三代史觀有密切關連；後者亦可爲
前者所衍生而出。以郝氏所述之三代爲一概念化之標準，爲理想之價值判斷
所在，而其中心論點多在德治或道德，或者禮樂、仁義等項目，亦即傳統儒
家思想之道德觀。其評桀、紂、商鞅、李斯、秦皇、王莽、董卓、曹操、司
馬懿、乃至於釋老等，皆在此觀點，其以「植檜」爲名，論六經之道：

> 制大訓，奠辭命，示諄筊，敷倜赤，則植之書矣。明風俗，正
> 雅樂，述王政，表廢興，則植之詩矣。發天機，結聖統，闡幽頤，
> 究通變，則植之易矣。明王道、立王政，治亂臣，討賊子，則植之
> 春秋矣。位尊卑，辨上下，節天地，治神人，則植之禮矣。宣湮鬱，
> 諧政治，贊陰陽，協教化，則植之樂矣。道已具，而植之之意未見，
> 乃檜于名而植于實，以道爲元氣，以仁義爲株跋，以堯舜禹湯爲植

〔註60〕參見《陵川集》，卷十八，頁 14 上～16 下。
〔註61〕參見《陵川集》，卷一九，〈時務〉，頁 15 下～17 下。

幹，以文武周召爲枝葉。……孔子歿，正道微，……孟軻氏辨而植

之，……韓愈氏立，投荒萬里，檜也再植。〔註62〕

是知其以儒家思想與夫六經爲依歸，而文化史觀亦由中可見。故前述中國之道，實即儒家思想，而追本於三代；由堯舜周孔孟至韓愈等，此承襲之道統觀，成爲其文化史觀之主軸矣。

文化史觀又強調道德之義理，郝經舉堯舜讓天下，則天下爲公，夷齊讓國，而天下友悌，稷契讓官，則朝廷和睦，但亦有讓非所讓者，如漢哀帝之於董賢，唐中宗欲以之韋玄貞，王莽、司馬懿乃至王安石等，此皆取敗濟奸之流。〔註63〕是以讓與非讓本之於義理，若禮義之本方，欲無私、不居、近人情始得爲讓，仍是以道德涵養爲評史之論斷；其中則不免有主觀之因素在內。

《續後漢書》中數篇頗有特色之寫作，是郝經用心之處，如〈經術總敘〉、〈文章總敘〉、〈道術錄〉等，經術爲〈儒學傳〉之序、文章爲〈文藝傳〉之序，〈道術〉則爲諸子學術思想之志。郝經爲類傳作序，但專列成卷，不似史書類傳前之序文，其內容實超出甚多。經術之總敘乃經學發展史之簡編，文章之總敘乃文體之概說，道術爲諸子思想之要論，是以經、集、子各部之總說，史部則僅略之於〈文章總敘〉春秋部中，但以文體而存。進而言之，經術之總敘以六藝、孔孟爲中心，述儒學之傳統，文章之總敘不在於文學之史，而在文體之辨，道術錄在理學之建立，兼論諸子之思想而有所屏斥，史學則春秋部國史目中稍見其端，其餘碑、銘、贊、紀等，以文體而兼載史之別。總之，郝經所述論者，非僅爲序傳之文，實在於學術文化之記錄也；此即其文化史觀有以致者。〈文章總敘〉在辨文體，姑不之論，〈經術〉與〈道術〉二篇，是建立於郝經理學思想之根底上。其言道術之作在於道統之傳，故列正傳爲伏羲、堯、舜、禹、湯、文、武、周、孔、顏、曾、子思、孟子等，以兩漢雜而不純，佛者盛則道術亡，其總道術之篇，乃云：

故推本伏羲至於孟子，以明道術之正，自荀卿至於揚雄，以明

道術之差，自楊墨至於仙佛，以明異端之禍。〔註64〕

韓愈排佛老、敘道統之傳，以接孟子自任，但司馬遷先黃老而後儒術，遂失道術之正，班固表古今人，亦不著聖賢之備專，並堯桀而雜顏跖，使道術不

〔註62〕參見《陵川集》，卷二〇，〈手植檜復萌文〉，頁23下、24上。

〔註63〕參見《陵川集》，卷二二，〈讓說〉，頁11上、下。

〔註64〕見《續後漢書》，卷八三上，頁5下。

明，乃至異端邪說得以行。此皆郝經所深斥者，故於〈道術錄〉，首言正傳，以明道之所在也。

郝經寫史，但於史學之理論與意見並無多所表示，雖其書，文中常見引史之論，足見其歷史知識頗富。寫三國之史，當熟諳於兩漢魏晉之史，其間史學本身之發展，與夫相關之議論，似未多所著力。對於古代史學之形成，郝經有一極簡略之說明，然繫之於「國史」項目下，其言說書契以來即有史，至周則有太史、小史等各史官，至孔子《春秋》，《左氏》之傳，其餘如《五帝德》、《帝繫》、《國策》、《鐸氏微》、《虞氏春秋》、《呂氏春秋》等，終於司馬遷、班固，而為後世國史之所本。〔註65〕此段敘述在明後世國史體之源流，初不在於史學之發展史，故置之於文藝之〈文章總敘〉篇，言易、詩、書、春秋各文體分類，國史是其中一體。然其內容多少言及史學發展之略勢，亦參酌司馬遷〈十二諸侯年表〉序文中所述，大體無差。其言古史皆編年之法，至《呂氏春秋》始錯綜諸家而變古編年之法，是以呂氏為史書也，乃司馬遷因呂氏之法而成其史記之體。此處恐郝氏於古代史學之發展未盡考察，然其極推崇馬遷，謂「其體甚大，六經以來所未有也」。至其言遷、固之書皆始於其父談、彪，有父子之業之意，雖所言略有其據，但亦未盡然也。

郝氏推崇司馬遷，亦有所批評之處，其作〈內遊〉一篇，謂馬遷走江淮、探禹穴等遊歷是遊於外者，故所得小，其失也大；所失者乃《史記》甚多疏略，或有牴牾。郝氏以班固之馬遷傳贊語言，所謂「先黃老而後六經，序遊俠則退處士」等等，又以《史記》書法為記繁而志寡，項羽與堯舜並本紀，陳陟與孔子同世家，故其失非淺。〔註66〕郝氏所評緣班固之說，復尊堯舜、孔子之聖，乃以馬遷之遊歷為外遊，而不求諸「內遊於經史」，故有此大失。其說之偏，不待多辯矣。

關於史學之議論，郝經有「經史」之論。其說一、提出六經皆有史之論；以易為史之理，書為史之辭，詩為史之政，春秋為史之斷，禮樂則經緯於其間；是以經史無異也。其二、司馬遷時經史始分，經為萬世之典，非聖人莫作，史為記人君言動之書。可以昔之經律令今之史，以今之史而正于經。然治經而不治史，則知理而不知跡；治史而不治經，則知跡而不知理。其三、學經者宜不溺于訓詁，不流于穿鑿，不惑于議論，不泥于高

〔註65〕參見《續後漢書》，卷六六上上，〈文章總敘〉，春秋部，頁 24 下～25 下。
〔註66〕參見《陵川集》，卷二〇，頁 1 上～2 上。

遠。學史者當不昧于邪正，不謬于是非，不失于予奪，不眩于忠佞，復得不為矯詐欺，不為權利誘，不為私嗜蔽，不以記問談說為心。其四、古無史之完書，三變而史法盡，由左氏錯諸國而合之，馬遷離歷史而分之，溫公復錯歷代而合之。經學之法亦歷三變而盡，即訓詁于漢，疏釋于唐，議論于宋。其五、經史之法將變，後世學經者務求科名，學史者務于博記；談辯釣譽，以愛憎好尚為意，混淆蕪偽。〔註 67〕此段經史之論，既分別經史之學，但皆相對而述。推郝氏之意，蓋主經史合一，二者兼治。以六經有史，二者無異，雖分而無害于一；然經、史各為理、跡，當合而共治之也。其論史之三變，即編年、紀傳二體而言，論史法已盡，固不及於紀事本末之體也。

　　經史合治為讀書做學問之方，六經有史為六經載涉史事，此皆無疑義。謂馬遷《史記》始經史而分，所言大體不差，要在史學之成其為專門之學，而不必合之於經學，經之成學亦後起，或為六藝，或舉其中為四術，皆古代之文化學術及教育之內容，然後始成六經之說。春秋屬史學而附之於六經之中，但史學淵源甚古，前引郝氏述國史體裁中已有說明。自古史官即有其記史之系統，用在贊治，故為統治階層所學習；所記為史跡，然其所用亦在於其理。如鐸氏、虞氏等史即提供統治階層贊治之用，就史事之要為政治之知識，俾便治理之助益，有教育、垂訓之功能也。迨司馬遷以考事稽理而獨成其史學，不惟有古史之傳統作用，亦有文化史之意義，此層皆郝氏所未深究者也，故其論經史，欲「以昔之經而律令今之史可也，以今之史而正于經可也」，殊不知史學成其獨立之學，在馬遷有經史不同之處，其非為經而作史，乃為中國之文化生命而作史也；其詳已非本文之論題，暫略之。

五、結　論

　　郝經生當金元之際，其學術承自金世，淵源於北宋，思想上以家所傳之程門理學為基礎，復受朱學北傳之教，乃以朱子為宗；故其旨要皆以匯歸於朱學為本。

　　元代史學不甚發達，著述以郝經之《續後漢書》為鉅。該書即為三國之史；因鑑於陳壽書為體統不正，大義不明，故有志於新作。郝氏著述當奉使南宋之時，遭幽拘於儀真處所，前後十六年中完成；其時郝氏固不知蕭常已

〔註67〕參見《陵川集》，卷十九，〈經史〉，頁 11 下～13 上。

有同類續書之作，而辛苦十餘年之久。〔註68〕

　　續後漢書之作，旨在書法，由書法明其義例之所在，故為正陳壽之書，並不在史事也。因之，其書於史事仍以壽書為本，其取材旁及《裴注》、兩《漢書》、《晉書》、《通鑑》等，篇幅已超過壽之志；編目架構亦過之，雖可視為新三國志，然以其取材多抄錄諸史，傳紀復不離壽書之大宗，故其新也不多。

　　郝氏準朱子綱目之義而作新史，以尊蜀漢、黜魏吳為主；因之劉備父子為帝紀，曹、孫等則皆入於列傳，書明蜀繼漢為正統，魏吳實潛偽；此皆於其篇目編排，與自寫之義例中可以了然。全書百餘卷，但缺篇頗多，幾達三分之一，而究其體例，有義例、有序、正文、論、贊等，可謂完備矣！至其優失所在，可約之如下：且先論其特點，其一為論正統而尊蜀漢，但據諸史而不改史事。其二為序文頗佳，其中不乏源流簡史之作。其三、雖重文化及道德理念，但兼及諸子而未偏廢。其四，具新意安排而有所寫作，如行人、經術、文章、道術、兵錄等篇。其五、作八錄以補壽書無志之缺。至其所失，大體有幾，其一、人物斷限不妥，於義例未安。其二、史事常記三國前之處過多，而三國事反缺略或太簡。其三、除自作諸篇外，其餘取材全依舊史，無所增益，而其論贊亦乏新義。其四、所補志書部份未及選舉、輿服、藝文等，而表之部份，僅卷首存年表之目，餘皆未所措意焉。

　　郝氏為華北名士，其學本有淵源，復求學不輟，得朱子北傳之道，慨然以承理學之統；於用力史學之際，有意無意間即表露無遺。其作新史中〈經術〉、〈道術〉二篇，既為經學簡史及學術思想簡史，然其宗旨仍不離理學之道統觀，亦即宋儒諄諄之言。而其志書中〈歷象〉錄，首言太極陰陽、天地等篇，頗不同於諸史之記述，其實乃郝氏之理學宇宙觀也。類列於經術、道術、文章等傳紀人物，即可當為儒學、道學、文藝等傳，並其敘錄而綜觀之，可成為文化史之概貌，此為郝氏所致意之處也。

　　（原刊於《興大歷史學報》，創刊號。臺中：中興大學，民國80年。）

〔註68〕參見陶崇儀《輟耕錄》，卷二四，頁4下。

思想篇

壹、略論遼代之崇佛與藏經

一、前　言

　　契丹族建立遼朝以前即與中原漢族有相當密切之關係，尤以七世紀初契丹大賀氏聯盟與隋唐關係更形緊密。唐朝羈縻契丹以抗突厥，但契丹之於唐仍叛服無常，大體上在爭取其民族之獨立發展中，對南方強權多半保持較和平之關係。[註1] 以宗教信仰而言，唐代佛教盛行，隨雙方來往之關係，北方草原社會不至於對佛教信仰無所見聞，而契丹之本土信仰爲薩滿教，其特色爲泛靈信仰，易於接受其他宗教之傳入。但在遼朝建立之前限於資料之關係，幾乎未見有佛教信仰之記載，大約在遼太祖耶律阿保機建國前五年（唐天復二年，902 年）於內蒙古的領地建立「開教寺」，[註2] 是爲遼代崇佛之始。六年後，在後來改建爲皇都上京（內蒙古巴林左旗林東鎮）的駐地「西樓」，形成三座佛寺，僧尼千人的場面，[註3] 看似佛教發展相當快速，主要係由於遼初擴張俘掠大量漢民、渤海民，而漢人與渤海人社會早受唐朝佛教之盛的影響，因之在遼初的社會中佛教自然較爲普遍。

　　遼朝建立後佛教信仰亦隨時間推移，往後愈盛，至遼道宗時達於鼎盛，實乃朝廷倡導有以致之，故《遼史》稱「一歲而飯僧三十六萬，一日而祝髮三千，徒勤小惠，蔑計大本，尚足與論治哉？」[註4] 是說遼之衰微與朝廷奉佛有極大關係。後世對此亦有相關的看法，如金世宗曾批評謂：「遼道宗以民

[註1] 論及契丹與唐朝之關係，可參見許極燉，《契丹與唐朝的關係》（中國文化學院史學研究所碩士論文，民國 55 年）。另見拙著，〈契丹與中原本土之歷史關係〉，《宋遼金史論文稿》（臺北：明文，民國 70 年）。
[註2] 參見《遼史》（北京：中華。本文所引正史皆此版本）。卷一，〈太祖上〉，頁 2。
[註3] 參見《舊五代史》，卷一三七，〈外國列傳一〉，頁 1830。關於「西樓」與「皇都」，參見陳述，《契丹社會經濟史稿》，（北京：三聯，1978 年），頁 191～206。
[註4] 見《遼史》卷二六，〈道宗六〉，頁 314。

戶賜寺僧，後加以三公之官，其惑深矣！」〔註5〕又在元初時士大夫間即有「遼以釋廢」之說法，因而受到蒙古可汗的重視。〔註6〕足見後世亦以遼朝廷崇佛太過而責之。

二、遼代之崇佛

唐代佛寺爲五千三百五十八所，平均每州十六座，每縣爲三點四座，此當爲唐代佛寺之基本定數。〔註7〕佛寺自爲宏揚佛教之中心，可反應佛教信仰與傳佈之盛衰。以北方契丹之領地與勢力來看，唐代在該地區應即有佛教寺院之分佈，《遼史》稱其領地「東至于海，西至金山，暨于流沙，北至臚朐河，南至白溝，幅員萬里」，〔註8〕即東北全部包括渤海國、室韋、女眞等地，直達東海、日本海之緣。西則至阿爾泰山地區，北至克魯倫河，進而勢力及於貝加爾湖之南。往南則以拒馬河、河套地區與宋、夏爲鄰。此地域中渤海國最受唐之影響，盛行佛教，其塔、寺址今存者至少五十餘處；〔註9〕迨其始於大祚榮時之禮佛，至少流行於七世紀初。〔註10〕大體早期「舊國」的國都敖東城（吉林敦化）、以後的中京顯德府（吉林和龍）、上京龍泉府（黑龍江寧安）爲中心；而今吉林、黑龍江兩省城鎭普遍有佛寺之分佈面。〔註11〕然於渤海建國前，在高句麗統治下的靺鞨人已有佛教信仰。高句麗少獸林王二年（372）時，前秦符堅遣使及浮屠順道，往送佛像經文，又於五年創肖門寺以置順道，創弗蘭寺以置阿道，「此海東佛法之始」，足見其時立佛寺、駐師僧傳佈佛法之事。〔註12〕佛教在東北早契丹建國前五百餘年即已流傳，故《新

〔註5〕見《金史》卷六，〈世宗上〉，頁141。

〔註6〕參見《元史》卷一六三，〈張德輝傳〉，頁3823。

〔註7〕參見《舊唐書》，卷四三，〈職官二・祠部郎中〉，頁1831。又張弓由方志中匯計東漢至唐之佛寺爲5335所，此與《舊唐書》所言5358所極近，參見其《漢唐佛寺文化史》上冊（北京：中國社科，1997年），頁147。

〔註8〕見《遼史》，卷三七，〈地理志〉一，頁438。

〔註9〕見李正鳳〈渤海國佛教遺存的分佈及其特點〉，《中國考古集成・東北卷》第13冊，（北京出版社，1996年）頁101～105。

〔註10〕參見何明〈淺談唐代渤海的佛教〉，朱國忱（等）〈唐代渤海文化初探〉，見前註書，頁63～67，34～38。

〔註11〕參見方學鳳〈渤海以舊國、中京、東京爲王都時期的佛教試探〉，《渤海的歷史與文化》（吉林，延邊人民，1991年）頁321～328。地理方位參考譚其驤主編，《中國歷史地圖集釋文匯編東北卷》（北京：中央民族學院，1988年），頁85～98。另見李殿福〈渤海文化〉，前註9書，頁52、53。

〔註12〕參見金富軾著、金鐘權譯《三國史記》（漢城，新華社，1983年），頁305。

唐書》說東夷之人「惟王宮、官府、佛廬以瓦」，〔註13〕當知佛教於東北地區頗受崇奉。

上述前秦苻堅奉佛外，十六國時北方、西北方各政權亦皆奉佛，故東北、內蒙一帶佛教在朝廷與民間社會已然流佈。中原佛教自東漢以來至十六國、北朝時期往塞北傳佈，但西土佛教亦循兩漢以來西域的交通而往東傳佈。由安息、大夏、大月氏中亞地區盛行之佛教往東，康居、龜茲、于闐、焉耆等皆奉佛。由印度北部、中亞、新疆之通路即為北方佛教傳佈之通路，至隋唐時期大體亦皆如此。北方之佛教自漢魏以來有中土本身佛教之流佈交通，而西土佛教之東傳與中土西求佛法者不斷進行，若國勢所及則為佛法可能到達之地域。今以佛寺座落之所在為佛教傳佈之基礎，則東晉十六國時期西北起于闐、龜茲，西南至川蜀，東、南皆達於海，東北則至前燕之龍城（遼寧朝陽）。〔註14〕北魏時期初由萬餘所佛寺至魏末時三萬餘所，北齊時更至於四萬餘所。〔註15〕於後來遼朝統治範圍內的幽燕與河東雲州（大同）一帶至少有四十餘座佛寺存在。〔註16〕至於唐代時此一帶地區所知之佛寺，幽燕地帶有一百四十餘，雲州地帶有八十餘，東北遼東地帶有八座。〔註17〕

遼朝建國前由漢魏、北朝至隋唐，佛教已廣佈全國，北方邊地燕雲、遼東以佛寺座落而言，亦不乏佛教之流佈。契丹初起攻略遼東與北方邊地，自當接觸及民間社會之佛教，此可謂得自漢地、漢民佛教之源。然則契丹生息之地的大漠南、北草原早有其他民族之草原帝國建立，其民族與佛教亦有相當之信奉關係。如柔然攻入于闐、佔西域之地，當可能沾染佛法，南齊沙門法愛曾為柔然國師。後突厥興起取代柔然，勢力亦及於西域，同樣不免沾染佛法，北齊沙門惠琳受俘入突厥，勸佗鉢可汗奉佛，為突厥立寺求經之始，又有北齊主以突厥語翻譯之《涅槃經》贈突厥可汗。北朝與天竺沙門往東、

所設肖門寺、弗蘭寺之地點，前註11方學鳳以為在高句麗舊都丸都（吉林集安），乃今東北之地。然據《三國史記》所載，丸都城於此前故國原王十二年（342年）時為前燕慕容皝所攻毀，都城移至平壤東黃城，少獸林王所建二寺當在新都平壤。

〔註13〕見〈新唐書・東夷傳〉，卷二二〇，頁6186。

〔註14〕參見張弓前揭書，頁36。

〔註15〕參見《魏書》，卷114，〈釋老志〉，頁3048。

〔註16〕參見張弓前揭書，頁83～85，此屬於相冀區群中滹沱、灅鮑聚落二地佛寺分布，以及恒并區群之灅上聚落佛寺分佈之概數，見頁88、89之分類。

〔註17〕參見張弓前揭書，頁138～140。見其河東道與河北道中部份計數。

西突厥傳法弘道之事蹟略多有所見，然突厥宗教信仰複雜，雖佛教未能如中土廣被盛行，但對佛法仍有相當信奉。〔註 18〕繼突厥稱雄於漠北之回鶻亦受突厥佛法之影響，自七世紀上半葉始即見佛教之痕跡，至其後回鶻勢力發展往西域、中亞地區，在佛教高度發展之地，更不可能未受沾染；回鶻勢衰西遷之高昌回鶻及河西回鶻佛教更形發達。但回鶻宗教信仰另有其本土之薩滿信仰、西方摩尼教等，顯出有雜纖之佛教特色，此外，大、小乘，密教信仰也見於回鶻之傳教中。〔註 19〕其後契丹威服回鶻，而回鶻述律氏為契丹后族，應更易於接受其佛教信仰，故而回鶻佛教特性中摩尼教滲透而顯現的雙重性亦隨之影響契丹之佛教信仰。〔註 20〕

　　遼代崇佛為讀史者所熟知，而崇佛之情形亦有數篇研究之論著，本文不擬複述，僅就研究之要點略敘之如下。〔註 21〕遼自阿保機建國時即開始有崇尚佛法之事，如飯僧、禮佛、建佛寺，而後歷朝帝王殆皆以此三者為崇佛之舉，沿至中期以後遂至大盛，復衍生眾多禮佛之事，如做佛事下詔毋禁僧徒開壇，且於內殿設壇，問論佛法、寫佛經、頒御製經、迎置佛骨、唱和詩會等等，蔚為禮佛相關之盛事。飯僧日廣之記錄如聖宗時一月飯僧萬人，道宗時諸路飯僧尼達三十六萬，此當為一年中飯天下僧尼之數。飯僧之時機多在幸佛寺、帝后生日、忌日、病癒、戰捷、通好、弔慰、濟貧、天降甘露等情形，因此遼代應有甚多舉行飯僧之時機，造成頻繁於做佛事之現象，尤以朝廷倡導，更帶動民間社會之普遍風氣。

　　因崇佛而形成採用釋家命名之盛況，如聖宗小名文殊奴，后妃、皇子、公主小字普賢奴、藥師奴、觀音、菩薩、和尚、僧隱等等，其他貴族、官僚

〔註 18〕 參見湯用彤《隋唐及五代佛教史》（臺北：慧炬，民國 86 年），頁 276～278。另參見楊富學《回鶻之佛教》，（烏魯木齊，新疆人民：1998 年），頁 17、18。

〔註 19〕 見前註楊富學書，頁 17～65。

〔註 20〕 參見李龍範〈遼金佛教之二重體制與漢族文化〉，《思與言》雙月刊，6：2（臺北，民國 57 年），頁 93～98。另前註書中亦曾論及。

〔註 21〕 可參看韓道誠，〈契丹佛教發展考〉，《東北論文集》第五輯（臺北：中華大典編印會，民國 61 年），頁 105～143。野上俊靜，〈遼朝の佛教〉，《遼金の佛教》（京都：平樂寺書店，昭和廿八年），頁 1～35。李家祺，〈遼朝佛教研究〉，《幼獅學誌》第 5 期（臺北，幼獅，民國 60 年），頁 2～6。王丹珽，〈遼朝皇帝的崇佛及其社會影響〉，《內蒙古大學學報》1994 年第 1 期，頁 49～57。唐統天，〈遼道宗崇佛原因初探〉，《東北地方史研究》1991 年第 1 期，頁 78～86、94。唐統天，〈遼道宗對佛教發展的貢獻〉，《社會科學輯刊》1994 年第 4 期，頁 96～100。

亦常見此類命名。同樣於朝廷貴族階層之倡導下，民間社會亦蔚然成風，此於諸多碑刻中可見。此外，遼代帝王尚且加贈僧人以官號，如景宗以沙門昭敏爲「三京諸道僧尼都總管加兼侍中」，「侍中」爲贈官，以崇其地位，但其都總管之官，是否實際上可「都總管」三京諸道之僧尼？其官署衙門亦不明。其他官號與贈官如上京管內都僧錄、燕京管內左街僧錄、崇祿大夫檢校太保、檢校太傅太尉、守司徒、守司空等等，以僧人加贈師、公之崇高官號，足見朝廷崇佛之心意。朝廷崇佛然亦有些許禁令以收管理之效，如禁私度、濫度、破戒、私詣行在或赴闕、禁燃煉指，天齋日屠殺等；聖宗時亦曾淘汰東京僧人，此當爲防出家眾之過度膨脹。

《契丹國志》載遼興宗時望族「多捨男女爲僧尼」，「僧拜三公三師兼政事令者凡二十人」，〔註22〕興宗爲著名佞佛之帝，《國志》所言當非虛構。僧尼數之膨脹至道宗時，其人口數佔全國人口 3.6%，比例偏高。南方宋朝眞宗時僧尼數佔其全國人口比例近 1%左右，五十年後神宗時期約減爲 0.3%，同時間的遼道宗時期竟爲宋朝之十二倍。僧尼人口佔全國人口 1%爲社會能承受之能力指標，中國歷代各朝幾乎皆維持此一指標，遼朝道宗時顯然已超過承受能力之三倍餘，對國家財政與社會經濟帶來沉重之負擔與問題，〔註23〕此即上文中造成「遼以釋廢」說法之重要因素。

遼朝佛寺之廣佈亦爲崇佛之表現。上文言及遼朝統治範圍之北方地區於唐朝時之佛寺達二百四十左右，渤海國之佛寺遺址五十餘，若唐朝與渤海國之佛寺爲遼朝所承受，則約略可粗估其實當有近二百九十所之佛寺，然亦有研究指出遼朝佛寺爲近九十所，〔註24〕其究竟數目尚無法確知。燕京爲遼之南京，爲漢文化聚集之所，其「僧居佛寺，冠於北方」，〔註25〕其地佛寺著名者至少卅五所左右，〔註26〕然據《河北通志稿》所載，隋唐時期幽州佛寺即

〔註22〕見葉隆禮《契丹國志》（臺北，廣文，民國 81 年），卷八，〈興宗紀〉，頁 74。
〔註23〕參見劉浦江，〈遼金的佛教政策及社會影響〉，《佛學研究》，第 5 期（北京：中國佛教文化研究所，1996 年），頁 231～238。
〔註24〕參見李家祺〈遼朝寺廟分佈研究〉，《時代》12：8，民國 61 年，頁 37～41。文中所列佛寺有些許誤植，如「監寺」、「前監寺」應爲寺監之職務，又有些許誤植如「太祖廟」、「祖廟」等非佛寺。田村實造於〈遼代佛教の社會史的考察〉中言及遼代五京之寺院及都市與寺院之關係，然所列寺院較少未能盡述，參見《中國征服王朝の研究》上，（京都大學東洋史研究會，昭和 42 年），頁 355～370。
〔註25〕見註 22 書，卷二二，〈四京本末〉，頁 189。
〔註26〕參見鄭恩淮，〈遼燕京佛寺考〉，《遼金史論集》，第四集（北京：書目文獻，

達八十餘座，[註27]未知遼朝時幽州之隋唐佛寺是否仍被繼承，北方漢人文化中心之燕京（或南京道）迨爲隋唐至遼時華北佛教之重區。

三、佛教經籍之編印與藏經

《遼史》缺〈藝文志〉，後補者如王仁俊《補遼史藝文志》，於釋家類列十六種，繆荃孫《遼藝文志》於釋道類中釋家僅列八種，黃任恆《補遼史藝文志》，於釋家類列出十七種，倪燦《補遼金元藝文志》綜三代而列，於遼代部分約僅三、四種，金門詔《補三史藝文志》，遼代部分亦僅得三種。[註28]就後人補作的佛教目錄而言，著錄委實稀寥，高麗僧義天早撰有《新編諸宗教藏總錄》收遼代著述五十八種，達二五一卷，可謂對遼代佛教著述最早、最多的著錄，近人朱子方復加以編補，得六十五種，又有譯經十種，存疑者十四種。[註29]著錄的遼代佛經間有石經數條，實際上遼刻石經當不止此，如房山雲居寺即有甚多遼代所刻經碑，其石經總數達萬五千餘石，而遼代所刻甚多。房山石經始刻於隋代，連綿千年止於明代，其中以唐中葉及遼金時期爲石經鐫刻最盛之時期。遼代房山石經的續造始於聖宗，而後歷興宗、道宗至天祚帝時皆持續不斷，足見其刻經之熱忱，其中如續刻《大般若經》、《大寶積經》最爲稱著，而遼刻石經的底本又與《遼藏》（《契丹藏》）有密切關係（詳下文）。此外，就石經之內容言，包括經文、版式、刻工、題記等對宗教文化史、社會、經濟、政治各方面都有很高的研究價值，可提供重要的一手資料。[註30]石經之外，在寺塔的考古發掘中，又見許多遼刻印版的經籍，如慶州釋迦佛舍利塔中的百餘經卷、冊，即屬遼代雕印的佳品，[註31]故而

1989 年），頁 135～154。該文指出燕京遼代時之著名佛寺爲 36 座，而註 24 李家祺文中計遼代燕京之南京道佛寺爲 37 座，除錯誤之處，應爲 35 座佛寺。

〔註27〕參見黃春和，〈隋唐幽州佛教初探〉，《佛學研究》第 2 期，1993 年，頁 212～220。

〔註28〕以上各家補志，參見《廿五史補編》第六冊（北京：中華，1995 年）。

〔註29〕參見朱子方，〈遼代佛學著譯考〉，《遼金史論集》第二輯（北京：書目文獻，1987 年），頁 175～198。

〔註30〕參見傅振倫，〈遼代雕印的佛經佛像〉，《遼金史論集》第一輯（上海古籍，1987 年），頁 210～223。另見林元白，〈房山雲居寺塔和石經〉，《中國考古集成‧華北卷》第 15 冊（哈爾濱），頁 166～174。林元白，〈房山遼刻石經概觀〉，《現代佛學學術叢刊》第 7 冊（臺北，大乘文化，民國 66 年），頁 49～82。

〔註31〕參見巴林右旗博物館，〈慶州釋伽佛舍利塔發現的遼代珍貴文物〉，《內蒙古社會科學》，文史哲版，1994：4，頁 82～89。

目前言遼代佛教經籍之著述與遼代雕印或刻寫之佛教經典間，分別或未分別加以考察，是尚待釐清的問題。

　　遼代印佛經係以燕京（遼南京）爲中心，官方設有印經院，〔註32〕寺院中亦雕印佛經，如弘法寺、大憫忠寺（法源寺）、大昊天寺、聖壽寺，以及民間刻書坊如燕京仰山寺前楊家、燕京壇州街顯忠坊門馮家寨。〔註33〕其他經、史等部書籍與佛經之刻印類似，仍以漢人生聚重心的燕京爲主要刻印地。

　　遼代刻印佛經最重要的眞蹟爲藏經，即所謂《遼藏》。1974年，山西應縣遼塔於加固工程時，發現遼代刻經等珍貴文物，總計一百六十件左右；大約在遼末金初時置入。佛經典籍部分有《遼藏》十二卷，單刻經卅五卷，寫經八卷，另有雜刻、雜抄廿八件。〔註34〕原來僅見於史書或文章記載遼代曾雕印大藏經之事，至此可見部分眞蹟，實爲歷史上之重大發現，圍繞此《遼藏》的諸多討論亦因之展開。

　　《遼藏》在形式上有幾個特色：其一爲經帙採千字文之編號，自北宋《開寶藏》始，歷代大藏經皆以千字文編號，此成爲辨識大藏經或單刻經之重要區別，《遼藏》亦按此編刻，但其間二卷略有異議（詳後）。《遼藏》編號有「勿」字排在564，而據志延〈陽台山清水院創造藏經記〉謂《遼藏》爲五百七十九帙，〔註35〕編號距全帙已近。其二爲千字文編號外，行隔間尚有經名、版碼，此與《磧沙藏》相同。其三爲楷書漢字書寫後雕印，其秀麗疏朗可謂校勘精、雕刻良，紙墨上乘之作，並不亞於《開寶藏》，足見遼代燕京雕印工藝之精良。〔註36〕其四爲版式每紙廿七行，每行十七字（間有十八、十九字）係遵循古代寫經之格式，〔註37〕顯現較保守之風格。其千字文編號與板式既非《開寶藏》印本形式，也非宋元以後其他藏經的印本，而是種獨立的藏經印本，即《遼藏》的印本。

〔註32〕見〈釋摩科衍論通贊疏科〉卷下，《應縣木塔遼代秘藏》（北京：文物，1991年）圖版頁8，載有「印經院判官」。

〔註33〕參見傅振倫前揭文，另見張秀民，《中國印刷史》，（上海人民，1989年），頁231。

〔註34〕參見註32，《秘藏》，頁9～19。

〔註35〕參見陳述輯校，《全遼文》（北京：中華，1982年），頁187。

〔註36〕參見《秘藏》，頁22，另見鄭恩准，〈應縣木塔發現契丹藏〉，《遼金史論集》第二輯，頁165～174。

〔註37〕參見羅炤，〈契丹藏與開寶藏之差異〉，《文物》，1993：8，頁59～63。

四、《遼藏》之問題

《遼藏》在內容上之討論少見，而應縣木塔所收的佛經多屬「慈恩宗」（或稱法相、唯識宗），尤以燕京憫忠寺無礙大師詮明之著作較多，詮明當即《遼藏》之主持者，為佛界領袖。北宋中期時即以為遼地佛教多尚「慈恩宗」〔註38〕，此對於遼代之佛教史之研究頗具啟發性。對於《遼藏》之討論與爭議首先是雕印的年代與版本問題，一是主張為遼興宗時雕印、覺苑大師主編，主要根據〈大華嚴寺重修薄伽教藏碑記〉所記，〔註39〕二是主張為聖宗統和年間雕印，詮明大師主編，主要根據為發現《遼藏》中有統和年間印製者。〔註40〕三是主張《遼藏》有聖宗時的統和本、興宗至道宗時的重熙、咸雍本，似乎認為前二個雕印時段（興宗·聖宗）皆有其所製的《遼藏》，又認為河北豐潤縣天宮寺塔中又有不同版本的部分《遼藏》，因時間不同又生出版本之不同。〔註41〕四是主張遼興宗時開雕而完成於道宗初年，主要根據為覺苑〈大日經義釋演密鈔序〉及北京〈暘台山清水院創造藏經記〉之記載。〔註42〕五是主張聖宗時期完成《遼藏》的初成本，而後興宗、道宗繼補完成全藏本，另一《遼藏》版本為河北豐潤縣天宮寺塔的冊裝小字本《遼藏》。〔註43〕大體上《遼藏》雕印之時間主流的意見為聖宗統和年間，版本上亦未有分歧，但第三種與第五種主張在版本上仍可進一步探討，或有所見。而筆者以為第五種主張較為可靠，即聖宗時初成、興宗、道宗繼續刻刊完成。

豐潤縣天宮寺塔發現冊裝本佛經七種，卷裝本佛經三種，其中部份編有帙號與題記，其帙號與應縣木塔《遼藏》相同，題記中亦有遼代明確年號時間等，故當為《遼藏》之印本。天宮寺塔與應縣木塔《遼藏》之相異處有（1）

〔註38〕 參見《秘藏》，頁21。

〔註39〕 參見妻木直良，〈論契丹雕造大藏經的事實〉，《東洋學報》2：3，（京都，大政元年），頁317～340。又見呂澂，〈契丹大藏經略考〉，《現代佛學》1951：5。《呂澂佛學論著選集》卷三，（濟南：齊魯，1996年），頁1432～1440。潘重規，《龍龕手鑑新編》引言（臺北：中華，民國77年）。呂澂又以為興宗重熙七年全藏刊版告一段落，而後道宗時續有新編補入。

〔註40〕 參見《秘藏》，頁20。另見張暢耕、畢素娟，〈論遼朝大藏經的雕印〉，《中國歷史博物館館刊》第9期，1986年。

〔註41〕 參見羅炤，〈再談契丹藏的雕印年代〉，《文物》1988：8，頁73～81，〈有關契丹藏的幾個問題〉，《文物》1992：11，頁51～57。

〔註42〕 參見註30，林元白〈房山遼刻石經概觀〉。此說近似呂澂所言，但略有差別。

〔註43〕 參見李富華，〈關于遼藏的研究〉，《佛教與歷史文化》（北京：宗教文化，2001年），頁481～513。

前者爲冊裝本，後者爲卷裝本間有蝶裝本，此種冊裝本爲宋元以前木刻藏經唯一的發現。（2）版式上前者基本爲每半頁十二行，每行三十字，即「小字密行」式。天宮寺小字本冊裝藏經當爲卷裝本《遼藏》的複刻本，爲同樣的目錄體系藏經；〔註44〕即一體二版本。

　　其次具有爭議的問題是所見《遼藏》究係十二卷抑或十卷？通常認爲當係前者，然其中〈稱讚大乘功德經〉尾題言乃私刻單經，而非官版，其版式亦不同，〈妙法華蓮經卷第二〉，與單刻的〈第八〉其版式相似但與其他官版經刻不同，故懷疑此二部皆爲單刻經，而非《遼藏》之官版雕印。〔註45〕但此二經亦皆編印有帙號，難說版式完全不同，有待進一步考察。

　　關於《遼藏》的內容係根據《開元釋教錄・入藏錄》入藏的寫本大藏經刻造，此爲《遼藏》前四百八十帙的內容，其第二部份編入希麟《續一切經音義》涉及「經」的部份，《續貞元錄》部份，北宋譯經部份等。〔註46〕其中與房山雲居寺石經簡目的內容有參證搜討的研究之處，前文言及遼刻房山石經之事即與此有關。遼刻石經以《遼藏》爲底本覆刻大體上並無異議，主要根據係依文獻與石經對勘而知，如高麗沙門守其撰〈新雕大藏經正別錄〉指出《契丹藏》之誤與石經之誤相同，應縣木塔之《遼藏》殘卷與石經所見之千字編號相同，沙門法悟撰〈釋摩訶衍論贊玄疏〉載此經於清寧八年（1062）編入《遼藏》，而石經中此經正列於「寧」字號，爲千字文編號之末，合於法悟所言。〔註47〕但房山石經遼刻佛經究竟是否全依《遼藏》覆刻？抑或未必全然，在千字文編號上而言相同，但經文內容上部份與《遼藏》不同。而在版式上相當部份亦有差異，除每版之行數，每行字數之異外，尚有版頭經名卷次之標注，詞語、文字等之不同，〔註48〕是以房山遼刻石經除以《遼藏》爲底本覆刻外，應有據《開元錄》甚或其他底本刻之，應是較爲客觀的看法。

　　遼代的字書《龍龕手鑑》是中國第一部以四聲編目研究佛典音義之書，

〔註44〕參見前註，頁494～496。

〔註45〕參見註41〈有關契丹藏的幾個問題〉。

〔註46〕參見註43，頁496～505，另見何梅，《房山石經與隨函錄、契丹藏、開元錄的關係之探討》，《佛學研究》第五期〈中國佛教文化研究所，1996年〉，頁262～272。

〔註47〕參見周紹良，〈房山石經與契丹藏〉，《房山石經之研究》（中國佛教協會，1987年），頁167～176。黃炳章〈房山雲居寺石經〉，頁98、99。任杰〈房山石刻大智度經論整理記〉，頁15～51。另參見註43，頁500～505。

〔註48〕見註46何梅前揭文，頁266～272。

其中言及「舊藏」、「新藏」，所指即統和年間《遼藏》之寫本（舊藏）與刻本（新藏），即行均寫《龍龕手鑑》幾乎與《遼藏》之編印為同步進行，目的應是為《遼藏》刊行流布而撰集的音義，反映了為遼朝佛教熱潮風起之際的準備，當有深長的意味。〔註49〕

　　較《遼藏》稍早的北宋《開寶藏》，兩者間以前者較為保留古代漢文佛經的形式，後者則改變了格式。其次，前者多數較忠實地依據《開元錄藏》，後者則有相當的差別。其三，前者〈首愣嚴經〉為早期寫本之覆刻本，後者所據則為較晚之寫本，因之《遼藏》的價值要略高於《開寶藏》。〔註50〕

五、結　語

　　《遼藏》殘卷的發現證實遼史文所載遼代大藏經的雕印，自遼中期聖宗統和年間刻印後，又略有增刊佛典於其中，至道宗咸雍年間完成五七九帙，約六千卷之數，其間歷時七十餘年，因之產生刻印年代、版本等之問題。巨帙經書所需木材及其處理、藏經紙之選製、藏經之編輯、校刊、書寫、雕刻、裝裱皆非易事。以今所見修復之印本，無論在墨色、印刷、書法、刀工各方面都呈上選之品，至於紙質、裝潢、防蠹等工藝咸認為具高等之技術，說明遼代燕京雕版印刷的重要地位。

　　遼朝不僅接受漢地的佛教，又依賴漢人的工藝技術與高僧大德，完成朝廷與民間通奉的佛教經典，固然說明了契丹族與漢文化之關係，同時反映出遼代社會中經濟、文化之水準。遼、宋初期的對峙爭戰至中期聖宗時因澶淵之盟的訂定而告終，雙方和平往來之餘，亦有競爭比美的意味，宋既有《開寶藏》之刻印，遼稍後即致力於其《遼藏》之雕製，恐怕也是具有競美之心理。

　　　　（原刊於《佛光人文社會學刊》第五期，宜蘭：佛光大學，2004 年。）

〔註49〕參見張暢耕，〈龍龕手鑑與遼朝官版大藏經〉，《中國歷史博物館館刊》總 15、16 期合刊，1991 年，頁 101～119。

〔註50〕參見註 37。

貳、李純甫之三教思想

一、前　言

　　《宋元學案》論金代之學術思想時，僅列〈屏山鳴道集說略〉，以李純甫（屏山）爲主軸，兼述趙秉文、劉從益、黃文甫及其他諸儒十餘人，似聊備一筆之意。由全祖望之案語可得其旨：

　　　　關洛限于完顏，百年不聞學說，其亦可嘆也。李屏山之雄文而
　　　　溺于異端，敢爲無忌憚之言，盡取涑水以來大儒之書，恣其狂舌，
　　　　可爲齒冷，然亦不必辯也。略舉其大旨，使後世學者見而嗤之。其
　　　　時河北之正學且起，不有狂風怪霧無以見皎日之光明也。〔註1〕

蓋謝山之意，金代無學術可言，而李純甫乃異端思想，列其學說，爲「使後世學者，見而嗤之」。校刊《學案》之王梓材於全祖望案語後註曰：

　　　　是卷與上兩卷（〈荊公新學略〉、〈蘇氏蜀學略〉），皆謝山所特
　　　　立以闢禪，學者不曰案而曰略，蓋示外之之意云。

是以全祖望以荊公、蘇氏、屏山皆爲一類，即學術不純，駁雜偏詖視之，亦謂非醇儒而雜佛、老之流，敍述論三派學術不言「學案」，僅以「略」待之，確如梓材所言「外之」之意。

　　暫不論謝山之見如何，就以金代學術僅及一卷，且以李純甫爲代表，足見李氏學說仍有相當「地位」，或者有其相當之影響。謝山確不喜屏山，於卷中述列其學說時，多處皆以案語評擊之，視屏山佞佛，「援儒入釋，推釋附儒」，〔註2〕其間已略窺屏山學術乃講論儒佛之說。

―――――――――――

〔註1〕見《宋元學案》（臺北：廣文，民國68年），卷一○○，頁1下。
〔註2〕見同前，頁2下、3下。

二、李純甫之學術與三教學風

《金史》列李純甫於〈文藝〉傳中，大略可知其生平、學術。又金末士人劉祁有《歸潛志》一書，其中頗戴有金一代之文人儒士，對《金史》之記傳極有助力，〔註3〕而李純甫之傳記則明顯取材自《歸潛志》。〔註4〕今據劉祁書看李純甫之學術大要。

純甫幼穎悟，爲異常兒，初學詞賦，後讀《左氏春秋》，遂爲經義之學，爲承安二年經義進士，名聲燁然。爲文法莊周、左氏，雄奇簡古，後進宗之，使文風爲之一變。純甫喜談兵，慨然有經世之志，以諸葛孔明，王景略自期。中年後，度其道不行，遂無意仕進，惟以文酒爲事，然未嘗廢著書，喜獎掖後進，日與禪僧士子遊。晚年分其著作爲內、外藁，凡論性理及關佛老二家者爲內藁，其餘應物文字如碑誌詩賦等爲外藁，猶莊子內、外篇之分。又曾註解《楞嚴經》、《金剛經》、《老子》、《莊子》、《中庸》，著《鳴道集解》，號爲「中國心學，西方文教」，約數十萬言。

由上可知李純甫之學術及思想爲釋、儒、道三家，首舉「中國心學」，實融三家，史稱其爲人聰敏，於學無所不通，故能言三家學術，又稱其歷論天下事，「或談儒釋異同，雖環攻之，莫能屈世」，即如前述全祖望所言「援儒入釋，推釋附儒」，甚而言其「佞佛」，當不足怪。

金代學術本有三教論者，李純甫堪爲其代表，然三教論並非起於金代，此前，南北朝時期，唐、宋皆有三教論衡。佛入中國，逐漸傳佈盛行，與固有之儒、道二家自生抗衡與競爭，不惟士子儒生於信仰、思想上對三教間之關係有所注意，統治階層至如公卿帝王亦不乏論列。《隋書》載李士謙與客答問佛家之說：

> 客又問三教優劣，士謙曰：佛、日也，道、月也，儒、五星也。

客亦不能舉而止。〔註5〕

此爲士儒之談論三教之事。《周書》載周武帝建德二年：

〔註3〕關於《金史》與《歸潛志》之關係，可參見陳學霖，〈歸潛志與金史〉，《遼金史研究論集》（臺北：大陸雜誌，史學叢書第二輯），頁1至頁5。陶晉生，〈劉祁與歸潛志〉，《邊疆史研究集——宋金時期》（臺北：臺灣商務印書館，民國60年），頁87～110。另可參見拙作，〈金修國史及金史源流〉，《書目季刊》，二十二卷第一期（臺北：中國書目季刊社，民國77年），頁47～60。

〔註4〕李純甫之記傳見《金史》，卷一二三，〈文藝〉下。另見《歸潛志》（知不足齋叢書），卷一，頁4下～7下。

〔註5〕見《隋書》，卷七七，〈隱逸傳〉，頁4下。

集群臣及沙門、道士等，帝升高座，辨釋三教先後，以儒教爲
先，道教爲次，佛教爲後。〔註6〕

此爲帝王主持之三教論會。三教論或謂起於北周，繼之於隋，極盛於唐，期
間有學術因素，亦有政治因素。〔註7〕然南朝梁武帝時亦有三教論說，雖舍道
事佛，但言三教同源、一致，以孔、老、釋爲「三聖」，仍調合三教內、外紛
爭及處理三教關係之法，〔註8〕是以梁武之時要早於周武，尚不得謂三教論衡
起於北周，惟其間相距亦不遠。

南北朝時，三教同源說有二，一爲道教說法，如北周道安〈二教論〉，稱
道爲儒、佛之源。一爲佛教說法，如梁武帝〈舍道事佛詔〉，以老子、周孔皆
爲如來弟子。〔註9〕三教論說又有牟子《理惑論》，其不僅論佛、道，並及於
儒教，推究三教性質，唱三教一致、調和之說，言三教消息之相通，若以牟
子之書爲東漢或西晉之作品，則當爲最早之三教論說。〔註10〕是以佛法傳入
後，東漢時漸盛，其時佛老並祠，釋道二教初即融混，未必嚴分，其中多有
附會傍依之說，與兩漢原盛之儒學相互激盪，三教優劣論之發生，毋寧爲極
其自然之勢。

自漢晉南北朝以下，三教論者代不乏人，迄於唐宋亦復如此，當可視爲
有三教學風之存在。事實上兼通二教或三教，亦流行於南北朝以來士儒之間，
雖然有齊或不齊三教之說，或別或融，相互問難，積有年所，而三教人士或
多或少難免接觸此一論題，有發爲專論者，有言語間談及者，三教論衡不僅
爲宗教史上之重要問題，亦爲思想史上值得討論之課題。

宋金時期三教同源、會一之說仍盛，饒宗頤先生曾寫專文論述之。宋時
道教南、北二宗皆言三教，北宗全眞教各祖以三教立論，並有以三教立會者
多處，全眞門人弟子亦以三教匯通爲說。南宗言三教者如天台張紫陽，佛家

〔註6〕見《周書》，卷五，〈武帝本紀〉，頁17下。

〔註7〕參見陳登原《國史舊聞》（臺北：大通，民國60年），卷二八，「三教論衡」
條，頁163、164。

〔註8〕參見羅宏曾，《魏晉南北朝文化史》，（四川，人民，1989年），頁209～215。

〔註9〕參見任繼愈，《中國佛教史》，第三卷（北京：中國社科院，1988年），頁25
～28。

〔註10〕牟子《理惑論》之年代，中外皆有爭議。然或爲東漢晚期之初作，而後歷兩
晉、南北朝，續有增損以成。關於牟子之問題可參見蔣維喬，《中國佛教史》
（臺北：史學，民國63年），卷一，頁34、35。湯錫予，《漢魏兩晉南北朝佛
教史》（臺北：史學，民國63年），頁73～80。周一良，〈牟子理惑論時代考〉，
收於《魏晉南北朝史論集》，（坊印），頁288～303。

言三教如永明延壽、孤山智圓、契嵩、贊寧等，而宋代君王會同朝野，頗論三教會通。金則承北宋學風，與南宗相類，皆可見三教歸一之說。〔註11〕宋金既承南北朝、隋唐以來原有三教論衡之風，李純甫生當金代，自於此不致陌生。

三、李純甫之三教論

純甫學術《金史》僅提其內、外藥、著作數種，號「中國心學，西方文教」而已。粗疏概念加上純甫著作存者僅少，欲究其思想，實難窺全貌。一般哲學、思想史亦不論其學，金代史之著作，則頗能注意純甫思想之特色。〔註12〕

明初王禕稱純甫爲古之立言者，並言其學術特色：

> 資識英邁，天下書無不讀，其於《莊》、《周》、《列禦寇》、《左氏》、《戰國策》爲尤長，文亦略能似之。三十歲後，遍觀佛書，既而取道學諸家之書讀之，一旦有會於其心，乃合三家爲一；取先儒之說，箋其不相合者，著爲成書，所謂《鳴道集說》也。觀其爲説，前無古人，誠卓然有所自見，學術不苟同於眾人，而爲道之是合者也。遺山元公嘗以中原豪傑稱之，謂其庶幾古者立言之君子，豈不信乎！嗟乎！立言之難久矣，世之學者知守經以篤信，而不知會通以求道……。〔註13〕

純甫三十歲之前，博覽群書，長於道家、史書類。三十歲後，始究心於佛，與理學家言，乃形成三教合一之學，這種三教思想自是「學術不苟同於眾人」，要在「會通以求道」，而非「篤信守經」者流。

王禕之說法實出於元好問，所言「遺山元公嘗以中原豪傑稱之」，即元好問《中州集》收李純甫之詩，並詩前所作其傳略，言純甫之學術如上引王禕文，

〔註11〕 參見饒宗頤〈三教論及其海外移殖〉，收於《選堂集林・史林》（臺北：明文，民國71年），頁1207～1248。其中部份以〈三教論及宋金學術〉單文發表於《東西文化》第十一期（1968年）。

〔註12〕 如張博泉，《金史簡編》，（遼寧：人民，1984年），頁415。陶晉生，《女眞史論》（臺北：食貨，民國70年），頁116～118。何俊哲等，《金朝史》（北京：中國社科院，1972年），頁546～548。宋德金，《金代的社會生活》（陝西：人民，1988年），頁122、123。李則芬，《宋遼金元史論文集》（臺北：黎明，民國80年），頁227。

〔註13〕 見王禕，《王忠文集》（臺北：商務，《四庫全書》本），卷七，〈鳴道集說序〉，頁11～12上。

又說：「迄今論天下士，至之純與雷御史希顏，則以中州豪傑數之。」〔註14〕
指李純甫與雷淵爲豪傑之士。而遺山於〈雷希顏墓銘〉中亦有類似之說法，謂：

> 南渡以來，天下稱宏傑之士三人，曰高廷玉獻臣、李純甫之純、
> 雷淵希顏。……蓋自近期士大夫始知有經濟之學，一時有重名者非
> 不多，而獨以獻臣爲稱首，獻臣之後士論在之純，之純之後在希顏，
> 希顏死，遂有人物渺然之嘆。〔註15〕

純甫爲豪傑，指其經濟學術，其博學通識有以致之。遺山言純甫學、文所長
者，當時人亦有類似之看法，王若虛即言純甫爲文「辭氣意旨，出於莊列，
可謂奇作」，〔註16〕遺山、若虛皆爲名儒大家，所言相似，當屬可信。

　　純甫詩文俱佳，曾爲劉汲之《西嚴集》作序，此文對詩之觀點有其見地，
並論六朝至唐宋詩壇之缺失，批評流俗之謬。〔註17〕至於純甫本人詩作，《中
州集》中收錄二十九首，由詩中可見早年志於經世之情懷，如：「男兒生須銜
枚卷甲臂弸弓，徑投虎穴策奇功」，〔註18〕到後來「知大事已去，無復仕進意，
蕩然一放於酒」，〔註19〕於是有「一心還入道，萬物自歸根」之詩句，〔註20〕
又有「會須著我屛山下，了卻平生不問天」之句。〔註21〕由其詩作，大略可
透露純甫心境之變化及其生涯之異。

　　前引王禕文言純甫三十歲後始遍覽佛書，在此前，純甫當無三教思想，
據耶律楚材所言，純甫早年應爲儒家之捍衛者，曾作排佛說，「末幾，翻然而
改，火其書，作二解以滌前非」，〔註22〕所作二解即《楞嚴外解》、《金剛經別
解》。純甫三教思想之建立乃三十歲之後。耶律楚材又說：

> 屛山居士年二十有九，閱《復性書》，知李習之亦二十有九，參

〔註14〕見元好問，《中州集》（《四庫全書》本），卷四，〈屛山李先生純甫〉，頁64下、
　　　　65上。
〔註15〕見元好問，《遺山先生集》（臺北：成文，《九金人集》本），卷二一，頁7上
　　　　～8下。
〔註16〕見王若虛，《滹南集》（《九金人集》本），卷四五，〈復之純交說並序〉，頁1
　　　　下。
〔註17〕見《中州集》，卷二，〈劉西嵒汲〉，頁30下～32上。
〔註18〕見《中州集》，卷四，〈雪後〉，頁66上。
〔註19〕見同註15，頁7上。
〔註20〕見註18，〈雜詩〉，頁71上。
〔註21〕見註18，〈偶得〉，頁70下。
〔註22〕見耶律楚材，《湛然居士文集》（北京：中華，1986年），卷一三，〈書金剛經
　　　　別解後〉，頁280。

藥山而退著書，大發感嘆，日抵萬松老師，深攻巫擊，宿棄生知，一
聞千悟。……，會三聖人理性之學，要終指歸佛祖而已。……嗚道諸
儒力排釋老，簒陷韓歐之隘黨，孰如屏山尊孔聖與釋老鼎峙耶！〔註23〕
此言純甫參研佛典年齡爲二十九歲，與前說三十歲以後相若。而參研之啓發
爲閱唐人李翱之《復性書》，因投萬松老人爲師，遂成「會三聖人理性之學」
的三教思想，然其終歸於釋。但據元好問所言，純甫學佛乃由其友史肅所發，
〔註24〕史肅尚理性之學，晚年喜養生學道，與純甫交遊。

耶律楚材亦師事萬松老人，與純甫誼屬同門，所學相近，思想相若，故
楚材爲文亟推崇純甫。除前所引外，又稱其爲精于三聖人之學者，取儒道兩
家之書，會運、奘二師之論。〔註25〕言純甫著述《楞嚴外解》謂其引《易》、
《論語》、《孟子》、《老子》、《莊子》、《列子》等書與楞嚴相合者，輯編成書，
又稱古昔以來，篤信佛書之君子，純甫爲集大全者，亦爲近代僅一人而已。〔註
26〕楚材亦爲金末之三教論者，其推崇純甫如此，無怪乎王梓材補《宋元學案》
案語云：「湛然（楚材）諸序，其傾倒于屏山（純甫）至矣！盡矣！」。〔註27〕

純甫於宣宗興定六年（1222）寫〈重修面壁庵記〉，敘述其個人讀書之過
程，至於研習道、釋二家。其言原爲儒家子，學賦業科舉，學詩以道意，學
議論以見志，學古文以得虛名，喜史學以求經濟之術，深愛經學窮理性之說，
於玄學亦有所得，以「至於學佛，則無可學者，乃知佛即聖人，聖人非佛。
西方有中國之書，中國無西方之書也」，蓋佛學高深，因各執所見而裂於宗乘，
泪於義疏。自達摩西來，不泥於名相，始爲眞傳教者，「如有雅樂，非本色則
不成宮商」。禪學盛行，波及學士大夫，潛符密契不可勝數，如清涼疏《華嚴》，
圭峰鈔《圓覺》，無盡解《法華》、潁濱釋《老子》，吉甫注《莊子》，李翱述
《中庸》，荊公父子論《周易》，伊川兄弟訓《詩》、《書》，東萊議《左氏》，
無垢說《論語》。「使聖人之道不墮於寂滅，不死於虛無，不縛於形器，相爲
表裡」。〔註28〕純甫學貫三教而傾於佛，以三教同源而出於釋，因而有「潛符
密契」之說，融三教之理於一，故能成著述。就純甫所舉各書，的確有三家

〔註23〕見前註，卷一四，〈屏山居士鳴道集序〉，頁308。
〔註24〕見註14，卷五，〈史御史肅〉，頁1下。
〔註25〕參見註22，〈屏山居士金剛經別解序〉，頁278。
〔註26〕見註22，〈楞嚴外解序〉，頁272～274。
〔註27〕見《宋元學案補遺》（臺北：世界，民國63年），卷一○○，頁12上。
〔註28〕見註4，《歸潛志》，卷一，頁6下、7上。

思想在內，或援引、或融會；然如伊川兄弟而言，雖「出入於老釋者幾十年，返求六經，而後得之」，〔註29〕然其所得仍在儒宗，若純甫言「使聖人之道不墮於寂滅」等等，二程兄弟的確於儒家聖人有功，然決非爲佛家聖人而作。吸收釋老二家思想以詮釋儒家，爲宋學之主要精神面貌。類似之情形，如漢晉以來學術思想中多有所見，或道或釋，或二家並用以釋儒，此中各狀況與純甫之三教論者未必相似；若二程兄弟則斷然與純甫相異矣。

全祖望言：「屏山歷詆諸儒，以恣其說」，〔註30〕又言純甫：「其所著《鳴道集說》一書，濂洛以來，無不遭掊擊」，〔註31〕此即純甫被視爲異端之《鳴道集說》。今據《佛祖歷代通載》所收其說以論述之。〔註32〕

純甫以問答方式綜論三教，其對象爲橫渠、明道、伊川、上蔡、元城、龜山、南軒、朱子等人，正是「濂洛以來」諸儒。其答問方式大體如下例：

> 迂叟曰：或問釋老有取乎？曰有，曰何取？曰釋取其空，老取其無爲自然，捨是無取。空取其無利欲心，無爲自然取其因任耳。
>
> 屏山曰：釋氏之所謂空不空也，老氏之所（謂）無爲無不爲也，其理自然，無可取捨，故莊子曰：無益損乎其眞，般若曰：不增不減。彼以愛惡之念起是非之見，豈學釋老者乎？取其無利欲心即利欲心，取其因任即是有爲非自然矣！

這是論辨二家之「取」，純甫所言有其理解，但嫌其循名執相之爭，其餘與理學諸家之論題與辯說略列如下：

橫渠言：佛說流行中國，倡言聖人可不修而至，大道可不學而知。純甫言：儒學衰微非佛氏之罪，而近代以佛書訓釋老、莊、語、孟、詩、書、易，即君子所悟之道亦從此入；張子有反噬之嫌。

明道言：佛學以生死恐動人，佛爲怕死生，故說不休，是利心上得來，學者亦以利心信之。聖賢以生死爲本分事，無可懼，故不論死生。純甫言：

〔註29〕　見《宋史》卷四二七，〈道學一・程顥傳〉，頁 8 下。

〔註30〕　見全祖望，《鮚埼亭集》（臺北：華世，民國 66 年），外編，卷三四，〈跋劉（李）屏山唱（鳴）道集說〉，頁 1155。

〔註31〕　見前註，卷三八，〈雪庭西舍記跋〉，頁 490。

〔註32〕　參見念常，《佛祖歷代通載》（臺北：商務，《四庫珍本》三集），卷二〇，頁 45～63。又中華佛教文獻編纂社，將《鳴道集說》與姚廣孝之《道餘錄》合刊（臺北：新店，民國 69 年），其重新排版，但未說明所據之版本，當與本文所據相同。日本田中庄兵衛刊行《鳴道集說》於享保四年（1719）（京都中文出版社景印），亦未言明所據版本，似與《通載》相同。

聖人原始反終，知死生之說，豈不論死生乎？程子之不論死生，正如夜間小兒不敢說鬼。聖人無利心，然豈無利物之心？利人、利物爲天理，聖人之道乃殊途同歸，不必天下盡儒也。

明道言：佛學絕倫類、脫世綱、喪天眞，自私而已。純甫言：程氏所聞爲小乘教語，不能盡信。圓教大士知眾生本空而度脫眾生，知國土本淨而莊嚴國土；不以世間法礙出世法，不以出世法壞世間法。

伊川言：禪家之言性，猶太陽之下置器耳，其間方圓小大不同，特欲傾此於彼耳，然在太陽幾時動。純甫言：此爲誤讀《楞嚴經》，佛原喻識情虛妄，本無來去，其如來藏妙眞如性，正太陽元無動靜之說。

伊川言：或謂佛之道是也，其跡非也，然吾攻其跡耳，其道不合於先王顧不願學，如合於先王則可於六經中求之。純甫言：伊川欲相忘於江湖，不若卷百川而匯於壑。

伊川言：看《華嚴經》不如看一艮卦。純甫言：程子以止於其所當止，以釋氏止如死灰槁木而止，豈知華嚴圓教之旨，若學道者墜入無爲之坑，談玄者入於邪見之境，則老莊內聖外王之說，孔孟上達下學之意皆掃地矣！

伊川言：禪家行處坐臥無不在道，便是常忙。純甫言：君子無終食之間違仁，亦忙乎哉？以敬字爲主則忙矣。

伊川言：佛家印證甚好笑，豈有我曉得這理卻信他人。純甫言：自印證爲得聖人之傳尤可笑，我雖自曉其如人不信耶？

上蔡言：學佛者欲免輪迴是利心私而已。純甫言：佛說輪迴以愛爲根本，愛者眞生死，故何利心之有，上蔡不識圓覺，認爲太虛，悲夫。

上蔡言：人死氣盡，問明道有鬼神否，明道曰：道無你怎生信，道有你但去尋討看。橫渠曰：這是天地妙用，有妙理於若有若無之間。純甫言：明道之說出於未能事人焉能事鬼。橫渠之說出於精氣爲物，遊魂爲變。上蔡之說出於盛哉鬼神之德。三子各得聖人之一偏，竟墮於或有無若有無之間。大抵有生有死，或異或同，無生無死，非同非異，人即有形之鬼，鬼即無形之人，有心即有，無心即無耳。

元城言：釋儒道其心皆一，孔子言三綱五常，即爲佛心也。純甫言：此論固善，但未見華嚴圓教之旨，三綱五常盡在佛中。

元城言：禪於六經中亦有此理，儒者不談佛理，恐人溺於生死、寂寞、因果之說，而不修人事，致政教錯亂。純甫言：佛書之妙皆儒者發之，佛者

未必盡知，儒者發其祕，使天下後世共知六經之中有禪，吾聖人已爲佛也。若生死、寂莫、因果之說致不修人事而亂天下，正以儒者不讀佛書爲所欺耳。

龜山言：聖人以爲尋常事，釋、道皆誇言之，曲譬廣喻張大其說。純甫言：張大儒者之說，儒者反疾之，何也？

龜山言：儒佛深處所差杪忽，儒道分明，佛在其下，今之學者以儒在其下，佛者既不讀儒書，儒者又自小之，則道不明。純甫言：儒佛軒輊，是佛者不讀儒書，亦儒者不讀佛書之病，讀《楞嚴》知儒在佛下，讀《阿含》知佛似在儒下，讀《華嚴》則無佛無儒，無大小高下，能佛能儒，存泯自在。

南軒言：釋氏以萬法皆吾心所起，是昧於太極本然之全體，反爲自利自私，是亦人心而非識道心者也。純甫言：張子與釋氏之說全出於佛老，毫髮無異，佛非自私於人心。言太極，如父出忘家，見其子而不識也。

晦庵言：釋氏錯認精神魂魄爲性，性果能見，不可謂之妄見，既曰妄見，不可言性之本空。純甫言：性無動靜、無虧成，釋氏有語，豈以精神魂魄爲性。妄見爲不見性空，見性空矣，則非妄見，見見之時猶非見也。

晦庵言：近世學者溺於佛老，以天地萬物人倫日用之外，別有一物空虛之妙不可測度。純甫言：天地萬物人倫日用皆形而下者，形而上者是誰之言與？以爲佛者之說。佛之謂色即是空，老子之謂同、玄者，豈別有一物？

安正忘筌言：儒釋二家歸宿相似，設施相遠，故功用全殊，儒者當以皇極經世，何以學無用之佛？純甫言：儒佛之說爲一家，其功用之殊，何以分別爲同異，如劉子翬、張九成、呂伯恭、張敬夫、朱元晦，皆近代偉人，其論佛老實與而文不與，陽擠而陰助之，恐書生輩不知其心、借爲口實，則三聖人之道幾何不化爲異端。伊川之學某亦曾出入其中幾三十年，嘗欲箋註其得失而未暇也。道冠儒履同入解說法門，翰墨之章皆是神通遊戲。

純甫對以上諸儒之意見，正能反應其三教思想，而其基調在於會通三聖人之道，即三教合一思想。何以作此想？純甫自述其用心良苦如下：

　　　　止以三聖人之教不絕如髮，互相矛盾，病入心骨，……雖然，
　　僕非好辯也，恐三聖人之道支離而不合，亦不得已耳。〔註33〕

意謂三教相互爭討，致大道支離不合，諸儒評議佛學，乃對諸儒有所意見，而於諸儒論佛老作「實與而文不與」之曲解，見其迴護處有所用心，乃爲其三教合一說也。

_____

〔註33〕見前註，頁 61 下。

四、結　語

　　儒、道、釋三家相互援引或排擠起於漢季，可謂早即存在之問題。南北朝時，此風頗劇，上自君王，下至士儒，皆可見三教之論衡，著者如梁武帝、周武帝之主其事；或尊或抑，或齊或不齊，實爲宗教史及思想史上之盛事。

　　唐宋之際，三教思想或宗派皆有長足之發展，內部宗派複雜亦生調和之論，彼此思想之援引借重，亦有利於自身理論之充實，三教融會或合一之說漸盛。事實上，自兩漢以來士儒爲學已有雜黃老、申商之術，道家、陰陽亦不乏其人，加上佛學之講求，迄宋金以前，學術通三家，思想會三教者，多有人在，僅於立場不同，衡量相異，則學說面貌乃見。常見者如言雖孔孟，行則佛老；而一般詩文中更易窺見。此皆說明三教思想之會合，本非怪妄之事。

　　李純甫所處金代之學術環境爲北宋之緒，宋儒以明正學爲倡，即所謂儒學之復興運動，理學漸成兩宋學術主流。純甫幼受儒學而排佛，約中年之際始讀佛書悟其道，復專就堅守儒家立場之理學諸君子所論，關於佛老者加之評議，尤其於論佛處，多有意見。因其信佛，對於諸儒之攻佛排釋皆加以疏解，一則以平反去謬，一則以會儒道於佛，此即爲其三教思想之展現。要之，其三教調和、會通之說，是以佛融儒道爲基礎。

　　清儒汪琬《堯峰文鈔》中言，純甫之說乃根柢性命之學而加以變幻詭譎，以先秦道術將裂，故奉老子、孔子、孟子、莊周、佛爲五聖人，推釋、老合於孔孟，李翱等儒能引釋、道以證孔孟。於是委曲疏通，其旨趣則歸於佛，故於闢佛諸儒大事掊擊。純甫實術浮屠而剷儒之羽翼，有甚於荀子之言性惡。〔註34〕此說純甫三教思想大體不誤，其餘則儒家衛道之言也。

（原刊於《海峽兩岸中國文化與中國宗教研討會論文集》，
四川：成都，1996 年）

〔註34〕參見註1，頁2上、下。

參、三教外人鄧牧之思想

一、前　言

　　歷代鼎革之際，總不免有些遺民要抒亡國之恨，通常可有兩類方式來觀察。其一，或作詞章、或以譏諷、或以畸行，要之，皆在表達其悲憤之情懷。其二，或發爲警句、或作宏論，以寓微言大義於篇章，此爲透過反省批判面顯現胸壑之志趣。前者可說多在情感之渲洩，而後者大概傾向於理智之覺醒。另有居其中者，厥爲隱遁之流亞矣！

　　宋亡於元，南宋遺民抒亡國恨事者，所在多有，然大略皆偏於表達悲憤之情，作爲理智之批判者，頗不易見。本文所論之鄧牧即爲南宋之遺民，其生活屬隱遁之流，然其言論頗富批判性，宜爲研究思想史者所致意。鄧牧思想之專論，陳登原「鄧牧《伯牙琴》」一文可謂發先聲，〔註 1〕另有邱樹森之專文論述，〔註 2〕其餘則見諸專書中之一節或一單元，〔註 3〕所見不多。上述各文皆能重視鄧牧思想中批判性之一面，且就其相關原著略加疏引，間亦言及鄧氏思想之其他層面。筆者原不擬贅言重述鄧氏之思想，但本文之作除稍詳於各文之所略外，又欲將鄧氏思想爲人所重之處，置於中國思想史上作一比較，或能探其源、究其實，亦或能對鄧氏之思想有較全面性之了解，庶幾能免入主出奴之偏。

〔註 1〕　參見陳登原，《國史舊聞》（下）（臺北：大通，民國 60 年），頁 509。
〔註 2〕　參見邱樹森，〈鄧牧和他的《伯牙琴》〉，《元史及北方民族集刊》，第三期，（南京大學歷史系元史組，1978 年 12 月），頁 8～14。
〔註 3〕　參見侯外廬主編，《中國思想通史》，第四卷下冊（北京，人民，1960），頁 826～831。韓儒林主編，《元朝史》下冊（北京，人民，1986），頁 333～335。

二、鄧牧之生平與著作

鄧牧屆宋元之際，宋元二史皆無其傳，故生平欠詳，《宋元學案》收學術人物，亦不及鄧牧，學案之補遺據《兩浙名賢錄》始載列極簡之傳略，〔註4〕《四庫全書》提要亦有其簡歷，〔註5〕此外，鮑廷博收錄鄧牧著作於《知不足齋叢書》，列其傳略，〔註6〕鄧牧編著《洞霄宮圖志》，今書附見其傳，〔註7〕茲據上述資料，略敘鄧氏之生平。

鄧牧（1247～1306）為錢塘（杭州）人，字牧心，自號三教外人。十餘歲即有得於《莊子》、《列子》之文，其性淡薄名利，不求仕進，遍遊名山。宋亡亦不出仕，元成宗元貞元年（1296）至越（紹興），為王脩竹（英孫）延聘至陶山書院。大德三年（1299）還歸錢塘，入餘杭大滌山洞霄宮，遇異人因受修鍊之法，居於超然館中，或數月不出，其作詩文，爭相傳誦。洞霄宮住山沈多福（介石）特為營修白鹿山房使居之，時有同里人葉林亦隱居於附近九鎖山之沖天觀，二人深交甚密。大德十年（1306）葉、鄧二人皆相繼坐化，牧心得壽六十。牧心復與謝翱、周密等南宋遺民友善，二人皆抗節遯迹者，牧心曾為翱作傳，為密之文集作序，然翱、密二人詩文中常顯亡國悲憤之慟，牧心則傾露甚少。其著作有《洞霄圖志》、《伯牙琴》等，眾稱之為文行先生。

鄧牧為南宋遺民，隱居而不仕於元，行止多在兩浙一帶，其晚年所定居之洞霄宮，為道教所謂洞天福地，地在杭州餘杭縣南十八里，所建宮壇始於漢武帝元封三年（前108年），為晉唐以來修道之士居留之所，宋仁宗天聖四年（1026）詳定天下名山洞府，洞霄宮名列第五。南宋時因其近於都城，山門規制愈為崇廣，而宰執大臣因閒去位者，往往以提舉洞霄宮繫銜。元初亦修建護持，並仿宋制由禮部鑄給印記。當時所謂天下名山自五嶽外，又有八柱，其五在方外既不可考，見於中國者三，而洞霄之盛為歷代所崇，幾比與五嶽之尊；過於舒州、壽陽二柱，可知其在道教中之地位。〔註8〕

〔註4〕參見王梓材等，《宋元學案補遺》（臺北：世界，民國63年），卷五六，頁35，上。

〔註5〕參見《四庫全書》（臺北：商務，民國75年），集部，〈別集類〉三，鄧牧，《伯牙琴》，附提要。

〔註6〕參見，鄧牧，《伯牙琴》（臺北：藝文，《知不足齋叢書》），所附鮑廷博跋文。又以下所引《伯牙琴》文，皆此版本。

〔註7〕參見《洞霄圖志》（臺北：藝文，《知不足齋叢書》），卷五，〈鄧文行先生〉，此文復轉載於前註書之卷首。

〔註8〕參見揭《洞霄圖志》，卷一，〈洞霄宮〉，頁2上～4下，卷六，〈洞霄宮碑〉，

　　鄧牧交遊大多爲南宋遺民，除前述謝翱，周密外，又有曾延之爲教席之王英孫，英孫字才翁，號脩竹，紹興人氏，曾仕宋爲將作監簿，入元不仕，〔註9〕其陶山書院亦曾延鄭樸翁任教，樸翁字宗仁，平陽人，咸淳十年（1274）以上舍釋褐，爲福州教授，除國子正，宋亡不仕，〔註10〕王、鄭二氏與鄧牧皆被後人列爲謝翱之同調，其餘尙有唐珏、林德暘、趙若恢等人，〔註11〕五人全爲南宋遺民，行止亦皆類似。爲鄧牧修白鹿山房之沈多福爲洞霄宮住持道士，並提舉兼管本山諸宮觀事、沖天觀住持提點，〔註12〕此正可說明鄧牧之行止於洞霄，實得力於多福。居於沖天觀之葉林，與牧心晚年相交甚深，葉氏字儒藻，號本山，讀書博雅，雲遊不仕，至元二十三年（1286）爲沈多福招致沖天觀，四方慕者皆排闥請見。同里人李坦之，深究詩家法度，與鄧、葉二公爲師友，有詩云：

　　　　空山歲暮寒氣集，霜葉塞徑人跡沒，風吹古硯水生麟，雪落枯
　　林木催骨。葉公凍餓山之阿，衣弊不補牽雲蘿，冰霜宜奪烈士氣，
　　梅花一榻春風多。東峯鄧公公畏友，一節同高良不偶，閉門兀坐鍊
　　精魄，松根爲糧蜜爲酒，山中郭許不復還，天壇石寶蒼苔斑，千年
　　之後公等出，名山之名當未畢。〔註13〕

詩中所述正爲鄧、葉二人之寫照，所謂高節隱迹者流，而近乎道家修鍊之士，葉氏人稱高行先生，與鄧牧齊名，而爲新朝徵召之對象。大德九年（1305），元（玄）教嗣師吳全節奉成宗之旨搜賢求才，鄧、葉二人皆固辭不起。〔註14〕

　　洞霄宮道士孟宗寶（集虛）與鄧牧相交亦頗深，二人共編集《洞霄圖志》；而宗寶又編有《洞霄詩集》。〔註15〕孟氏爲餘杭人，元貞二年（1296）於縣東五里築集虛書院，爲游居講習之處，〔註16〕鄧牧特爲之作記，亦爲詩集作序。〔註17〕其餘交遊者有錢德平，爲吳越國王之後，性嗜讀書，鄧牧爲其友古齋

　　　　頁 11 上～13 下。家鉉翁〈重建洞霄宮記〉，頁 34 上～36 上。
〔註 9〕參見前揭《宋元學案補遺》，頁 34 上。
〔註10〕參見前註，頁 32 下。
〔註11〕參見前註，頁 33、34。
〔註12〕參見前揭《圖志》，卷六，鄧文原〈沖天觀記〉所附之名銜，頁 49 下。
〔註13〕見《圖志》，卷五，頁 23 上～24 下。
〔註14〕見《圖志》，至大三年吳全節序文。
〔註15〕參見《圖志》，卷首所附提要。《洞霄詩集》一四卷，有《知不足齋叢書本》。
〔註16〕參見《圖志》，卷一，〈集虛書院〉條，頁 14 上、下。
〔註17〕參見前揭《伯牙琴》，〈集虛書院記〉頁 18 上～19 下。《洞霄詩集・序》；見頁
　　　　33 上、下。

作記。〔註18〕詞學世家張叔夏，牧心亦爲其詞集作序，二人相交似稍晚，當在大德四年（1300）左右。〔註19〕至陳用賓、劉邦瑞、胡汲古等人皆爲牧心交游脩楔之友，〔註20〕其中胡汲古曾爲牧心作傳，〔註21〕當知交往匪淺。

　　鄧牧之著作通稱有《洞霄志》（圖志、圖記）、《游山志》、《雜文稿》等。《洞霄志》實爲牧心與孟宗寶二人編集；然手筆多出於牧心，前已言及，且今本此書又有後人續編。〔註22〕〈牧心自序〉稱其手定詩文六十餘篇，然「平日所作不止是」，〔註23〕此即爲今傳世之《伯牙琴》，亦即所爲《雜文稿》，但今《伯牙琴》於《四庫全書》中收文二十四篇，併序跋爲二十六篇，又附補遺三篇，未收其詩。〔註24〕知不足齋本收其舊文外，另增補文五篇，詩十三章，至其《遊山志》，《東游詩卷》、《陶山十詠》等則皆佚散，無從物色，又《洞霄圖志》別刊本《大滌洞天記》三卷，收之於道藏之中，〔註25〕考《圖志》爲六卷，道藏所收爲前三卷，多出道教四十三代天師張宇初於洪武三十一年之序文，餘則相同，所謂「大滌洞天天柱峰，即洞霄宮也」，〔註26〕故有《大滌洞天記》之稱。

　　《洞霄圖志》六卷，各卷篇名分別爲〈宮觀〉、〈山水〉、〈洞府〉、〈古蹟〉、〈人物〉、〈碑記〉等，所載皆與洞霄宮相關，類方志體裁，除〈碑記〉外每卷首皆有序文。《伯牙琴》一卷爲雜詩文集，多序記之屬，篇幅甚少，全集約一萬五千字左右，但爲今人所重者即爲此《伯牙琴》中之言論。

三、鄧牧之思想

　　牧心之思想可透過其著作而觀察之，上述《洞霄圖志》並不爲人所重，以其爲道院之記載，並無思想性，但各卷首之序文卻有助於對牧心思想之了解，並非毫無思想性可言。至《伯牙琴》一書，王梓材補《宋元學案》時，僅節錄其中〈名說〉一文，餘則皆未言及，其節錄之文如下：

〔註18〕參見《伯牙琴》，〈友古齋記〉，頁 17 上、下。
〔註19〕參見《伯牙琴》，〈張叔夏詞集序〉，頁 30 上、下。
〔註20〕參見《伯牙琴》，〈鑑湖脩楔序〉，頁 30 下。
〔註21〕參見同註 7。
〔註22〕參見同註 5，另見《圖志》本書。
〔註23〕參見《伯牙琴》，後序。
〔註24〕參見同註 5。
〔註25〕參見同註 6。
〔註26〕參見《正統道藏》，第三十冊（臺北：新文豐，民國 66 年），洞神部，〈譜錄類〉，當字號，頁 422～459，〈序文〉見卷首。

　　　我之譽人也多，則人之譽我也亦多；一人之毀不足勝眾人之譽
矣！叔孫武叔毀仲尼，仲尼未嘗毀叔孫武叔；臧人臧倉毀孟子，孟
子未嘗毀臧倉。此孔孟之所以爲孔孟，適所以重毀者之惡歟！〔註27〕

牧心以孔孟爲例，倡遏惡揚善之旨，梓材列之與皋羽同調，若以二人皆南宋
遺民不仕於新朝，且遨遊吟咏，或可言同調，以學術及思想而言，梓材所舉
資料則未必能見其爲同調。補《學案》中又載謝、鄧二人結交，論文不合，
牧心謂文章當出胸臆，自成一家，而皋羽記聞博瞻，必欲中古人繩墨乃已。
二人論辨相詆，及皋羽見牧心所爲文，「乃起謝曰：公不肯區區有所模擬，然
法度高古，殆天才也」，〔註28〕可見二人論文即未爲同調，然相交頗深。

　　牧心論文頗重自然天成，與其思想當有干係。今人所重其思想在於政論
方面，集中於文集〈君道〉、〈吏道〉二篇，此外不多著墨。茲全面觀察牧心
之思想，可分爲二大部分而論，一爲道家及道教思想，二爲政治批判思想。

　　較具體之道家及道教思想，約略分之爲下列數項說明：

　　其一爲道教之宗教性觀點。牧心以爲得道之士，乃以無何爲鄉，太虛爲
家，然則古道日微，「馳情嗜欲者，豈知有清靜可宗；抗志功名者，豈信有神
仙可學」，是故太上設教之目的，在使志士貪夫辭榮棄慢，頓悟有身之患，樂
皈眾妙之門，爲移風易俗之功。〔註29〕牧心相信《列子》所言神仙之存在，
並怪世俗不之信；以爲係荒唐詭誕之說，「四海之內不可謂無茲地，不可謂無
若人也」此與東晉葛洪稱「不可謂世間無仙人也」，如出一轍，〔註30〕可知其
信道教之神仙及仙境之存在。牧心本人雖自署爲隱士，然其心已自許爲方外
之士，故與謝翺訂交時謂「結爲方外友」，〔註31〕而又以天地自然之運行，與
人類之生養不息等，爲「昊天玉皇上帝陛下」之力。〔註32〕牧心修道本具有

〔註27〕參見前揭《宋元學案補遺》，頁35下。
〔註28〕見前揭《宋元學案補遺》，頁30上。此處文字乃轉載鄧牧所作〈謝皋父傳〉，
　　　　見於《伯牙琴》，頁12下～13下。
〔註29〕參見前揭《圖志》，卷一，〈宮觀門〉，序，頁1上、下。
〔註30〕參見《圖志》，卷三，〈洞府門〉序，頁1上、下。神仙之說葛洪有專篇理論，
　　　　參見《抱朴子·內篇》（臺北：世界，新編諸子集成），〈論仙卷第二〉。神仙
　　　　之說本爲先秦道家所言，其最著如《莊子》〈逍遙遊〉、〈齊物論〉等篇。參見
　　　　周紹賢，《道家與神仙》（民國71年，臺北：中華）。李豐楙，「不死的探求—
　　　　—道教信仰的介紹與分析」《中國文化新論》，〈宗教禮俗篇〉（臺北：聯經，
　　　　民國71年），頁189～241。
〔註31〕見同註28。
〔註32〕參見《伯牙琴》，〈昊天閣記〉頁25上。

宗教思想，而觀其言如此，益見其對道教崇奉之傾向。

其二爲宇宙觀之論點。牧心說：

> 太極之動生陽，而靜生陰，陽輕清上爲天；日月、星辰、雷電、
> 風雨麗焉。陰重濁下爲地；丘陵、山嶽、川澤、江海麗焉。陽變陰
> 化，其氣沖和，則爲人。其兩閒莫不有主宰者焉！〔註33〕

此宇宙之主宰即上述之「昊天玉皇上帝」也。既以太極動靜而生陰陽，由之
而化生天地萬物，而復而玉皇上帝爲之主宰，則太極爲何？太極陰陽之關係，
基本上爲宋代理學家之通調，然對太極之看法亦有其說，如以朱子所言「總
天地萬物之理，便是太極」，〔註34〕此太極應是自爲主宰或最高主宰者。牧心
此處乃以玉皇上帝主宰太極之動靜，其宇宙觀乃深具道教色彩，惜乎未有更
多資料，以作進一步之了解。

不過牧心在〈見堯賦〉中有一段話說：

> 昔者、芒芴之間，無形之忽，化而爲有形也。圓而在上者，蕩
> 蕩乎無涯：方而在下者，廣廣乎不可圍，後而處乎中者，緜緜乎、
> 淫淫乎，相攜而相持，蓋終古而融結，豈隨時而變移。瞻四方之無
> 窮，感吾生之有期。〔註35〕

由無而生有是道家之說法，《莊子》言「芴漠无形」「芒乎何之」「忽乎何適」
「芒乎昧乎」，「芒勿」即《老子》所云之「道」，乃「惟恍惟惚」「窈兮冥兮」
者，雖似有似無不具固定之「形體」，昏昧不明難測其深遠，然則萬有即由其
中發生及變化，〔註36〕故牧心於〈集虛書院記〉中直說「道之爲物，惟恍惟
惚……而此不可知」。〔註37〕由此形成上圓下方之天地以及處乎其中的一切。
〈見堯賦〉之說與上述太極動靜說皆可表明牧心之宇宙天道觀，然則加上玉
皇上帝則見其宗教意味矣！

其三爲人生觀，包括對世事、人事等觀點。牧心以爲「一事成敗，一物
完毀，莫不有數行其間」，乃至天地大運，治亂興廢，莫非是數所爲；雖然治

〔註33〕見同前註，頁24下、25上。

〔註34〕見《朱子語類》（臺北：漢京，景印百衲本，民國69年），卷九四，頁1下。

〔註35〕參見《伯牙琴》，〈見堯賦〉，頁1下。

〔註36〕《莊子》見郭慶藩，《莊子集釋》（臺北：河洛，民國63年），卷十下，〈天下
第三三〉，另見吳澄，《道德經注》（臺北：廣文，民國54年），卷之二，〈道
經下〉，頁37、38。

〔註37〕參見《伯牙琴》，頁18下。

國家天下可求諸於士，士之窮達則關係天地大運，「然亦曰有數」，〔註38〕如此看來，世事、人事皆難逃於「數」，似是冥冥中有所安排，一切有為終要依賴數之進行而定；此數當即為命，《列子》說：「命者必然之期，素定之分也」，〔註39〕充份顯示出命定之觀念，以及神秘主義之傾向，「數」為佛、道二家所常言，牧心並未加以申論。其他於人生世事上多露感嘆消極之辭，其〈逆壁記〉以劉邦、李淵為例，謂傳世不數十，子孫已無置錐之地，故求田問舍不足以遺子孫；若為己身，身不足以久居，人生不過小逆旅，至於萬物在天地間，隨世隨化，是所謂大逆旅。〔註40〕牧心視人生如逆旅，雖然「人之生也，自非甚夭，以歲月期之，固有積矣」，但「計歲月之在人生忽然爾，計人生之在古今，亦無幾爾」，〔註41〕所謂「天運無情，忽其千年」，死生於天地間，有如傳舍，來者不得不往，往者亦不得不來，川流不息而未已，〔註42〕「一死一生，瞬息間耳」，生死聚散皆無常，此古人所以歎別離之難，正「天運易流，人生有終，會面之不可常也」。〔註43〕牧心之視人世如此，無怪乎其胸中耿耿者，乃欲騎長鯨、跨黃鶴，與仙人赤松子輩「相與恣睢，遙蕩於無何有之鄉」。〔註44〕以《莊子》〈應帝王〉之語，其隱遁放任之心可知，「今生身千歲之下，游心千歲之上」，古來高世絕俗慷慨之士，過其隱遁之地，觀其游息之所，「有不浩然興起，如親炙之者乎？」。〔註45〕由以上所述總總，不難發現見牧心之隱遁是以道家為歸宿，思想中所透露者亦以道家為主，乃至有道教宗教成份，求仙問道宜為其隱遁生活之重要內容；若究其源則近《莊子》齊物外之旨。

　　牧心之政治批判思想在於對君主政制之君、臣二方面為主。其〈君道〉一篇綜述帝王制度之源起，〔註46〕以秦之前為得君道之正，秦以後則君道大壞，頗有為君主正本清源之意。其破題曰：「古之有天下者，以為大不得

〔註38〕　參見《伯牙琴》，頁8上～10上。
〔註39〕　見張湛注《列子》（臺北：世界，新編諸子集成），〈力命第六〉，題注文，頁67。
〔註40〕　參見《伯牙琴》，頁15下。
〔註41〕　參見《伯牙琴》，〈超然館記〉，頁22上、23下。
〔註42〕　參見《伯牙琴》，〈鑑湖脩褉序〉，頁31、32上。
〔註43〕　參見《伯牙琴》，〈西湖脩褉序〉，頁32下、33上。
〔註44〕　參見《伯牙琴》，〈代問道書〉，頁28下。
〔註45〕　參見《洞霄圖志》，卷四，〈古跡門〉序，頁1上、下。
〔註46〕　〈君道〉篇見《伯牙琴》，頁3下～5上。

已，而後世以爲樂，此天下所以難有也」，此所謂古應指先秦之三代以前，亦即「至德之世」，然所舉證者爲黃帝、堯、舜之世，並未言及夏、商、周三代，「後世以爲樂」之後世，見其文意當指秦以後。首先看「古之有天下者」之情形：

> 生民之初，固無樂乎爲君，不幸爲天下所歸，不可得拒者，天下有求於我，我無求於天下也。子不聞至德之世乎？飯橢梁、啜藜藿，飲食未侈也；夏葛衣、冬鹿裘，衣服未備也；土階三尺，茆茨不翦，宮室未美也；爲衢室之訪，爲總章之聽，故曰：皇帝清問下民，其分未嚴也。堯讓許由而許由逃，舜讓石戶之農，而石戶之農入海，終身不反，其位未尊也。夫然，故天下樂戴而不厭，惟恐其一日釋位而莫之肯繼也。

牧心以君王之產生乃因人民之需要，是「天下有求於我，我無求於天下」，全然爲天下人民服務之位，因之飲食生活自然古樸，且不斷與人民接觸以求其情，故而君民之分界未嚴，益之以堯舜之讓位，說明君位之未尊。但此種君道「不幸而天下爲秦」，於是壞古封建，統一天下，當時秦皇是：

> 竭天下之財以自奉，而君益貴。焚詩書、任法律、築長城萬里，凡所以固位而養尊者，無所不至，而君益孤。惴惴然若匹夫懷一金，懼人之奪其後，亦已危矣！

將「天生民而立之君，非爲君也」之君道轉變爲「奈何以四海之廣足一夫之用」，形成侈衣食、美宮室，而分嚴位尊之勢也，雖起於中央集權之秦皇，實則歷代帝王亦皆不免於此，故說「後世爲君者，歌頌功德，動稱堯舜，而所以自爲乃不過如秦」，可謂一針見血之論。牧心所言秦以後之君王恰與古之君王相反其道，其實後世之君無異於常人，「非有四目兩啄，鱗頭而羽臂也」，但「今奪人之所好，聚之所爭，慢藏誨盜，冶容誨淫」，豈能長治久安？帝王成爲人民之剝削者，也成爲天下最大之獲利者，自不如「古聖人不利天下」，因「利不在焉」，故而古聖王之君道是懼不得人繼位，根本無懼於人將奪其位。後世君王莫不以盜賊爲憂，以甲兵弧矢自衛，就是「懼人之奪其後」，故而說：「欲爲堯舜，莫若使天下無樂乎爲君；欲爲秦，莫若勿怪盜賊之爭天下」。

　　牧心〈吏道〉篇［註47］與上述〈君道〉相互發明，以精神相似之故，主

［註47］參見《伯牙琴》，〈吏道〉，頁5下～6下。

旨亦同樣爲吏作正名，分別古、今之吏以表達其政治思想。牧心首言吏乃君王共治天下者，古代君民相安無事，需要少數賢才出任官吏，以協助治國，故而吏之產生如同君一樣，是不得已之服務性質，「而天下陰受其賜」。但後世之吏是爲周防、禁制百姓而設，「然後大小之吏布於天下，取民愈廣，害民愈深，才且賢者愈不肯至，天下愈不可爲矣！」此處正可與上述〈君道〉所言相合，因後世君王獲天下之利，「惴惴然若匹夫懷一金，懼人之奪其後」，自然需要布於天下大、小之吏，以爲周防、禁制。吏之作用不惟如此，是協助君王「以四海之廣足一夫之用」之工具，因之而成爲第二層之剝削者，其弊甚於盜賊，〈吏道〉篇中說：

> 天之生斯民也，爲業不同，皆所以食力也。今之爲民（指吏也）不能自食，以日夜竊人貨殖，摟而取之，不亦盜賊之心乎？盜賊害民，隨起隨仆，不至甚焉者，有避忌故也。吏無避忌，白晝肆行，使天下敢怨而不敢言，敢怒而不敢誅：豈上天不仁，崇淫長姦，使與虎豹蛇虺均爲民害耶？

牧心指斥吏害淋漓精到，直比爲虎豹害民，故說「率虎狼牧羊豕而望其蕃息，豈可得也」，此眞率獸食人之教，而天下之亂實由此而起，〈吏道〉中又說：

> 夫奪其食，不得不怒；竭其力，不得不怨。人之亂也，由奪其食；人之危也，由竭其力。而號爲理民者，竭之而使危，奪之而使亂，二帝三王平天下之道，若是然乎？

百姓反抗致亂是受壓迫，君王以吏治天下成爲害民之政，然則如何能避免害民及亂世之造成？牧心以爲至少宜得賢才者爲吏，殆可理民治天下，但更徹底之法是「廢有司，去縣令，聽天下自爲治亂安危，不猶愈乎！」此處明見牧心之道家無爲思想之流露。

　　牧心之政治思想大要如上。牧心生平値宋元鼎革之際，以故國遺民而思及興亡，自不免於政治上尋求一番檢討，其對君臣之批判言論固不止於當世，更推源自秦之中央帝制以下，可謂對君主制度之全體批判。然其學術根本是「讀莊、列，悟文法，下筆追古作者」，〔註48〕可見莊、列等道家思想爲其思想之源。

　　《莊子》言政治與社會有關，其所標榜者爲「至德之世」，是「萬物群升，

〔註48〕見同註7。

連屬其鄉，……同與禽獸居，族與萬物並」〔註49〕之自由天下，「故君子不得已而臨蒞天下，莫若无為」，〔註50〕古君王之產生亦是不得已，但以無為為治，其無為而治乃「在宥」也：

> 聞在宥天下，不聞治天下也。在之也者，恐天下之淫其性也；宥之也者，恐天下之遷其德也。天下不淫其性，不遷其德，有治天下者哉！〔註51〕

此即「无為也而後安其性命之情」，〔註52〕本民之常性各任其自為之意。

牧心以君臣之產生皆為服務性質之不得已，與人民之關係是分未嚴、位未尊，及秦壞天下後，焚詩書、任法律等大有所為，又全在滿足一己私欲，而治天下之根本法則是去除有為，「聽天下自為治亂安危」，返回莊老之無為是其理想。

《列子》所述之政治思想亦崇尚無為，在〈黃帝〉篇中記黃帝夢遊華胥氏之國說「其國無帥長，自然而已，其民無嗜慾。自然而已，不知樂生，不知樂死，……」，〔註53〕此為託寓言以倡崇尚自然之說。於〈仲尼〉篇中託孔子言西方聖人能「不治而不亂，不言而自信，不化而自行」，張湛注引夏侯玄曰：「天地以自然運、聖人以自然用」，〔註54〕可見自然即無為而治之原則。但《列子》對政治之言論頗重楊朱之說，因之發揚激烈，以致對政治道德無標準可尋，甚至對人群生活亦表示根本之失望，結果人生成一偶然，求逸樂於生活之間。〔註55〕

莊、列道家思想固為牧心所學，然在中國政治思想中，與之同調者亦不乏其人。《列子》引楊朱言不損一毫以利天下，但亦不悉天下以奉一身，「人人不利天下，則天下治」，〔註56〕此種思想多為後來道、雜二家所據論，如《呂氏春秋》貴生重己，但提出「天下非一人之天下也，天下之天下也」，「置君非以阿君也，置天子非以阿天子也，置官長非以阿官長也」，〔註57〕是其君臣

〔註49〕 見郭慶藩前揭前書，〈馬蹄第九〉，頁334～336。
〔註50〕 見郭慶藩前揭書，〈在宥第十一〉，頁369。
〔註51〕 見前註，頁364。
〔註52〕 同註50。
〔註53〕 見註39，〈黃帝第二〉，頁13。
〔註54〕 見註39，〈仲尼第四〉，頁41。
〔註55〕 參見蕭公權，《中國政治思想史》（臺北：華岡，民國66年），頁380。
〔註56〕 見〈楊朱第七〉，頁83。
〔註57〕 見《呂氏春秋》（臺北：世界，新編諸子集成），卷一，〈孟春紀第一〉，「貴公」，卷二○，〈恃君覽第八〉，「恃君」，頁8，頁255。

之立，「立官者以全生也」，〔註58〕而全生是「六欲皆得其宜」，〔註59〕故君道重尚賢，又重無爲之治。〔註60〕《呂氏春秋》議論頗雜，但深受道家影響，復批判秦之君主專制，大致無疑。

　　《淮南子》亦同《呂氏春秋》爲雜家之後，但道家思想仍爲其主流。其論先民生活樸素自然，但「仁義立則道德遷矣，禮樂飾則純樸散矣，是非形則百姓眩矣，珠玉尊則天下爭矣」，此四者是衰末之世，故政治因之而起，〔註61〕君王是因道德散失後爲消弭天災人禍而立，「且古之帝王者，非以奉養其欲也，聖王踐位者，非以逸樂其身也」，〔註62〕是以返求自然之本，不得不歸之於無爲，即老子治大國若烹小鮮之義，〔註63〕而其開宗明義之〈原道訓〉，即指出「漠然無爲而無不爲也，澹然無治而無不治也」之旨。〔註64〕

　　東漢王充之思想素爲人所注重，其批判儒家以董仲舒爲代表之思想，不惟動搖陰陽與天人感應之說，抑且爲魏晉玄學開創其流。既以自然主義爲根據之宿命論爲王充思想之主調，其政治理論則易趨於無君及絕對無爲之悲觀思想，〔註65〕其言「世之治亂在期不在政，國之安危在數不在教」，〔註66〕最足說明其命定觀點，如此成敗興亡非關人事，政教設施亦繫於命期之自然。迨魏晉時期無爲、無君之說乃大盛行。

　　魏晉學風多排斥形式主義，而其哲學體系乃以天道觀人事，總結之於政治。〔註67〕其倡言無爲之治者，大體認爲以自然之理，從所謂之「道」及其呈現於現象之「靜」，引申出政治上「無爲」之可信及可行，而復剖析利害以明無爲政治之必成。〔註68〕由於萬物以自然爲性，故能自生、自濟，此種自

〔註58〕見卷一，〈孟春紀第一〉，「本生」，頁3。

〔註59〕見卷二，〈孟春紀第二〉，「貴生」，頁15。

〔註60〕見卷一七，〈審分覽第五〉，卷三，〈季春紀第三〉，「先己」，頁200，頁270。

〔註61〕見張誘注，《淮南子》（臺北：世界，新編諸子集成），卷一一，〈齊俗訓〉，頁169。

〔註62〕見《淮南子》，卷一九，〈脩務訓〉，頁332。古君王爲消弭天災人禍之說，見卷八，〈本經訓〉，頁117、118，卷一五，〈兵略訓〉，頁251、252。

〔註63〕參見《淮南子》，卷一一，〈齊俗訓〉，頁180。

〔註64〕見卷一，頁8。

〔註65〕參見蕭公權前揭書，頁350～352。

〔註66〕見《論衡》（臺北：世界，新編諸子集成），〈治期篇〉，頁175。

〔註67〕參見賀昌群，〈魏晉清談思想初論〉（臺北：里仁，《魏晉思想》，甲編五種，73年13年），頁45、49。

〔註68〕參見盧建榮，《魏晉自然思想》（臺北：聯鳴，民國70年），頁90。

然性是可因而不可爲，可通而不可執者，無爲之治即基於此。〔註69〕無爲之治要旨約略有三：即用臣以治而君無爲，不爲煩苛之政，放任等，倡爲此說者，以何晏、王弼、嵇康、向秀、郭象、張湛諸人較著。〔註70〕

無爲之治尚且有君臣，進一步則產生無政府或無君之主張。老子小國寡民之社會爲此種思想之先聲，而陶潛桃花源之喻世人所熟知。大概魏晉以前未見明言無君、力倡無政府思想者，至魏晉時則有阮籍、鮑敬言二人堪爲代表。阮籍思想由儒學旁及老莊，其無君之論爲晚年之思想，其時已有名教之危機，復受司馬氏得魏禪之刺激，由此對帝制不滿而全面否定之，〔註71〕亦或其晚年思想自然之轉變。阮籍以爲太初之生活係以自然爲本，政治生活於人無益反而生害：

> 蓋無君而庶物定，無臣而萬事理，……君立而虐興，臣設而賊生，坐制禮法，束縛下民，欺愚誑拙，藏智自神。強者睽眠而凌暴，弱者憔悴而事人。……竭天地萬物之至，以奉聲色無窮之欲，此非所以養百姓也。〔註72〕

鮑敬言較阮籍猶進一籌，其說主在打破君王受天命、民意，而以太古無君、無臣之自然生活爲本，君王之生非如儒者所言「天生烝民而樹之君」，實爲「彊者凌弱，而弱者服之矣」，太古時無君臣之別，「各附所安，本無尊卑也」，及君臣立後，生民反遭痛苦，其情形是：

> 有司設則百姓困，奉上厚則下民貧，……夫穀帛積則民有飢寒之儉，百官備則坐靡供奉之費，……民乏衣食，自給已劇，況加賦斂，重以苦役，下不堪命，且凍且飢，冒法斯濫，於是乎在。〔註73〕

鮑氏之言以君王既非天命民意，是君權並無根據，無君無臣，則民歸自然，是無政府之必要，君臣立則民苦痛，是政事爲不當有，〔註74〕君臣帝制至此爲其徹底否定。至唐代晚期又有无能子與鮑生同調，无能子以萬物天生平等，

〔註69〕 參見劉修士，〈魏晉思想論〉（《魏晉思想》，甲編五種），頁95。

〔註70〕 參見蕭公權前揭書，頁365～369。

〔註71〕 參見盧建榮前揭書，頁172～175。另見余英時，《中國知識階層史論》（臺北：聯經，民國69年），頁333～337。

〔註72〕 見阮籍，〈大人先生傳〉，《全三國文》（日本京都：中文，嚴可均校輯，《全上古三代秦漢三國六朝文》），卷四六，頁6下、7上。

〔註73〕 見《抱朴子》，外篇，〈詰鮑〉，卷四八，頁192。

〔註74〕 參見蕭公權前揭書，頁374，另見劉修士前揭書，頁109～112，容肇祖，〈魏晉的自然主義〉（《魏晉思想》，甲編五種），頁63～65。

亦無倫理之別，原始之自然生活為好事聖人所破壞，君臣、尊卑、倫理皆因之而起，此後每下愈況，至於生民困窮不止。其輕視君王、反對帝制猶過於鮑氏。〔註75〕

　　宋元以前道家思想之政論固不止於上述，然就此而言，約略可知下列數點：一是崇尚自然之生活，皆祖述於老莊。二是自然生活以太古或初民時期之自由放任為理想。三是君王必以無為政治始得維持自然之道。四是甚於無為之治者，則主宿命論、無政府之思想。

　　至若調和道儒二家發為政論者，魏晉時有李充、葛洪，唐及五代時有元結、羅隱，然皆主有君施政，以無為與仁儉等化行天下。〔註76〕此種重君但亦重君德以及君王所以為民而立之本質，與魏晉倡無為之治者出入不大。晉潘尼有〈乘輿箴〉，其序文說：

　　　　天生蒸人而樹之君，使司牧之，將以導群生之性，而理萬物之情。豈以寵一人之身極無量之欲，如斯而已哉？夫古之為君者，無欲而至公，故有茅茨土階之儉，而後之為君，有欲而自利，故有瑤台瓊室之侈，……故曰天下非一人之天下，而天下之天下，安可求而得，辭而已者乎？夫修諸己而化諸人，出乎邇而見乎遠者，言行之謂也，……。〔註77〕

君王在導性理情，不以天下供其費，以無欲而化人，儒道二家皆有此種論點。

四、結　論

　　鄧牧之思想以《宋元學案補遺》所收一條，當為儒家者言，其佛家思想著明者於〈永慶院記〉中有所表達，以「一切境界，如幻如夢，了無一法，何有變動，妄有諸見，為境所移，……」。〔註78〕其他如論讀書尚友古人在於得其心，「蓋書所載者，古人之粗；所不載者，古人之精」，古人之精即古人之心也。〔註79〕論靜在於心而不在境〔註80〕等，尚不足以據論為何家思想，可謂讀書人之通說。

〔註75〕參見蕭公權前揭書，頁426～437。
〔註76〕參見蕭公權前揭書，頁380～384，423～433等。
〔註77〕見《全晉文》（《全上古三代秦漢三國六朝文》），卷九五，頁3上、下。
〔註78〕參見《伯牙琴》，頁16上、下。
〔註79〕見《伯牙琴》，〈友古齋記〉，頁18上。
〔註80〕見《伯牙琴》，〈亦山齋記〉，頁19下、2上。

　　牧心文集中所表露之道家思想最重，其文後序言平生所作詩文不止六十餘篇，「然於是見大凡矣」，今所見約其數三分之二，若見其大凡則多道家之言，雖然牧心自言其詩文內容有若禮法士之嚴毅端重，有逸民恬淡閒曠者，有健將忠壯激烈者，有仙人靖深者，有神人變化不測者，知或不知，將有待三千年後之揚子雲。〔註81〕其詩文集名《伯牙琴》，即有待鐘子期之知音。〔註82〕牧心自許其詩文，可知心意當在其中。

　　道家雜道教色彩為牧心思想之主調，在政論上「有若禮法士」者，除〈君道〉、〈吏道〉二篇外，則為二篇寓言式之諷刺小品，一為「越人遇狗」，以越人奉狗以食，待之以禮，狗不與人分享所獵獲，乃至獨占所得，終吞噬人而去。二為「楚佞鬼」，以鬼稱天命治楚地，楚人謹祀奉之，復有無賴之徒附鬼以「驕齊民」，楚人請天神除去鬼及無賴。〔註83〕此二寓言所評諷之對象，如狗、鬼等，通常指之為元朝廷，說明元初統治階層之無理暴虐。〔註84〕此說雖難以否定，但牧心亦有可能泛指秦以後之帝制所帶給百姓之禍害，未必專限於元朝廷也；見其〈君道〉、〈吏道〉二篇所論，可知其欲痛加撻伐即在於此。

　　牧心君臣之論所表現之政治思想，就前文之分疏可知為歷來道家者流所再三致意者，並非空前絕後之音，其主張有君而無為，然最終仍希望「廢有司、去縣令」之無政府狀態。至於以其思想「對人民造反表示同情」，謂其見解帶有人民性，以及針對當時統治思想理學而發，多少帶有民主思想色彩等結論，〔註85〕則頗有商榷之處。要之，牧心之政論與本文所述漢唐諸道家式政論比對而觀當可知之，乃其思想本身之基調在於道家也。

　　明末黃梨洲有《明夷待訪錄》，其〈原君〉、〈胥吏〉二篇與牧心君臣二論甚為相近，皆極力評擊帝制，〔註86〕然牧心之論較黃氏疏濶，多在批判帝制之不當，其建設性之解決方案僅一、二語，遠不如黃氏全面性之議論，故就此在思想史上之地位自亦遠不如黃氏。〔註87〕其他如宇宙、人生等思想並未

〔註81〕 見《伯牙琴》，〈後序〉。
〔註82〕 見《伯牙琴》，〈自序〉。
〔註83〕 見《伯牙琴》，〈二戒學柳河東〉，頁10上～11上。
〔註84〕 參見同註3。
〔註85〕 參見同註2。
〔註86〕 參見同註1。
〔註87〕 對黃宗羲《明夷待訪錄》全書之探討，以及其在思想史上之地位，可參見 W.T. de Bary 著，張永堂譯，〈中國的專制政治與儒家思想——十七世紀的一種觀

建立體系，言語時或欠明，僅表達其概略觀點，至牧心之文，雜儒、釋而以道家爲本，仍不免未出於「三教」之「外」矣！而其以非主流之道家政論以批判傳統之君主制度，有其復古之深意焉！

（原刊於《淡江史學》，創刊號。臺北：淡江大學，民國78年。）

點〉，《中國思想與制度論集》（臺北：聯經，民國65年），頁213～264。

肆、元代的儒吏之論與儒術緣飾吏治

一、前　言

　　從政可說是古代士人主要之出路，士人亦以之爲責任而當仁不讓。又自科舉制度施行後，更提供這條從政之正途。但隋唐以來歷數百餘年之科舉，卻隨南宋之亡而告終止，其間遼、金兩代「外族」所建之朝廷亦行科舉，然元初立國，竟而不復，使長期習於科舉入仕爲正途之士人，因此路之斷絕不通，遂失所憑藉，自不免有失落之感。

　　雖然元代中期以後恢復科舉，但時間既短，又復得人甚少，其仕途與政治上之地位遠不如以往科舉通行之朝代，只不過多一入仕之途而已。元人姚燧說到當時入仕之途徑是如此：

> 大凡今仕惟三塗：一由宿衛，一由儒，一由吏。由宿衛者：言出中禁，中書奉行制敕而已，十之一。由儒者：則校官及品者，提舉、教授出中書，未及者，則正、錄而下出行省、宣慰，十分一之半。由吏者：省、臺、院、中外庶司、郡縣，十九有半焉……。〔註1〕

此爲元代中期以前之情形，但仍同樣地適用於科舉施行之後，由吏入仕者佔了絕對之多數，後代曾檢討此種特點，如明初方孝孺所言：

> 元之有天下，尚吏治而右文法。凡以吏仕者，捷出取大官，過儒生甚遠，故儒生多屈爲吏。〔註2〕

〔註1〕見姚燧，《牧菴集》（臺北：商務，《四部叢刊》初編），卷四，〈送李茂卿序〉，頁43上。

〔註2〕見方孝孺，《遜志齋集》（《四部叢刊》初編），卷二二，〈林君墓表〉，頁502下。

明人黃瑜亦檢討元代用人是重吏輕儒，所謂「七品文資，選爲省掾；八品流官，選爲令史，公卿多由此進，舞文弄法，殃民甚矣！」〔註3〕給予這種尚吏治的負面批評。

方、黃二人之說法都指出元代政治結構中由吏進入仕的重要性，元人除去姚燧之說明外，還有許多資料可以作爲印證，如揭傒斯在〈善餘堂記〉中指出共治天下著十九爲刀筆吏出身，〔註4〕《元史》〈韓鏞傳〉中說「由進士入官者僅百之一，由吏致位顯要者常十之九」〔註5〕等。

重吏治爲元代政治之特色已無問題，論評如何則說法不一。黃瑜說是「舞文弄法，殃民甚矣！」明初修《元史》亦在〈選舉志〉中寫出文繁吏弊之評價。〔註6〕但方孝孺卻認爲以士爲吏之元制是有其正面的價值，其言說：

> 吏皆忠厚潔廉，寬於用法，而重於有過；勇於致名，而怯於言
> 利。進而爲公卿者，既以才能政術有聞于時，而在郡邑之間者，亦
> 謹言篤行，與其時稱。豈特吏之素賢乎？士而爲吏，宜其可稱者眾
> 也。元亡未久，而遺風舊俗之俱變，求之於世，……。〔註7〕

似乎方孝孺頗爲懷念元代舊制，而對明初當時之轉變表示不以爲然之意。實則明初立法科舉並非所謂時文八股，而在於求眞實才學，若看顧炎武對於明初較早的科舉即特別注重其精神，當可知明代立國之初頗有元代求實用之意，〔註8〕而顧氏所指出者，實則可以承接方孝孺以士爲吏的精神所在，此爲見及優點之處。入仕之途由元制轉變爲明制，固然在方法上相異，但方氏卻指出吏進之優點，顧氏指責科舉已轉變明初立法之本意，其於評論胥吏政治之餘，又指出吏員從政並非不可，同時說到元代之吏是「此輩中未嘗無正直之人，顧上所以陶鎔成就之者何如爾」，顧氏未必對元代之吏治有深刻考察，但能說出此特點亦屬不易，重要的是特意地在「通經爲吏」這項目下來敘述，指出由漢唐至元明吏員政治的正面價值方面，更積極地提供對胥吏政治有進一步分別之必要。〔註9〕

〔註3〕見黃瑜，《雙槐歲鈔》（臺北：藝文，《叢書集成》初編），卷五。

〔註4〕參見揭傒斯，《揭文安公集》（《四部叢刊》初編），卷一一，頁104上。

〔註5〕見《元史》（臺北：藝文）卷一八五，頁10上。

〔註6〕見《元史》，卷八一，〈選舉志一〉，序文，頁2上。

〔註7〕同註2。

〔註8〕參見顧炎武，《日知錄》（臺北：世界，黃汝成集釋本，上冊，民國57年11月，三版），卷一六，〈經義策論條〉，頁384。

〔註9〕參見前註書，卷八，〈吏胥〉，頁187、188，以及卷一七，〈通經爲吏〉，頁418、419。

　　黃瑜固不滿元代之重吏輕儒，一則是執著於對胥吏政治之主觀貶價，二則是未深入元制的以士爲吏之精神背景，非但未如方孝孺之「賞識」元制，亦未有如顧炎武對吏治之條述，顧氏又引陸九淵所言：

　　　古者無流品之分，而賢不肖之辨嚴，後世有流品之分，而賢不
　肖之辨略，而寓作成之意，庶乎其得之矣！〔註10〕

然後再指出明初自永樂七年（1409）後，流品自此分矣！既指宋時已確分流品，又謂永樂後流品自此分，原來其間尚有一元代，似乎曾打破流品之分。

　　與顧氏同時代之黃宗羲，在痛詆科舉之餘，又提出一些取士用人之法，其中有荐舉、任廕、吏進、選辟、徵召等法，此與元代所行之法正有雷同之處。又在評擊胥吏政治之時亦主張不廢士吏之業，換言之，採用科舉取士並不能達到一定的理想，而元代之以士爲吏亦有其價值所在。〔註11〕

　　上面舉出明初與明末各二人之看法，皆在對於胥吏、科舉、用人等方面表示其意見，以胥吏政治不良是因其品質低劣所致，此幾乎亦是所有討論者共同之看法，但此爲士吏分途定以流品區別後，政治上以刀筆胥吏爲輕而重士儒的情形，否則不能斷言吏員政治必然不良。唐宋科舉大行後，士吏流品自分，則士人政治與吏員政治當有高下，若科舉創行之前與停止科舉時代，則應該另作討論爲宜。

二、吏進與儒吏之論

　　近人柳詒徵亦掌握住明初較早科舉立法之意，以及政治人才之培育，與顧炎之的說法相同，以儒生分部歷事，師儒督學而世務練才，這種經世致用求眞實才學之觀點，亦是種合經史、吏業爲一之精神，質言之，是種士吏合一之意。〔註12〕此士吏合一正是元制所行，明興之初不得不說是有所承襲。至於顧、黃所論，其根本精神在於倡實學，而元制也正是走實學之路，雖然元初定制與顧、黃二人在概念層次上並不相同。

　　關於元代走實學之路，非本文所要討論之重點，在此只簡略地作一敘述。在政治用人上之要求最能看出，原則上要求是不論流品之實才，在《元典章》

〔註10〕見前註，頁419。
〔註11〕參見黃宗羲，《明夷待訪錄》（臺北：世界，《梨州船山五書》，民國63年7月，三版），〈取士上、下〉，〈胥吏〉等篇，頁14～19，以及頁14～43。
〔註12〕參見柳詒徵，《中國文化史》（臺北：正中，民國67年4月，十二版），中冊，頁360～364。

中特別立有舉賢才一項要政，其中所言值得作爲參考：朝廷要求所謂賢才，包括前代聖賢之後，高尚僧道儒卜筮之人，通曉天文、曆數者，山林隱逸名士，才德可用之士，廉幹人員，不肯賄賂權臣而隱晦不仕者等等，此與成宗時之詔書說：「各舉廉能識治體者……務要皆得實材，毋但其數而已。」是相同之意。〔註13〕

　　對於儒士之要求更顯而易見，除去著名的耶律楚材之外，還可以世祖初年的王文統爲極具代表性之例，其人爲雜王霸之學者，材略規模被視爲當時罕見，〔註14〕但在正統儒學之士眼中，則是學術駁雜而不足以堪大任，如姚樞評之爲好權謀。〔註15〕竇默、王鶚則在世祖之前論其不宜居相位，世祖反問何人可以居相位？群儒皆共同推舉許衡，但是「帝不懌而罷」。〔註16〕這正說明漢人儒士心目中之宰相之才並非就是蒙古帝王所同意者，世祖雖然雅重但卻不使之主持中央大政，以許衡爲北方儒學宗師猶不可拜相，世祖甚且不悅，可知其間差距甚大。然則世祖之看法又如何？《元史》中說：

　　（世祖）論王百一（鶚）、許仲平（衡）優劣，（孟攀麟）對曰：

　　百一文華之士，可置翰苑；仲平明經傳道，可爲後學。帝深然之。〔註17〕

名士大儒，未必即爲蒙古帝王心中理想的政治人才，許衡重要的政治生涯，果然即在中央主持教育，此約是其最適當之地位。

　　蒙古帝王們並不了解中國文化的大傳統，民間社會的小傳統也沒有多少接觸，故根本不需要擔負中國傳統的包袱。關於學術之駁粹既不能、亦不需去分別，只要求實用爲主，故士儒爲學就在於有實學，即爲政治上的各種人才，僅高言學術理論似乎不夠實在；簡言之，即要能辦事、求實效。元制的士吏合一當在這種背景中去了解。

　　元代之官以吏進佔絕大多數，士人之入仕亦以吏進居多，故而從政亦多

〔註13〕參見《大元聖政國朝典章》（以下省稱《元典章》）（臺北：國立故宮博物院景印元刊本，民國65年12月），卷二，〈聖政卷之一〉「舉賢才」條，大德九年所載。
〔註14〕參見《元史》，卷二〇六，〈王文統傳〉，頁4上。
〔註15〕姚樞事參見姚燧，《牧菴集》，卷一五，〈中書左丞相姚文獻公神道碑〉，頁135上。
〔註16〕參見《元史》，卷四，〈世祖本紀〉一，頁13下。
〔註17〕見卷一六四，〈孟攀麟傳〉，頁20下。

以吏職起身。從唐宋以來，士人之眼光中是不願亦不屑爲吏，士人爲儒而以爲大不同於吏，此種近期以來之傳統，給予元代士人沈重之心理負擔，以及許多從政上的困擾。

一般士人入仕唯有任吏之途，此因元制如此，而無可奈何，雖然議論雜多，但朝廷無意改變而士人又有意入仕，亦只好暫時「屈就」。不過吏進爲當途，而且宦途並不差，當時人論政時，即指出吏人出身太速之情形，〔註18〕此無形中使吏進入官，成爲熱門。許多非士人階層也能夠因此擠身流品，可以說已打破過去政壇中的秩序。像這種情形到成宗大德初（1297）時，已形成因入官吏進，加之人事制度不良，以致於品秩異常雜亂之地。〔註19〕即令如此，朝廷仍以入吏爲一般從政的基本方式，「從刀筆吏可以速達」又正是其時寫實之狀況。〔註20〕

元初，士人爲吏並非有志者所願意，許多人已指出其時官府草創，軍旅、章程、錢糧、刑獄等等必須刀筆爲之，故而時尚盛行召辟士人爲吏，用來處理這些瑣務。〔註21〕若以儒士之身份而不欲掌吏職，則不受歡迎，因公卿們都偏愛胥吏。〔註22〕其時士人所嚮往之科舉不行，故往往「無致身之望，而其急也滋甚，尤可哀也！」〔註23〕這種情形之下，只有參與刀筆胥吏之行伍。元末之趙汸，對此有簡要之說明：「元初百司庶事舉，士亦得浮沈吏職，賢否混淆，有志者無以自見。」〔註24〕這的確是當時一般之寫照。

〔註18〕見胡祗遹，《紫山大全集》（《四部叢刊》初編），卷二二，論時政：「吏人出身太速，才離府寺司縣，即入省部；才入省部，滿一考即爲府州司縣」。頁30。

〔註19〕參見蘇天爵，《滋溪文稿》（臺北：國立中央圖書館，元代珍本文集彙刊，民國59年3月，初版），卷一一，〈元故嘉議大夫工部尚書李公墓誌銘〉，頁13、14。

〔註20〕見程鉅夫，《程雪樓集》（元代珍本文集彙刊），卷二〇，〈彭城郡劉文靖公神道碑〉，頁1下。

〔註21〕這種情形在元人文集中有許多記載，如《滋溪文稿》，卷一二，〈元故奉元路總管致仕工部尚書韓公神道碑銘並序〉，頁2上、下。虞集，《道園學古錄》（《四部叢刊》初編），卷五，〈送彰德經歷韓君赴官序〉，頁63。卷一五，〈嶺北等處行中書省左右司郎中蘇公墓碑〉，頁144。黃溍，《金華黃先生文集》（《四部叢刊》初編），卷三七，〈承務郎建德路建德縣尹致仕徐君墓誌銘〉，頁390。

〔註22〕參見《滋溪文稿》，卷一九，〈李尊道墓誌銘〉，頁7。

〔註23〕見趙文，《青山集》（臺北：商務，《四庫珍本》初集），卷五，〈趙淵如字說〉，頁20下。

〔註24〕見趙汸，《東山存稿》（《四庫珍本》二集），卷二，〈送高則誠歸永嘉序〉，頁43上。

　　吏進入仕，在實行上最大之缺失，即如上述之「賢否混淆」；當時已有人指出僥倖求進者，又多行賄賂之法，〔註25〕這在元初之時又極爲議者所重視；皆指出若取之不法，則奔走請託，憑藉關係，而無所不逞其私，結果人才未必能得，賄利之風大開，甚至有贓污負罪者也可營私而入吏，這些人若往後登上要津，則將肆其狡猾之虐矣。〔註26〕此外，當時試吏員之途也甚爲淺陋，只在貼書寫發之間取之，如此，稍通文案即可爲吏。〔註27〕可知根本不應是士人所任之職，倒是眞正雜流刀筆的好機會。

　　吏進入官雖多，但以士人處之，恐怕也有其不易之處：

> 夫入之以吏胥，進而膺一命之寵，難矣哉！其始也藉其名於有司，率數年始食於上，三考始一升，又三考得考授，其間官長之喜怒，庶物之埤益，錢穀之虧盈，功過毀譽之相尋，利害禍福之所倚，置身僥倖之地而後能豫，蓋有皓首而不遂者焉！〔註28〕

這情形不只入吏之士會遭遇到，即科舉實行後之進士們，也會發生類似之景況。趙汸即敍述此種景況，認爲進士出身者在元代之仕途及環境並沒有想像中好，中舉未必就能如意，通常行省辟之爲掾，而掾吏多者達數十人，進士在其中不過能有四、五人，同僚之吏是品流異趣，交往不易，又主行省之公卿大夫，其好惡不同，故而獲上之道也難。〔註29〕在上級爲官者，尤其高品大臣們，非士人者居多，自是好惡殊旨，不論是吏進之士或科舉之士都不易獲上，而同僚間非士人則難以相交，此皆應是格調不通之故，亦正是仁宗對其師李孟所言「氣類不合」之故。〔註30〕

　　其次再看元代之士人，對士與吏的見解如何。通常皆以儒與吏來區別，吏即指非士人階層之吏，儒則爲士之代用語。原則上之見解，實不出傳統的一般看法，將儒與吏對比來看，則世人以儒者迂闊；對事情之處理顯得濡滯，對時務又常鄙薄之，但吏者則舞文弄法以肆苛刻，專事迎逢以爲變動，絕少

〔註25〕參見鄭元祐，《僑吳集》（元代珍本文集彙刊），卷一一，〈海道都遭運萬戶府達魯花赤和尚公政績碑〉，頁488。

〔註26〕參見魏初，《青崖集》（《四庫珍本》初集），卷四，〈奏議〉，頁8下。

〔註27〕參見同前，頁33下。

〔註28〕見程端學，《積齋集》（臺北：國防研究院，中華大典編印會，四明叢書，第一集，民國55年），卷三，〈送陳子敬序〉，頁7下、8上。

〔註29〕參見《東山存稿》，卷三，〈送葛元哲還臨川序〉，頁26上。

〔註30〕參見黃溍，《金華先生文集》（《四部叢刊》初編），卷二三，〈李孟之行狀〉，頁26下。《元史》，卷一七五，〈李孟傳〉即本於此，所載相同。

有惻惻愛民者。〔註31〕最易見其弊者，是當科舉廢時，除官多非士人階層，胥吏貪污雜進，獄訟不理，謹訐之風日興，以爲係民間之奸弊，實則是胥吏所致。〔註32〕胥吏在行政上之特色是「較簿書期會以爲得失」，〔註33〕故而言「興學養士之規」，像這種有建設性的措施，以及長遠之眼光，「固非俗吏之所能爲」，〔註34〕究其原因，是其習性只重個人之私，而不顧及於公。〔註35〕

由上面這段陳述可知，儒吏有別而多偏責於吏，則在元代士吏合一之制下，如何來緩和兩者之間的心理壓力？以下再做進一步之觀察。元末楊維楨對元代之吏有綜合的說明，指出儒者固視吏爲俗流，但吏也以儒爲汙闊，儒、吏是始終相兵而不相謀。他又認爲吏者也並非全然不知修齊治平之說法，但吏一爲官，則顛倒悖亂，全與道相戾，接著又說：

> 今之吏者，揣摩狙伺，深詆巧文，力制長牧，氣壓豪町，稱爲能吏；苟媮刻薄，恃以爲治具，而欲望其國理民安，是亦知行而求前矣！〔註36〕

吏之特質如此，吏弊又重，但元代始終重吏，以爲最能實用、有期效，以至於有「吏廉無才，不若亡廉而才」之論，〔註37〕至此地步似有些極端。

王惲是元代論政治時事較多的一位，曾寫〈吏解〉一篇，見解稍有不同。其以爲「吏之不學，取之無術也」，由於吏之地位低、工作繁雜，而長官督責嚴速，因此吏之習性始如世人所見，其實吏之性原非如此，全因勢所造成，只因爲「干祿無階、入仕無路，又以物情不齊，惡危而使安」，致難免雜流入吏。品質原本不好，加上勢之造就，乃成爲元代通見之吏。〔註38〕王惲在這篇文章中表現出對吏的看法外，也流露出對元代所行士吏合一制的贊同，且認爲吏進並非不可行，兩漢名臣及宰執出身亦多吏進，不過亦強調實行此制

〔註31〕參見《滋溪文稿》，卷一三，〈元故翰林直學士贈國子祭酒范陽郡侯諡文清宋公墓誌銘並序〉，頁9下。

〔註32〕參見同前，卷七，〈大元贈中順大夫兵部侍郎蘄公神道碑銘〉，頁8上。

〔註33〕見程端禮，《畏齋集》（《四明叢書》，第一集），卷四，〈送王副使序〉，頁8上。

〔註34〕見劉岳申，《申齋劉先生文集》（元代珍本文集彙刊），卷六，〈南康路儒學重修記〉，頁9下。

〔註35〕參楊維楨，《東維子集》（《四部叢刊》初編），卷四，〈送郭公知事還湖州序〉，頁30上。

〔註36〕同前註，〈送孔漢臣之邵武經歷序〉，頁34上。

〔註37〕同前，卷五，〈送省理問所提控范致道序〉，頁36上。

〔註38〕參見王惲，《秋潤先生大全文集》（《四部叢刊》初編），卷四六，〈吏解〉，頁476上、下。

要注意選法。如此看來，其說著重於選拔人才的制度上求其完善，科舉、吏進並沒有必然之優劣。

名儒吳澄的看法也有部份與王惲相同：以為漢初任用文吏之士，宰相往往出身於此，吏進顯得貴重，故而為吏者也能自重。後代吏道逐漸式微，至宋代時最為極至。而元初之時類似漢初，但十數年後吏習丕變，原因是雜有南宋舊吏於其中之故，但南宋卻又是素來輕賤吏職者，為吏者也多非才士，如此元吏則壞。但吏進中有由儒選入仕者則不同，也就是在教（校）官中出身者，不致如其他吏進者一般風氣不良，以及品質相差之懸殊。〔註39〕吳澄之說雖然有些地方交待不夠清楚，重要的是以為元初士以吏進並不必然敗壞，如漢初亦可以為治，但因有南宋吏習加入以致吏道變壞，而吏習最顯著之弊病，也正是為人所輕賤之處。吳澄在〈贈梁教諭序〉中又說：

> 今貴儒而賤吏，貴儒者，非徒貴其能也，蓋貴其廉也；賤吏，
> 惡其不廉。〔註40〕

以為由於古代之吏並不輕賤，地位也並不同於今，而能士吏相通，於今賤吏，除去其不廉外，還有貪刻之弊。在〈贈袁州路府掾張復先序〉中說：「古吏如同府史，受祿與下士同，……吏習於貪刻；故賤之。」〔註41〕

雖然吳澄說儒「非徒貴其能」，事實上儒之能卻常受懷疑，在前文已論及。程鉅夫為南士，南宋重儒輕吏，對於此問題較為敏感，在送朱芾的序文中已談到不少，言語間對時儒抱有失望之感，其說為：

> 昔在西都，厭馬上而刀筆；刀筆厭而儒生。盡罷百家之言，獨
> 與儒者共治，卒之多文少質為天下笑，不得已求篤行孝謹……雖齊
> 魯質行，儒亦自以為不及也，而儒者自是絀矣！夫孝謹，天下之善
> 行，儒者之常事，而未足以盡儒者也，儒者不及他人及之，儒者有
> 餘責矣！然而西都所用可笑者果儒者乎？嗟夫！世之非儒也舊矣，
> 吏之不儒也久矣。吏不儒，吾無責於吏也，儒而吏，吏幸也。苟祿
> 俸累月，日隨群而入，逐隊而趨，儒乎！如斯而已乎？夫儒者之功
> 用未易以一言盡……。〔註42〕

〔註39〕參見吳澄，《吳文正集》（《四庫珍本》二集），卷二四，〈贈何仲德序〉，頁20上。

〔註40〕見前註，卷二八，頁1上。

〔註41〕見同前，頁5上。

〔註42〕見《程雪樓集》，卷一四，頁11下、12上。

在鉅夫所見之儒是多文少質，其在政治上之才能可知，難怪有「今世見章句儒無以勝文法吏也」之路。〔註43〕不只如此，甚至在儒者基本之要求尚不能做好，原來「世之非儒也舊」，在正面上或許世之不了解儒，但在反面上卻有支持非儒之原因。此外，儒任吏職是吏之幸，但若真正成為胥吏而失去儒士之本質，卻是悲哀之事，此點在〈艾君哲阡表〉中又有所強調：

> 且責功利於儒，或儒以功利為事，是皆道之不幸，而世亦由以
> 大不幸者。是故君子體仁而行義，苟用焉而體不具，謂之支離之民。
> 〔註44〕

在這篇文章之始，先表示對世人說儒者無用之疑惑，以為君臣、父子、禮樂、刑政、養民等等先王之道、周孔之教，是儒者所傳，今治天下者亦皆奉行此先王之道、周孔之教；反說倡傳此道、此教之儒者為無用，「惟誦之、道之、而鄙之也！」這正解答「世之非儒也舊」，以及「道之不幸」之所指。

不過元人亦不諱言士儒的一些性質或者缺失所在，如下述幾個明顯之例：程鉅夫說儒者之通患在議論多而事功少。〔註45〕陳旅以為士人易為世所輕者，即往往持古人所不可行於今者而強行之。〔註46〕程端禮認為士之談詩書而略事功，其由來已久，以至於俗吏視儒士為不足用，〔註47〕同時以為古制是為官擇人，而後世之士，輕視小官、卑視理財，以至於小人用事而民生困頓，〔註48〕又同時贊成士儒為吏，以其合於古制，又能致用。談到儒吏間彼此對待之關係，以及其間之差異，共同之看法可以簡化成戴表元所說：「世之言：儒者必擯吏；習吏者必違儒」。〔註49〕在馬端臨所編寫之〈吏道考〉中，也扼要地說明元制取人之特色，以儒、吏兩途並進，「若分之則互詆，而皆不得人」。〔註50〕儒與吏二者都有得失及其特性，而兩者間似乎存有相互「抵斥」之關係，也無怪乎汪克寬在〈省試策問〉中要特

〔註43〕見《畏齋集》，卷三，〈送宋主簿詩卷序〉，頁 12 上。

〔註44〕見《程雪樓集》，卷二二，頁 16 下。

〔註45〕參見同註 42，〈送陸如山歸青田創先祠序〉，頁 6 下。

〔註46〕參見陳旅，《安雅堂集》（元代珍本文集彙刊），卷五，〈杜德明同知唐州序〉，頁 204。

〔註47〕參見同註 43，〈送薛學正歸永嘉序〉，頁 21 下。

〔註48〕參見《畏齋集》，卷四，〈送虞成原夾浦務代歸序〉，頁 1 下。

〔註49〕見戴表元，《剡源戴先生文集》（《四部叢刊》初編），卷一，〈當塗戶漕掾續題名記〉，頁 22 下。

〔註50〕見《文獻通考》（京都：中文出版社，1978 年 6 月），卷三五，〈選舉志八〉，頁 330。

別就此出爲試題來加以討論。〔註51〕

　　前面提到王惲曾寫〈吏解〉一篇，亦曾爲士人寫〈儒用篇〉一文，同樣地爲世人以儒士無所用而辯說，其說以爲儒者抱負仁義禮樂，有國者乃恃之以爲治平之具，故而國家應負有養士之責任，若認爲士儒無用是因不見其所用之故，當其爲用之際，則卓越之才是莫可企及。同時又舉出世祖中統初年用儒士之效，但後代反而輕視用儒，儒士們「是豈智於中統之初，愚於至元之後哉？」此爲不通之言，故士之貴賤，端賴國家對之輕重及用與不用之間，儒士本身之用是無所改變者。接著又提出國家養士取才之重要，而有所感慨之語：

　　　　嗚呼！儒乎其微至于滋乎！斯文在天無可絕之理，是恐不止不
　　行，不塞不流之意耶？〔註52〕

元代士人雖然對其本身階層有所評議，但都認爲在當時環境之下仍有大用，此在任何時代之士人亦不會否認此點。儒吏間之情形如此，士人欲爲儒，但傳統之地位在元代已不復用，不論「儒乎其微至於滋乎？」或者「是皆道之不幸」，一般士人凡要入仕者，非儒進即爲吏進，但儒進之途艱難，而吏進既易且速，造成士人多入吏途，對於入仕爲吏之行爲本身，元人亦有些許議論。

　　元制與科舉對立的是所謂選法，在元末時曾議罷科舉，太師伯顏即爲主事者，漢士當然表示反對，許有壬曾與伯顏有過一段辯論，伯顏說：「今科舉取人實妨選法」，〔註53〕此選法即通貫整個元代的用人取才之法，亦即前文姚燧所說之入仕三途，除去宿衛這個獨特的制度可單獨討論而不涉及外，儒進與吏進正是所謂的選法；重要的實施在歲貢方面，亦即「歲貢儒吏」之法，原則是「儒吏並通」始貢，〔註54〕此基本要求在《元典章》中也有實例可作說明，例如英宗至治元年（1321）所強調的歲貢中說：「書吏二員，內儒一名，須通吏事；吏一名，必達儒書。」〔註55〕

　　選法亦須經過考試，考選合格能上貢補爲六部令史等，此爲從八品之職，相當於行科舉時進士所敘之官，元代似乎有意使這兩者相類，事實上，歲貢儒吏之考選，也相當於一種科舉方式，但形式較爲粗略，在吏的考選標準是：

〔註51〕參見汪克寬，《環谷集》（《四庫珍本》七集），卷三，頁1～3下。
〔註52〕同註38。
〔註53〕見《元史》，卷一四二，〈徹黑帖木兒傳〉，頁11上。
〔註54〕參見《元史》，卷八三，〈選舉志三〉，銓法下，頁15下～17上。
〔註55〕見《元典章》，新集，〈吏制〉，選試書吏條。

性行純謹，儒吏兼通者爲上……才識明敏，吏事熟閑者次之；月日雖多，才能無取者不貢。〔註56〕並不考詞賦之類，倒頗具實用之精神。

至於儒生考選多與吏事無關，儒生入爲校官主持教育之途，但校官之地位與仕途遠不如吏進，先由直學考陞起，至教諭、學錄、山長、學正、以至府州教授，這時才是卑微的九品之官。再由此考陞至路教授，也不過是從八品，再歷兩任後始能轉任職事官，其全程大約要經歷三十年之久，〔註57〕正是「比及入流，己及致仕」。〔註58〕

吏進之六部令史是從八品的職事官，不到八年考滿，可敘爲正八品。若歲貢無缺者，留任地方，考滿可敘爲正九品，〔註59〕如一般書院之山長，既受官俸，又納入入仕考選之序，但連最卑微的九品之官都不敍，儒士入爲此途有何地位可言？而高等之胥吏可以敍官至六、七品者，〔註60〕因此許多校官熬到教授後又轉入吏職，〔註61〕這似有不得已的苦衷，如此倒不如及早補吏，故而銓法中又有規定：直學考滿可以轉爲州吏。〔註62〕

就上所說的選法中，已然看出吏進何以在元代成爲入仕的主流，若就爲仕途而言，士儒走上學校教育之途實前途黯淡，唯有走上吏進之途始有「上進」之機會。元制幾乎是硬逼士儒爲吏，如此，士吏合一爲其目的。

在制度上導使士儒入吏，吏進的選法上以儒吏兼通爲原則，士人被迫走上士吏合一之途。但在儒吏分別的觀念中，士人心理上要承受相當大的壓力，於是元人在討論之中就有「儒術緣飾吏治」之說。

三、儒術緣飾吏治

成宗大德年間（1297～1307）鄭介夫上太平策，提出儒術緣飾吏治之說。其本意在於儒通吏事，而吏亦通儒術，使儒、吏相通、相有，不可偏廢，否則儒爲不識時務之書生，吏爲不通古今之俗子，況且儒吏本是合而爲一者，不宜使之分途。〔註63〕其所說之緣飾是在於相通，用儒術以提高吏之水準，

〔註56〕參見註54，頁16上。
〔註57〕參見《元史》，卷八一，〈選舉志一〉，學校條，頁19～20下。
〔註58〕見《元典章》，卷九，大德五年（1301），湖廣行省呈文。
〔註59〕參見同註54。
〔註60〕同前註，頁12上、下。
〔註61〕同前註，頁17上。
〔註62〕同前註，頁20上。
〔註63〕參見《元史》，卷一九三，〈鄭介夫傳〉，頁14上。

而以實務來歷鍊士儒之才，這是相當理想之法，即可能達到如元末楊維楨所說：自元代中期以後未有吏不通經、儒不識律者。楊氏在爲梁彥所著《刑統賦釋義》一書的序文中說明這情形外，亦指出由科舉入官之進士，往往都能夠稽經援史，又與時制相參，而梁彥本爲精於法律之吏，並能明于儒者之經史，正符士吏合一制之精神。〔註64〕

楊維楨在〈送嘉興學吏徐德朋考滿序〉中又說：

> 聖朝三歲一大比，興其賢者、能者：布列中外，蓋欲收儒效於
> 天下，而致隆平之治也。猶慮所選者有遺才，州郡庠序司之吏，復
> 用文學生，使以儒釋吏事，其望儒之效切矣！〔註65〕

除科舉取士外，餘士也有選法入吏，正是前文所言盡量大開吏進之途，此皆爲「收儒效」之故，「以儒釋吏事」可爲士人入吏提供朝廷之理想，以吏進之士自然可以得到心理上的安慰而去「釋吏事」。「釋」亦即處理、行之意，仍與士吏合一分不開。

批評南宋吏習壞的吳澄，對於以儒入吏之看法，除去基本上並不反對之外，還特別強調了「上之人欲革吏之心也」，〔註66〕因爲吏習貪刻、不廉，若以品質較高之儒士爲吏，不但可收儒用之效，而且可以改變同僚之吏的心性。此看法自是爲士吏合一制提供較美好的說詞，不過未必就能照此發展，有時往往還有相反的結果，如前文程鉅夫所說「道之不幸」即值得重視。

尊主朱子之學的程端禮，有不少地方談到以儒爲吏可以收眞儒之效。其論說重點在於古代士吏不分，可以「入治出長，用咸宜之，而眞儒之效始白」，但後世則「士始離事以爲學，浮華苟僞成俗，而士少可任之材」。爲討論「儒術緣飾吏治」之觀點，端禮特別提出漢代兒寬之事：

> ……余獨曰未也，當曰：以儒術行吏事，不當曰飾也，飾，
> 文飾之也，若曰飾吏事，則以張湯之深文，已能取博士弟子員爲
> 廷尉獄吏矣，奚俟於寬？嗚呼！此獨未免以儒者章句爲文法之助
> 也！〔註67〕

事實上不幸正如其言，漢代就是「以儒者章句爲文法之助也」，「飾」即「文飾」，也就是附會、因緣假飾。不只兒寬，董仲舒與公孫弘皆是以經術潤飾吏

〔註64〕 參見《東維子文集》，卷一，頁14上。
〔註65〕 同前註，卷五，頁37下。
〔註66〕 同註41。另參見卷三〇，〈贈張嘉符序〉，頁15上。
〔註67〕 見註48，〈送浙東帥掾朱子中考滿序〉，頁10上、下。

事，而得天子愛重，此亦是漢代儒學法家化之關鍵。〔註68〕元末葉子奇說：

> 惜乎王以道文統，行吏道以雜之，以文案牽制，雖足以防比人恣肆之姦，而眞儒之效遂有所窒而不暢矣！〔註69〕

此爲對元代所行士吏合一制直接之評語，葉子奇是在元末所見之事實。但程端禮與吳澄等人一樣，在理論上認爲猶可行之，端禮還特別寫一篇〈儒吏說〉發明其看法，以體、用之論來解釋：

> 儒爲學者之稱，吏則其仕焉之名也，名二而道一也，儒其體；吏其用也。學，古入官，古之制也。皋、夔、稷、契、伊、傅、周、召，無儒吏之名，而無非儒吏之實。周官九兩，始曰儒、曰吏，亦因其得民以道與治而言之耳。李斯嚴是古非今之禁，一以吏爲師，儒吏雖分，而道法裂。蕭、曹以秦吏相漢，至趙、張而文法弊極矣，漢法非不知用儒以救之也，有一董仲舒不能用，所用者不過章句儒。嗚呼！章句儒與文法吏，其弊等耳。兒寬，儒也，能以儒術飾吏事，當時稱之，……自許文公得朱子之學，以光輔世祖皇帝，天下學者始知讀朱子所釋之經，知眞儒實學之所在，然則士生今日者，可不自知其幸歟！誠能讀其書，而眞修實踐焉，以儒術而行吏事於從政。……子夏曰：仕而優則學，學而優則仕，然則儒吏果二道，而有所輕於其間哉？〔註70〕

程氏所言頗爲動聽，以其看法自然不易見及儒學法家化，以及尊君卑臣之用心，儒吏之體用關係只是一個層面，但眞儒之效除爲吏外，還應有許多，此絕非只重實用之元朝廷所能深入了解者。

　　若以入仕之行爲來看，儒士行吏事並無不可，在漢代與元代皆不乏以吏進爲公卿宰輔者，而其進身之鄉里貢舉之法也多有類似之處。元人亦有言及於此者，除前面所述之外，如蘇天爵說：「先儒有言：兩漢名臣多出於丞吏、小吏」，〔註71〕黃溍說：「國家……其貢士之法即鄉舉里選之遺制也」。〔註72〕漢與元初皆無科舉，元朝中期以後之科舉，在入仕之途上遠不如吏進，士人

〔註68〕參見余英時，《歷史與思想》（臺北：聯經，民國65年9月），〈反智論與中國政治傳統〉，頁1～46。

〔註69〕見葉子奇，《草木子》（《四庫珍本》十集），卷三，頁11下。

〔註70〕見《畏齋集》，卷六，頁3上～4下。

〔註71〕見《滋溪文稿》，卷一七，〈元故太中大夫大名路總管王公神道碑銘〉，頁7下。

〔註72〕見《金華黃先生文集》，卷三，〈上憲使書〉，頁31上。

階層之入仕環境相差不遠，引兩漢爲喻，成爲最多見亦最具說服力之典故，也因之儒術緣飾吏治之論易於產生。

四、結　語

　　從下面各種不同之角度來解說的例子中，很可以看出元代士人出處的一些困境。舉漢代循吏之故事，勸勉士人勿以任刀筆而自愧者有之，〔註73〕以「委吏乘田，孔子雖不以之爲進身之階，而亦不辭焉！」以勉勵任錢穀之吏者有之。〔註74〕以「程子謂：一命之士，苟存心愛物於人必有所濟」，來勸勉棄儒冠而出爲小吏者有之。〔註75〕以「貴不必榮，賤不必辱，惟所行之何如耳！故惟君子爲能盡榮辱之正」，惕勵任吏之志者有之。〔註76〕這些勸勉之詞，無異於在減輕對心理上的壓力，然則到底是唐宋科舉以來，士吏分途之歷史包袱，總無法輕易丟開。

　　王惲說「儒用」，楊維楨言「儒效」，程端禮辯「儒吏」，所強調者皆在於士人之正面價值。而士吏之分合也不單是元代所遇到之問題，例如北宋王安石也曾以倉法爲中心，以祿吏之法而促成士吏之合一，其理想是：「自此善士，或肯爲吏，善士肯爲吏，則吏士可復如古，合而爲一。吏與士，兵與農，合爲一，此王政之先務也。」〔註77〕是以元人所論儒術緣飾吏治雖有美化之嫌，但在客觀上來討論士吏合一制，亦非全無意義。若再看明初宋濂在京畿鄉試策問中，出題來試於天下士者，亦即前述元人所論述儒吏之主題，當可以知儒術緣飾吏治之論的重要性。〔註78〕最後還須了解「入治出長，用咸宜之」，可以爲吏，可以爲宰輔，此與元初耶律楚材、姚樞、許衡等人堅持行漢法、用儒士之立場並無不同之處。

（原刊於《華學月刊》，第一三九期。臺北：中國文化學院，民國72年。）

〔註73〕見《畏齋集》，卷三，〈送奉化吏目陸千里序〉，頁20下。
〔註74〕見《積齋集》，卷二，〈送張起潛直學詩卷序〉，頁16下。
〔註75〕見前註，〈送張大方之任序〉，頁8下。
〔註76〕見劉敏中，《中菴集》（《四庫珍本》三集），卷二十，〈送高案牘序〉，頁17下。
〔註77〕見李燾，《續資治通鑑長篇》（臺北：世界書局，新定本），卷二三七，熙寧五年八月，甲申條。關於王安石之士吏合一政策，可參見宮崎市定，《アヅア史研究》（京都：同朋舍，昭和54年5月），〈王安石の吏士合一策〉，頁311～364。
〔註78〕參見宋濂，《宋學士文集》（《四部叢刊》初編），〈鑾坡前集〉，卷十，頁92上。

伍、略述元人對「隱」之看法

一、前 言

　　在陶宗儀的《輟耕錄》中，記載元代兩位大儒志趣之相背，即許衡與劉因之出處，其文如下：

　　　中統元年（1260），（許衡）應召赴都日，道謁文靖公靜修劉先生，因謂曰：公一聘而起，毋乃太速乎？答曰：不如此，則道不行。

　　　至元二十年（1283），徵劉先生至，以爲贊善大夫，未幾，辭去。又召爲集賢學士，復以疾辭，或問之，乃曰：不如此，則道不尊。〔註1〕

這條記載的問題是時間上有誤，中統元年劉因才只十二歲，〔註2〕當不可能如《輟耕錄》所言；不過借此來看二人志趣之異，以述元人對「隱」之看法。劉因本即是元代最著名之隱士，且其對許衡有所批評，以爲許衡挾孔、孟之時義，並程、朱之理學自居，實則爲外儒內道之流，〔註3〕言許衡行權術而非以道自任者。姑不論許、劉二人之間的其他問題，二人在從政上之態度確有不同，其行爲可以一仕一隱來分別之。

　　歷代士人都可能遭遇到仕或隱之問題，尤其在改朝換代之際較爲明顯，元代是「外族」統治之朝代，士人之出處又更爲困擾之至，不過許、劉二人

〔註1〕見《輟耕錄》（臺北：商務，叢書集成簡編，民國55年臺一版）卷二，〈徵聘條〉，頁37。

〔註2〕參見《元史》（臺北：藝文，景印武英殿本），卷一七一，〈劉因傳〉，至元三十年（1293）卒，年四十五，故知中統元年因始十二歲。

〔註3〕參見劉因，《靜修文集》（臺北：商務，四部叢刊初編），卷一八，〈退齋記〉，頁87上，另見黃宗羲、全祖望，《宋元學案》（臺北：廣文，民國68年再版），卷一九一，頁3下～7下。

皆非宋人，似不必同與南宋之遺民。但仕與隱仍是歷史上長期被注重之問題，所引起之議論相當廣泛，如清代史家全祖望，因予編《宋元學案》，自然對許、劉二人之仕與隱有所議論，今人亦有論及於此，並有專論宋亡之南士在這方面之問題。〔註4〕

二、歷史上之隱士

隱士在中國上古時代即出現頻繁，隱之義亦為老早之問題，先秦典籍中記載甚多，如《易經》上說：

> 初九曰：潛龍勿用，何謂也？子曰：龍德而隱者也，不易乎世，不成乎名，遯世无悶，不見是而无悶，樂則行之；憂則違之，確乎其不可拔，潛龍也。〔註5〕

其餘如〈坤卦〉：「天地變化，草木蕃，天地閉，賢人隱」，〈蠱卦〉：「上九，不事王侯，高尚其事」，〈遯卦〉：「遯之時義大矣哉！」〔註6〕《詩經》中說：「考槃在澗，碩人之寬，獨寐寤言，永矢弗諼」，王肅與鄭玄之注，都認為是說以道自任的隱士之義。〔註7〕《莊子》所說的隱士則為：「非伏其身而弗見也，非閉其言而不出也，非藏其知而不發也，時命大謬也。」〔註8〕至於「天下有道則見，無道則隱」等孔、孟之言，多為人所熟知而不需再述。

所謂隱士、高士、處士、逸士、隱子、逸民等等不下十餘種的名稱，從廣泛之意義來看可以相通，大體上是具有知識份子之含意，其與官方或出仕的關係不甚一致，有先仕而後隱者，有從未出仕者，通常又含有道德高尚與特立獨行之意。在史書上隱士之固定地位，殆始自《後漢書》，書中

〔註4〕 全祖望所列論見前註《宋元學案》，另參見孫克寬〈元代北方之儒〉，收於《元代漢文化之活動》（臺北：中華，民國57年初版），見頁223。龔道運〈元儒許衡之朱子學〉，《國立編譯館館刊》，第八卷，第二期，（民國68年12月），頁206～210。另見牟復禮（F.W.Mote）"Confucian Emeritism in the Yuan Period" in A.F. Wright ed; The Confucian Persuasion, Stanford Univ. Press, 1960, PP. 202～240。關於南方士人者，可參見勞延煊，〈元初南方知識份子〉，《中國文化研究所學報》（香港：中文大學，1979年12月），第十卷，上冊，頁129～158。李鑄晉著、曾嘉寶譯，〈趙孟頫二羊圖之意義〉，《中國文化研究所學報》（1973年12月），第六卷，第一期，頁61～106。

〔註5〕 見《周易正義》（臺北：漢京，影印《十三經注疏本》），卷一，頁12上、下。

〔註6〕 見前註，頁27上，卷三，頁6上，卷四，頁7上。

〔註7〕 見《毛詩正義》（《十三經注疏本》），卷三之二，〈衛風〉，考槃，頁14上、下。

〔註8〕 見郭慶藩，《莊子集釋》（臺北：河洛，民國63年初版），卷六上，〈繕性第十六〉，頁555。

以「逸民」來分六種類型之隱士：他們是隱居以求其志者，如長沮、桀溺。曲避以全其道者，如薛方。靜己以鎮其躁者，如逢萌。去危以圖其安者，如南山四皓等。垢俗以動其概者，如申徒狄、鮑集之流。疵物以激其情者，如梁鴻、嚴光之流。〔註9〕

在《後漢書》以後諸史，幾乎皆有隱逸類之傳記，不論其稱呼如何，其資料之搜求與編寫之目的可謂相似，若查閱各史傳的序文中即可知道。至於隱、逸、處士等的分類並不完全一致，如加以比較研究，不難發現其時代環境不同而有觀點之差異，以及作史者之見解。在此無法詳論，僅舉例以明之。

如為《新唐書》寫列傳之宋祁，在〈隱逸列傳〉的序文中，區分古之隱士為三，上者是藏身而德不晦者，雖然自放於草野，但名往從之，是最受尊貴者。其次為具治之材，但不得於時或不屈於俗，雖然有應於爵祿卻並不重視，故而是「汎然受、悠然辭」。末焉者是自審其材，或不可用於當世，故遁跡山林，人高其風而不加議論。宋祁又以為唐代的隱士多屬於末焉者流，甚至還有些是屬沽名釣譽之徒。並無高尚之節者。〔註10〕

照宋祁之看法，認為隱士之三類，大致是有才德之士而不願出仕者為上，其次是有才德但無出仕之機會，或者既出仕但不願從俗而退者，最後的一類是不能或不足出仕者。宋祁似乎透露出極為推崇隱士之意，也強調有個人主義之思想。相似地，宋代程頤也是如此，在《周易傳》之〈蠱卦‧上九〉，「不事王侯，高尚其志」中，其疏解即在說明這些。程頤本主張效伊尹之志者，而對於隱士的說法是：

> 士之自高尚，亦非一道；有懷抱道德，不偶於時，而高潔自守者；有知止足之道，退而自保者；有量能度分，安於不求知者；有清介自守，不屑天下之事，獨潔其身者。〔註11〕

程氏所言自高尚其志的四類，實際上亦如宋祁所言，有不逢時者、不願仕者、不能仕者三類。

與宋祁一起修《唐書》的主要人物歐陽修，在另一部名著《五代史記》

〔註9〕 參見范曄，《後漢書》（臺北：藝文），卷八三，〈逸民列傳序〉，並見其注文。頁1上。

〔註10〕 參見《唐書》（臺北：藝文），卷一九六，頁1上、下。

〔註11〕 周《周易程氏傳》，卷第二，《二程集》（臺北：里仁，民國71年初版），下冊，頁793。

中，對於隱士之流表示其另一種看法。在《新唐書》中分別有〈卓行〉、〈孝友〉、〈隱逸〉三傳，而在《五代史記》中僅列有〈一行〉傳，而將前述三傳都融合在〈一行〉傳中，然而卻只得到四、五人而已，雖然強調是因為資料缺乏之故，實際上是在貶斥五代之墮落。在其序文中，一再地評論五代為亂世，不但是倫理大壞，而且「天理幾乎其滅」，但「自古忠臣義士，多出於亂世，而怪當時可道者何少也？」這說明其時士大夫精神之萎靡不振。同時似乎並不推崇隱士，以為此係不足以為中道，這或許也解釋了何以「一行」傳之特出，以及「一行」只不過是「一行」而已。〔註12〕

　　隱士似乎較受人所同情，至少隱士有許多類型，可受人從不同地角度去尊重，天下無道是固當隱，即使有道時亦隱，也同樣可博取高名。除去為沽釣之徒的假隱外，在中國之歷史文化中，隱士大都受到推崇及景仰。元代亦是如此，出仕者恐怕被認為在節操上是有所虧欠，尤其站在民族大義上來看，事實上這是頗值得辯解的問題。

三、元人對「隱」之看法

　　元人對「隱」之看法多半不出傳統之意。在談論出仕與否之出處時，元初的趙文標榜甚高，以為「自古聖賢出處，此身可困、可戹，而不可以負吾心之約」，〔註13〕這是以韓愈之「約心」來肯定士人所有的初心，因而說「不可以負吾心之約」。對於南人之奔競出仕即時暗刺之，說「此兒巧捷未足稱，江南何限無骨人」，〔註14〕不過如其本人曾為山長、郡文學等地方學術教育單位之教官，大概是不在其諷刺之內。〔註15〕其實在南宋亡之後，許多儒士都從事教育，這是較清高有品格之業，同時也極具意義，遠高於其他各職，此外亦與生活有關，此約為趙文之意。

　　蘇天爵說出處較合於士人傳統之看法，在其〈七聘堂記〉中說：

> 士君子之出處，而義存焉，審其時而後動，合乎禮而後應，是以屢召而不行，非敢故存亢也。蓋本諸道義之正，循于禮節之宜。

〔註12〕 參見《五代史記》（臺北：藝文），卷三四，〈一行傳〉序，頁 1 上～2 上。

〔註13〕 參見趙文，《青山集》（臺北：商務，四庫珍本初集），卷三，〈約心堂記〉，頁 2 下、3 上。

〔註14〕 見前註，卷七，〈相撲兒〉，頁 23 上。

〔註15〕 趙文之生平可參見程鉅夫，《程雪樓文集》（臺北：中央圖書館，元代珍本文集彙刊），卷二二，〈趙儀可墓誌銘〉，頁 834～836。

　　　　自昔君子，進退出處之際，莫不皆然。〔註16〕

審時宜即爲義，進退以此爲準，此爲基本之信念，但還須合乎禮始可應之，不必一定要仕或隱，以合義、循禮爲斷。

　　劉岳申亦認爲君子不必仕或不仕，若心念必在出仕上，則恐忘其身，若必不出仕，又恐忘其君，能得志則加澤於民，不得志則以修身見世。所提出之原則是要求自己的內心之眞，即不可存必或不必，此內心之眞要依靠著對時宜之審查，〔註17〕這個看法也應是一般士人之看法。

　　元人論出處要審時，本道義之類的說法較爲多見，其他如郝經在論漢代之高士時說：「君子當出而處，則失義，當處而出，則違道」，以爲嚴子陵不事王莽，是得其處，不事光武則失義。〔註18〕貢師泰亦說出要以時，進要以道，否則即使身居高位亦不可取。〔註19〕虞集對元初李治之進退頗爲讚揚，在爲李治所居住的「知還齋」寫記時，特別提出「奉其身以爲進退者，庶士之事也；進退不係其身，而係其道者，大人之事也。」〔註20〕此爲以道義爲重之看法。

　　上面這些說法雖皆可明白其要點，但總有不夠具體之處，標準也難確定，這也是帶來議論與困擾之處。在現實環境中，一般士人果眞能如虞集所說不以身、而以道乎？再看戴表元之說法，其言及元代當時出仕與否的一般狀況，文中亦不免有其個人之感慨，以爲古代師良、學備，材與學皆足以出仕，但不必皆仕，而元代則適相反，大有今不如古之意，雖然「今之君子，其仕者既無以心服不仕之民」，然而「不仕者至於無以自容其身」。〔註21〕戴氏之言正是元代之實況，元制是仕途雜亂，吏進居多，其感慨正反映其時出處之困境。

　　若是出仕任職還有其他令人擔心之潛在壓力，尤其在中央任職者要特別

〔註16〕見蘇天爵，《滋溪文稿》（元代珍本文集彙刊），卷三，頁 11。

〔註17〕參見劉岳申，《申齋劉先生文集》（元代珍本文集彙刊），卷五，〈眞樂堂記〉，頁 240、241。

〔註18〕參見郝經，《陵川集》（臺北：商務，四庫珍本四集），卷三四，〈漢高士管幼安碑〉，頁 1 下。

〔註19〕參見貢師泰，《玩齋集》（臺北：商務，四庫珍本三集），卷六，〈送謝元功束歸序〉，頁 28 上。

〔註20〕參見虞集，《道園學古錄》（臺北：商務，國學基本叢書），卷七，頁 86 上。

〔註21〕參見戴表元，《剡源戴先生文集》（元代珍本文集彙刊），卷一三，〈送屠存博之婺州教序〉，頁 109 下。

謹慎，如岳鉉出入宮禁四十餘年，是「小心慎密，恆若不勝衣，弗輕漏一言于外」，故而臣僚們都稱之爲「本分人」，此本分人守住的原則如此，始能出入宮禁四十餘年，又特別說：「高允、崔浩，一可爲師，一可爲戒」，〔註 22〕其引用之歷史典故可謂恰當，岳鉉確能認識外族政權中漢人之處境。

　　其他如程端禮，強調進退出處須以其道，若只知進而不知退，是爲無恥之人，又提出「出處不宜問人，且非人所能決」，〔註 23〕這是注重個人心所安之道而言。又如劉敏中，以爲即使出仕爲官，不當問尊卑問題，因原本無尊卑之榮辱，要在於所行如何而定，是君子始能盡榮辱之正。〔註 24〕

　　元人出仕之原因如何？近人曾對此有所研究，大體上可有下列數種情形：一以年老家貧，無以生活者。二爲免除徭役，是許多士人出任卑微的掾吏之故。三爲避免民族間之歧視而出仕者。〔註 25〕此外應該加上爲抱負、理想而出仕者，即所謂爲道之行者，如前述之許衡爲最著，以及「可以行吾學」之類的許多士人，〔註 26〕但這兩類也有人懷疑其目的，以爲是種緣飾或藉口，如劉因之視許衡，以及袁桷對某些時人之看法。〔註 27〕另外還發現有迫於親命而出仕之情形。〔註 28〕

　　有些士人原欲隱而不出，但爲了某些原因而仕，前段中已有部份說明。張養浩在專爲隱士所寫的一篇文章中，他特別提出爲世、爲貧、爲親而出仕的幾種，〔註 29〕這個看法不獨於元代如此，亦可適於其他時代。較富有批判精神的看法是蘇天爵，認爲在元代隱而不出者，爲全身以避地，爲矯俗以干名，未必能安于義命之正，而審查出處之宜，認爲像烏沖之類的人才是能安

〔註 22〕參見鄭元祐，《僑吳集》（元代珍本文集彙刊），卷一二，〈岳鉉第二行狀〉，頁 528。

〔註 23〕參見程端禮，《畏齋集》（臺北：國防研究所、中華大典編印會，四明叢書，第一集，民國 55 年），卷三，〈送張縣尹致仕序〉，頁 18 下，以及〈送趙悅道經歷致仕歸序〉，頁 17 上。

〔註 24〕參見劉敏中，《中菴集》（《四庫珍本》三集），卷八，〈送高案牘序〉，頁 17 下。

〔註 25〕參見周祖謨，〈宋亡後仕元之儒學教授〉，《輔仁學誌》（民國 35 年 11 月），第十四卷，一、二合期，頁 205～207。

〔註 26〕此爲金末士人董源入仕元初之語，見於《滋溪文稿》，卷十，蘇天爵爲其所寫之神道碑，頁 409。

〔註 27〕參見袁桷，《清容居士集》（臺北：商務，四部叢刊初編），卷二三，〈送鄧善之應聘序〉，頁 351 下。

〔註 28〕參見《滋溪文稿》，卷一四，〈焦先生墓表〉，頁 561。

〔註 29〕參見張養浩，《歸田類稿》（《四庫珍本》三集），卷六，〈處士菴記〉，頁 16 下。

于義命之隱士，〔註30〕蘇氏所記之隱士不少，且多與劉因有關，這或係其爲劉氏一脈之故。〔註31〕

較爲側重南士方面者，可見於余闕在〈楊顯民詩序〉中所談到一些隱居的情形，其言說：

> 我國初有金、宋天下之人，惟才是用之，無所專主，然用儒者爲屬多也。自至元以下始浸用吏，雖執政大臣亦以吏爲主，由是中州小民粗識字，能治文書者，得入臺閣共筆箚，累日積月，可致通顯，而中州之士見用遂浸寡，況南方之地遠，士多不能自至於京師；其抱材縕者又往往不屑爲吏，故其見用者尤寡也。及其久也，……故南方之士微矣！延祐中，仁皇初設科目，亦有所不屑而自甘沒溺於山林之間者，不可勝道……。〔註32〕

當時之環境對士人極爲不利，頗有「士道」衰微之感，入仕爲吏是元制，而士人多不願爲吏，心理上的困擾極大，華北士人有此心理，南方士人尤其嚴重，跡穩者較多當與此有關，其於隱之態度亦可見一斑。關於元制之士人入吏情形，可參見拙作〈元代的儒吏之論與儒術緣飾吏治〉一文〔註33〕元人對隱之看法，尚可分成下面幾類，同時這也說明其隱的原因：

（一）以爲出仕之條件或能力不足者

汪克寬曾爲一位鄭長者寫傳，傳中說有人勸鄭氏出仕，鄭氏的回答是自己認爲沒有知人之智，又無撥亂之才，不可能有所作爲，若出仕，豈不是自知以徒取其辱？不如悠遊於家鄉以終。〔註34〕程端學也曾爲隱士陳紹祖寫墓誌銘，陳氏爲南宋人，宋亡則隱居力學，人或勸其出仕，則以爲未能修己，焉能治人？因而不出，居家講學爲務。〔註35〕

〔註30〕參見《滋溪文稿》，卷一四，〈故處士贈祕書監祕書郎烏君墓碑銘〉，頁559、560。

〔註31〕蘇天爵爲劉因一脈，可參見虞集，《道園學古錄》，卷六，虞集爲劉因之私淑弟子安熙的文集所寫之序文中得知其消息。頁72上～73上。在《滋溪文稿》中，其記載之隱士，除劉因外，另有林起宗、賈璞、賈瓘等人，見頁551、764等。

〔註32〕見余闕，《青陽先生文集》（臺北：商務，四部叢刊廣編），卷四，頁7下。

〔註33〕刊於《華學月刊》（臺北：中國文化學院，民國72年7月），第一三九期，頁9～20。

〔註34〕參見汪克寬，《環谷集》（《四庫珍本》七集），卷八，〈鄭長者傳〉，頁7下。

〔註35〕參見程端學，《積齋集》（《四明叢書》，第一集），卷五，〈故處士陳繼翁墓誌銘〉，頁14下。

（二）以朝廷政風及需要不合意者

金末元初之名士杜瑛，曾談論過統一天下之策，以及治民興化之原則，在元初屢受多方延攬，但終未入仕，在蘇天爵為其所寫之行狀中說得很明白，因為元初主政之王文統專言功利，故避而不見前來徵聘之使者，雖然其時朝廷曾大用漢士，杜瑛仍以為「風化至是，尚欲仕乎？」。〔註 36〕貢師泰記載有幾個隱士的事蹟，其中有二人是與當時之政風有關，一人名為謝元功，初似無不仕之意，但以一不遇於丞相，二不遇於有司，又不屑於察荐之機會，於是退而不仕。〔註 37〕另一人名為趙木仲，認為當時進官雜濫，於是成為「攀隸廝役，皆得取寵爵、厚祿，馳騁車馬以相雄長」，似有恥與為伍之意。〔註 38〕此二例皆較注重個人之身分，也都反映出對當時風氣的不滿，「隱」即成為二人對當世之反應。

亦有以仕宦不易，以及不合其道者。如名儒蕭𣂏在少年時曾出仕為吏，但新、舊《元史》傳記中皆未言及，在蘇天爵所寫的墓誌銘中始得知，其後杜絕仕意是因西域長官對僚吏的惡言相向之故，故說：「如此，尚可仕乎？」於是隱居讀書，而造就成大儒，後因享有盛名，朝廷屢次延聘，終辭而不就。〔註 39〕其他又有因認為朝廷人才全備，並不需待其出仕者，〔註 40〕此或為藉口，但總是認為朝廷中並不「需要」他這種人才而言。

（三）以欽慕古隱士者

此類隱士多以陶淵明為典範。如安熙在抒其情懷時，曾作和陶淵明飲酒詩，其序文中說：「咏靜修仙翁和陶詩以自遣，……又效其體，咏貧士七篇」。〔註 41〕安熙以劉因為師，而師弟二人正是元代著名之隱士，靜修詩中有專門和陶淵明之詩多首，其中即有「和咏貧士七首」，〔註 42〕安熙可謂善紹其志者也。有以淵明「審容膝之易安」，定「審安齋」為其隱居住屋之名，表示其安於義而隱。〔註 43〕有和歸去來辭，以示隱居求志之意，其所求者為存養浩氣，

〔註 36〕參見《滋溪文稿》，卷一二，頁 883。

〔註 37〕參見同註 19。

〔註 38〕同註 19，〈送趙木仲東歸序〉，頁 30 下。

〔註 39〕參見《滋溪文稿》，卷八，頁 307。

〔註 40〕參見《程雪樓文集》，卷一五，〈送艾庭梧序〉，頁 600。

〔註 41〕見安熙，《默菴集》（《四庫珍本》三集），卷一，頁 3 上。

〔註 42〕參見《靜修先生文集》，卷三，〈和陶集〉，頁 20 上～25 上。

〔註 43〕見《中菴集》，卷一三，〈審安齋記〉，頁 6 下、7 上。

以及教學傳道之志。〔註44〕另外有慕效漢代鄭康成之志者，〔註45〕有慕仲長統卜居清曠以自娛者。〔註46〕

陳旅在為隱士陸宗亮寫詩序中指出，慕效淵明之志者是貴在以心相感應，「不于其迹，而于其心，物非人而能與人同者，不同乎人，而同乎天，惟其心之可以相感」。對於效淵明之志者，此為較特出的看法，陸氏所居之屋名為「菊逸」，即是慕淵明之志，而其師劉師魯，適又為隱君子，正可謂師弟二人皆得隱居之操，〔註47〕這與劉因、安熙師弟的情形相似。

（四）為道不行、時不用而隱者

鄭元祐在〈清江一曲記〉中說士之志在幼學壯行，不必於隱，但若不幸不得進其身，又不可外慕以倖求，故有隱身江湖之上者，這些隱士原本讀書澤民之心，但非其時，又不肯苟且以進，於是有像以前管寧、王烈、邴原等人浮海而東的處境與意志，其處己、處人皆可以為師法。鄭氏所記說是為吳中隱士所作，然其對隱士之看法實如此，也頗合於其環境與處世；元祐是南士，宋亡不仕，直到晚年才出任為極短暫的學官，從事教育工作。〔註48〕鄭氏又在一篇〈陋隱記〉中，強調「命懸於天，於窮達有不可必也」，並說若只求聞達，則於命有不安，必須撥之以義。這篇文章是為隱士顏宗道而寫，提出顏子安貧樂道，隱居以全天命，而不有毫髮之勉強，以此來述顏宗道之志，自然其中亦有其個人之思想在內，所謂「學顏子之所學，吾儒分內事也」。〔註49〕此處涉及到儒家思想中早就強調的命與義的問題，顏子所學、所樂，是金、宋思想所論的重點，這些元人也並未忽略。

總之，元代隱士有不少是「時不能用，不能盡其才，有志之士，寧沒身草萊，不見知于當世而不悔也！」這種心志。〔註50〕

〔註44〕參見《環谷集》，卷二，〈和陶靖節歸去來辭序〉，頁3下～5上。

〔註45〕參見《東山存稿》（《四庫珍本》二集），卷三，〈鄭士桓穩居靈山詩序〉，頁28上。

〔註46〕參見《畏齋集》，卷六，〈元故處士倪君墓誌銘〉，頁18下。

〔註47〕參見陳旅，《安雅堂集》（元代珍本文集彙刊），卷六，〈菊隱齋詩序〉，頁228。

〔註48〕參見鄭元祐，《僑吳集》（元代珍本文集彙刊），卷十，頁449～451。鄭氏之生平可參見《新元史》（臺北：藝文），卷二三八，頁6上，但言之甚略，在《僑吳集》附錄，有蘇大年所撰之墓誌銘，可供參考。

〔註49〕參見前註《僑吳集》頁418、419。

〔註50〕見丁復，《檜亭集》（《四庫珍本》三集），危素所寫之序文，頁4下。

（五）屬於類似人生觀之不仕者

此類情形有時交待並不明確，例如說不樂於仕是「繼先君之隱志」者。〔註51〕有三世皆隱居不出，似與上述相同，但又以莊子有涯隨無涯之喻，以命懸之天，未有積極求仕之意。〔註52〕然並未說明若有出仕的機會時，則將持何種態度？不像有的例子還能看出其關連之線索，如貢師泰寫〈休休亭記〉之主人林宗正，雖具有道家思想而存隱志，但仍可看出其曾於仕宦中遭到挫折。〔註53〕

（六）忠於故國之思而退隱者

此類情形幾乎在鼎革之際皆可看見，亦最為人所共知；金宋元之際亦不能例外。在《新元史》中收集此類的隱士較《元史》為多，可參見其《隱逸傳》（卷二四一，共收有二十人），不再贅述。

關於隱士評論式之看法，以及其他相關之情形，亦有一些資料值得注意。明初所修《元史》，對於元代隱士之看法分為兩類，一是度時不可為，故而高蹈以全其志，但並非是不欲仕者，得時則行，可隱則隱，這是古君子之風，而帝王亦不強之使起，此為上下兩得者。另一種則為上下兩失者，即蘊蓄或未至，然好以跡為高，帝王因其名而強起之，結果名實不符，成為欺世盜名之徒。〔註54〕這是強調隱士必為有才學之士，只因不得時而隱，並無其他隱士之意義。

《新元史》對元代隱士之看法亦別之為二類：一是因忠的觀念，懷故國而不事新朝者，如夷齊之志。一是窮居伏處，修天爵而不受人爵，合於《易經》蠱之上九之意，亦即不事王侯，高尚其志之意。其中特別指出古代嚴子陵、管幼安為例，又舉伯夷、叔齊、柳下惠為例，同時指出這種高尚其志之士與一般山林遯世者不同。〔註55〕

新、舊《元史》兩者之看法不盡相同，但也都在前述之範圍內可見。元人本身尚有不少見解討論此類問題，除前面略有述及外，又有如下：

虞集所論之重點是圍繞著顯與隱來說，以為二者並無高下之別，但要以義來判斷：

〔註51〕參見貢師泰，《玩齋集》，拾遺，〈歸隱菴記〉，頁23上。
〔註52〕參見鄧文原，《巴西集》（《四庫珍本》三集），卷上，〈婺源處士吳君墓誌銘〉，頁14上。
〔註53〕參見《玩齋集》，卷七，頁44上。
〔註54〕參見卷一九九，〈隱逸傳〉序文，頁1上、下。
〔註55〕參見卷二四一，〈隱逸傳〉序文，頁1上、下。

君子生乎世也，不出則處，不隱則顯，行斯二者，則有其道矣！
時隱則隱，時顯則顯，名以著之；當隱則隱，當顯則顯，義以裁之。
故不卑隱而尚顯，亦豈以隱爲高，而顯爲非哉？……蓋隱有潛心之
義焉，匪直藏其身之謂也。世有淺之爲士者，托文辭以自售，其於
聖賢語言之微，心學之懿，其得之或寡矣！況乎持不足之資，既出
而仕，則睢肟以合世，好龍斷以足己欲，豈復有一息之暇，回顧其
所得之自乎？〔註56〕

重視心跡之論調，則在戴表元爲友人董可伯所作〈隱居記〉中可以看出：

世之爲高者，多託隱於山林，山林之去人甚近，貧賤而居之，
則累於身；富貴而居之，則累於名，是二者皆非所以安也。於是又
有逃蹤絕俗之士，求超然於是物之表以爲安，而終不免於累者，心
迹異焉故也。……有稱情之安，而兼及物之樂，……人間愛憎喜怒
休戚之感，是非榮辱得喪之役，亦不能入也，持是而隱於山林，可
謂心跡俱超，而身名無累矣！〔註57〕

表元又認爲只放身於山林並非隱士，隱士是本身有材可以仕，但時不用而志
不屑就，故放身山林於己無愧，人亦知其名〔註58〕，這與虞集以及其他一些
人的看法可謂相似。

再如汪克寬亦認爲賢者未達，乃隱居以求其志，是有所託而自晦，即藏
經濟之器而託跡者，設若不知幼之所學爲何道，壯之所行爲何事，濟世無才，
徒號之爲隱，實則非隱。〔註59〕

上述三者皆在爲隱士正名，共同之看法是要安於所隱，求心跡一致爲重，
不以外在身之逸居山林即爲隱，而隱顯之間亦無軒輊，目的在於求其志、行
其道，兩者係相通，非有二別也。

元末趙汸在賀鄭玉受徵召的書信中即有類似之看法。鄭玉是因提出治安
之策頗受朝廷重視，故有徵召之聘，趙汸雖然以道賀爲名，但卻有勸阻出仕
之意，其意以爲所條陳的治安，若朝廷能行之，則不仕猶仕，如此，朝廷與
士大夫間彼此皆不負〔註60〕。意思是士既期於行道或所學能濟世，朝廷能行

〔註56〕 見《道園學古錄》，卷九，〈書隱堂記〉，頁102下。
〔註57〕 見《剡源戴先生文集》，卷四，頁44上。
〔註58〕 參見同前註，〈陶莊記〉，頁43下。
〔註59〕 參見《環谷集》，卷四，〈和溪漁隱圖詩序〉，頁20下。
〔註60〕 參見趙汸，《東山存稿》，卷三，〈賀鄭師山先生受詔命書〉，頁46上。

所陳，目的即已達到，何必非仕不可？大約趙汸認為當時出仕非其時，但不便明言，蓋其時正臨元末，社會已見不安之勢。

鄭玉始終未仕，很合於隱士之標準，其一生從事教育，對顯隱之看法是重道之所在，「孔孟晦一時，顯萬世」，〔註61〕故對居家孝悌之學生，寫〈亦政堂記〉，取孔子「是亦為政」之意。〔註62〕然則鄭玉最後的結局是為元殉國，在留給家族的信中說明其死是不事二姓之忠，欲「為天下立節義，為萬世明綱常」，〔註63〕鄭玉這一型之隱士應值得多加注意。

借孔子亦政之教者尚有汪克寬之〈亦政堂銘〉。〔註64〕與鄭玉同樣注重推廣孝道成一家之政，亦是化人之德治觀念的最小範圍，然後以之可行於鄉里，此與治天下以孝道倡無異，而更能切身實行，在此亦可確認出仕之真義，則隱居求其志，亦能行其道，隱之義則同時可見。

四、結　語

隱士求志，其生活自應是具有理想，能安身立命者，似與佛、道之流的生活並不相同，故要學顏子之所學，或如戴表元所說「心跡俱超，而身名無累」，亦如袁桷所稱，要以孔子所敘之逸民為隱士之生活。〔註65〕大體上皆能說明元人對「隱」之看法。

以漢人而言，元朝是「外族」所建之政權，尤以南宋之民，更有亡國之痛，出仕與否已造成心中之壓力，而元代中期之前未行科舉之制，往往出仕須入吏為官，心理上未能適應，故出仕及入吏形成雙重之壓力。傳統之士人本即有仕與隱之取捨，正給予元代士人之依據，且隱逸不仕，歷來皆有清高之名，不論其原因為何，皆能有其說辭，而於其中，大抵可看出其觀念如何。道行與道尊在於心志之異或身跡之異？出處審時又因人而異，在元人對「隱」之看法中，皆有所涉及，同時亦反應出其時代之背景與社會之環境。

（原刊於《華學月刊》，第一四五期。臺北：中國文化學院，民國73年。）

〔註61〕見鄭玉，《師山集》（《四庫珍本》四集），卷五，〈養晦山房記〉，頁3上。
〔註62〕見《師山集》，遺文，卷一，頁15上。
〔註63〕同前，卷三，〈與族孫忠〉，頁13上。
〔註64〕參見《環谷集》，卷七，頁5上。
〔註65〕參見《清容居士集》，卷三〇，〈文清薛處士墓誌銘〉，頁450下。

陸、略述元代朱學之盛

一、前　言

　　元代之學術思想以朱學為主，科舉考試也以之為主要科目，朱學之盛行由此以下至於今日殆七百餘年。朱學成為主流之思想，其地位之確定可謂完成於元代，此多為學者所共知。但關於元代朱子之學的論著並不太多，原來論述元代之學術思想者即遠不如其前後的宋、明兩個時期，顯然元代並未受到重視，抑或因其乏善可陳之故？通常言及元代學術思想者，多在宋明之間涉及之，也有選擇一、二名人作概略敘述者，專題的研究以及有系統之論著實屬少數。〔註1〕本文之作主要在朱子之學於元代盛行之實際狀況，對於其時

〔註 1〕錢賓四先生曾為文五篇略述金元諸儒，已然注意及頗受忽視的此一時期的人物，見《宋明理學概述》（臺北：學生，民國 66 年），頁 244～254。另外對元代學術思想史之專論，則由黃東發、王深寧以至於吳草廬，可見其旨要，元末論及楊維楨、趙汸、葉子奇等人，由之源發明初諸儒學術，並金元之道教問題，以及理學與藝術問題等，有元一代之學術思想大率在此，參見《中國學術思想史論叢》（六）（臺北：東大，民國 67 年）。陳榮捷先生專論元代朱子之學的源流與發展，並敘各家思想之特性，參見《朱學論集》，〈元代之朱子學〉（臺北：學生，民國 71 年）。頁 299～329。其餘尚有數篇論元代朱學者，如龔道運先生，〈元儒許衡之朱子學〉（臺北：國立編譯館館刊，第八卷，第二期，民國 68 年），頁 195～210，〈元儒郝經之朱子學〉（同上，第九卷，第一期，民國 69 年）頁 2～23。孫克寬先生，《元代金華學述》（臺中：東海大學，民國 64 年），《元代漢文化之活動》（臺北：中華，民國 57 年）等書。袁國藩先生對元代諸儒有幾本專書，如《元吳草廬述評》（臺北：文史哲，民國 67 年），《程雪樓評傳》（臺北：新文豐，民國 68 年），《元許魯齋評述》（臺北：商務，民國 61 年）等。外文著作亦有可參考者，如 James, T.C. Liu（劉子健）"How Did a Neo-Confucian School Become The State Orthodoxy" Philosophy East and West, 23：4, Oct. 1973, pp. 483-505. 年復禮 F.W.Mote, *Confucian Emeritism in The Yuan Peried* in A. F. Wright

之朱學面貌大體可見。

二、朱學之興起

　　元代不惟朱學盛行普及，以至於定爲科舉之標準，在「外族」朝廷統治之下似乎是令人詫異之事。將兩宋集大成之學術保存下來，亦即是代表中國學術之精華，終由朝廷來推動普及之，這應具有極大之歷史意義。至於元代朱學在社會、民間之尊從與普及，其意義要大於科舉之標準。科舉固爲元代士人努力倡行漢法之目的，但科舉之性質與實效，簡略地說不過是士人入仕之一途而已，而且在入仕之途中所佔之比例甚微，在整個元代之政治結構中，若非過份之辭，其功能於士人僅點綴耳！

　　不論如何，朝廷科舉之朱學，與社會民間之朱學盛行，皆延續中國學術思想之精華，亦培植文化上充沛之活力，此皆爲後代奠基，而影響又極大，至少明初之學術即來自於此。同時尚須歸功於元朝廷之統治未在文化上有所箝制，或者在思想上之壓迫，亦即元代文網不密；比之於金代之迫害士人，可見到元代學術之自由，若比之於清代之文字獄，則更不可同日而語。

　　若以科舉定之於一家而言，在元代亦不足以構成對學術之限制，因科舉在政治前途中所佔之比重極小，士人入仕多途之故。若言及學術上之排擠傾軋，恐怕是任何時代皆不可避免，然值得注意者，朱學在南宋曾爲被禁之僞學，而到元代反成爲考試之科目。

　　元代朱學之盛行，不止於讀朱子之書的普遍，同時還可以看到朱子意識的浮現。朱學在元代之地位，以及尊朱之意識亦可從許多方式中得知。朱學之傳授於北方，一般以趙復於戊戌年（1238）在太極書院開始，但早在金、宋對峙時期，北方已知朱子之學，金代華北諸儒對朱子之學並不陌生，只是未有系統的傳講朱學。若就教學上本朱子之意者，北方尚有早於趙復，或者與其同時之學者。有金朝士人王得輿，高平人，曾應童科，以金末兵亂而居於興元，得輿爲主程朱之學者，蒲道源〈西軒王先生傳〉中有所敘述，言其居家教學，言行皆本於程朱而受人翕然師尊之：

> 朱氏小學四書，先時教人者未之及，惟先生之教，必本于此，
> 然後及六經，於是教者、學者必以爲法，……所友皆天下士，自許

---

ed; The Confucian Persuasion. Stanfound Univ. 1960, pp. 202-240.狄百瑞 W.T. de Bary 有打字油印本 *The Rise of Neo- Confucianism Orthodoxy in Yuan China*.

魯齋（衡）而下，咸候問相及。……左山商孟卿（挺），寄詩以程頤、楊震許之。青崖魏太初（初）作記，以爲程朱語錄中人，讀者不以爲過。〔註2〕

由此可知，至少金末時北方已有王得輿傳授程、朱之教，而且還有相當之地位。不過趙復對北方朱學除有傳布之功外，對於新儒學道統之再確認，亦非其莫屬。〔註3〕

有關元代朱學盛行之記錄頗多，大體上皆如虞集在建朱子之祠堂記中所言：

群經四書之說，自朱子折衷論定，學者傳之，我國家尊信其學，而講誦授受，必以是存則，而天下之學皆朱子之書，書之所行，教之所行也，教之所行，道之所行也。〔註4〕

有關朱學之流布與新儒學發展之路線，則北方有趙復傳許衡爲代表之一線，有江西饒魯傳吳澄爲代表之一線，有金華金履祥傳許謙爲代表之一線〔註5〕，此皆元承宋人之學的淵源。

南方可說是朱學之大本營，故應特別興盛普及，然亦不如想像中之流行各地，據戴表元所記其家鄉慶元奉化州（浙江奉化），至少在乙巳年（1245）年前並不流行，大概是較遠僻之故。戴氏說乙巳年之前的鄉里教學以小學者，僅四、五家，在課餘則雜試《河圖洛書》、《堯典》閏法、《禹貢》賦則、《周禮》兵制等，亦間或口授《顏氏家訓》、《少儀外傳》等小書，至於朱子之學則偶有傳抄而至。及甲辰、乙巳間有以朱學中甲科，於是四方乃爭售朱學，一時傳爲熱門，當時傳到奉化諸書，只有《易本義》、《四書註》、《小學》等最爲完備，其餘皆不全，而其中僅四書流布，家有人誦之，懂得《易本義》者極少，小學卻是幾無人讀。〔註6〕此約可說明南宋晚期的朱學流行是與科舉有關，四書之通行即是如此，小學倒並不爲人所重。

〔註2〕見蒲道源，《閒居叢稿》（臺北：國立中央圖書館，元代珍本文集彙刊，民國59年），卷一四，頁578、579。

〔註3〕參見陳榮捷，〈元代之朱子學〉，頁302、304。

〔註4〕見虞集，《道園學古錄》（臺北：商務，《四部叢刊》初編），卷三六，〈考亭書院建文公祠堂記〉，頁318上。

〔註5〕參見同註3，頁304。

〔註6〕參見戴表元，《剡源戴先生文集》（《四部叢刊》初編），卷七，〈于景龍註朱氏小學書序〉，頁66下、67上。

三、朱學之盛行

　　元滅南宋，就政治而言是南併於北，但朱子之學打下了元代學術之江山，故就學術而言，是北併於南。元代朱學之流傳以及尊朱之表現方式，大略分為下面幾類來觀察：

　　（一）著書本朱子之意、或模仿、闡述等。此於元人談論正統、道統等問題時所見最多，例如趙居信作〈蜀漢本末序〉，即全述朱子《綱目》之意，使後學知正統之所在。胡一桂作《十七史纂古今通要》，全本朱子春秋之法，以是非論正統，而不少假於亂臣賊子。陳櫟作《歷朝通略》，以《綱目》為不可易之論，因評《通鑑》之失。郝經作《續後漢書》，本朱子《綱目》而正蜀等等。〔註7〕在道統方面而言，不但尊循朱子所說，同時也以之為傳繼此道統絕學者，元人對此幾乎無異辭，如汪克寬在〈重訂四書集釋序〉中說：

　　　　四書者，六經之階梯，東魯聖師以及顏、曾、思、孟傳心之要，舍是無以他求也。孟子歿，聖經湮晦千五百年，迨濂洛諸儒，先抽關發矇，以啟不傳之秘，而我紫陽子朱子，且復集諸儒之大成，擴往聖之遺蘊，……〔註8〕

胡炳文在其著作的序文中，亦表露相同之意，以為堯舜湯文武周孔顏曾思孟這一系列的心傳，亦由朱子所承接。並強調學必有統，道必有傳，而非朱子則不能明要其統。〔註9〕

　　金華一脈之學者許謙，得金履祥之正傳於理一分殊、求中之學，據黃溍所撰許謙之墓誌銘中記載，金履祥晚年所傳之學即在於此，〔註10〕許謙本人在〈答吳正傳書〉中，對此亦加致意強調之，其言說：

　　　　昔文公初登延平之門，……延平皆不之許，既而曰：吾儒之學，所以異於異端者，理一而分殊也，理不患其不一也，所難者分殊耳。朱子感其言，故精察妙契、著書立言，莫不由此。……然所謂致知，當求其所以知，而思得乎知之至，非特奉持致知二字而已也，非謂

〔註 7〕 參見饒宗頤，《中國史學上的正統論》（臺北：宗青，民國 68 年 10 月），頁 317～321。郝經見《陵川集》（臺北：商務，《四庫全書》本），卷二九，〈續後漢書序〉，頁 18 下～20 上。

〔註 8〕 見汪克寬，《環谷集》（臺北：商務，《四庫珍本》七集），卷四，頁 7 下、8 上。

〔註 9〕 參見胡炳文，《雲峰集》（《四庫珍本》四集），卷二，〈四書通序〉以及〈周易本義通釋序〉。頁 2 上。

〔註10〕 參見黃溍，《金華黃先生文集》（《四部叢刊》初編），卷三二，頁 328 上。

　　知夫理之一，而不必求之於分之殊也。〔註11〕

許謙承金華學脈，其著書亦多本朱子及其師承之朱學，如《讀書叢說》六卷，《詩集傳名物鈔》八卷，《讀四書叢說》八卷等。〔註12〕

　　胡方平、一桂父子，在易學上發明朱子《易學啓蒙》之旨。方平之學出於沈貴寶與董夢程，而貴寶亦從夢程學，夢程則出之於黃幹，可知方平亦得朱子正傳；一桂即從其父所學。方平有《易學啓蒙通釋》二卷，一桂有《易本義附錄纂疏》十五卷，《易學啓蒙翼傳》四卷等。〔註13〕

　　其他如張䚵之著作，吳澄序其書以爲「儼然新安朱氏之尸祝也」。〔註14〕于景龍之著作，即本朱子意而取小學書章句釋解之〔註15〕。黃澤治經，一本程朱之義理。〔註16〕倪仲弘合陳櫟、胡炳文所著四書之解，以求朱子之意。〔註17〕

　　（二）著書改正不合朱子之意者。此類著作都表示出在於彰顯朱子思想之正統，無形中亦流露出衛道之強烈情緒。陳櫟與吳澄齊名，吳澄亦以其有功於朱氏爲多，而陳櫟之功在於力尊朱子，其以爲有功於聖門者莫若朱子，及朱子沒後，諸家之說往往亂其本眞，於是著《四書發明》、《書傳纂疏》、《禮記集義》等書，用力極深，凡有背於朱子之意者，刊而去之，關於微辭隱義，則引而申之，對於所未備及者，復爲說以補之。這使朱學得以明於當時，不怪吳澄要稱其功。〔註18〕陳櫟尊明朱學的基本態度，在學術上自稱是以「孟子、朱子之意其歸一」。〔註19〕

　　極爲尊循朱子之意的胡炳文，頗精於易學，對朱子四書之學也勤下工夫，

〔註11〕見許謙，《白雲集》（臺北：商務，《叢書集成簡編》），卷二，頁28。
〔註12〕參見《元史》（臺北：藝文），卷一八九，〈許謙傳〉，頁6上～8下。另參見何淑貞，〈元代學者許謙〉（臺北：《孔孟月刊》，第十四卷，第九期，民國65年），頁17～21。
〔註13〕胡方平、一桂父子之傳紀，參見《元史》，卷一八九，頁9下～10上。其著作大要，方平見於《四庫全書總目》（臺北：藝文），卷三，頁49上～51上，一桂見於卷四，頁2上～3下。
〔註14〕參見前註《元史》，頁3下。
〔註15〕同註6。
〔註16〕參見《元史》，卷一八九，〈黃澤傳〉，頁11上。
〔註17〕同註8。
〔註18〕參見《元史》，卷一八九，〈陳櫟傳〉，頁9上、下。
〔註19〕見陳櫟，《定宇集》（《四庫珍本》二集），卷三，〈程松谷孝經衍義跋〉，頁16下。

於其著作中糾正饒魯與朱子牴牾之處甚多，〔註20〕其著作有《易本義通釋》、《四書通》等。在給吳澄、陳櫟等人的書信中，皆一再強調其《四書通》之作，旨在以《四書纂疏》及集成等書，所記或失之泛，或失之舛，故特為糾正之，俾可明朱子之意。〔註21〕在給汪宗臣的信中，則又度強調其著作之目的，其言為：「殫五十年心力，《四書》、《周易》等書，雖不過發明朱子之說，不能就正有道，此為大不滿耳！」〔註22〕

（三）為文論述朱學或讚揚朱子者。此類的文章最多，亦無法一一盡舉，因朱子到底是學術界公認之巨儒，不論對朱子之學術與思想讚許幾分，行文間總多有欽崇之意，大體上如汪克寬所說：以近代濂洛諸儒繼出，至朱子乃集其大成，至此則「揭晦冥之日月，開千載之盲聾，於是六合……誦其書、攻其學」。〔註23〕

劉鶚有幾篇論文皆以北宋五子為中心，且多以程朱得孔孟真傳為旨要，在論道述學之際，無非以程朱所承緒之道統而言。〔註24〕有調和朱陸之意的鄭玉，為學根本以據朱學為多，而其論文亦本朱子意，至於「日誦四書，玩味朱子之說」。〔註25〕許有壬力尊朱子《綱目》之餘，又為學出雙峰、勉齋的柴希堯所作之《論語衍義》寫序，序中稱聖經大明以二程子之故，而朱子實繼之，於是力尊朱子受道統，同樣地，在其餘的文章中也可看見其多尊朱子之意。〔註26〕此外，如劉岳申亦為文著重道統而尊朱。〔註27〕吳師道則以朱子之功為異世夫子〔註28〕等等。

〔註20〕參見同註13《元史》，頁10上。

〔註21〕參見同註9，卷一，〈與草廬吳先生書〉，頁3上，〈答定宇陳先生櫟拜辭求遺逸詔之五〉，頁17上。另參見《宋元學案》（臺北：廣文，民國68年），卷八九，頁16所述。

〔註22〕見前註文集，頁6上。

〔註23〕見《環古集》，卷五，〈萬川家塾記〉，頁10下。同樣地說法又見於卷四，〈重訂四書集釋序〉，頁7下、8上，〈通鑑綱目凡例考異序〉，頁9上等文。

〔註24〕參見劉鶚，《惟實集》（《四庫珍本》四集），卷一的幾篇論文，如〈存心論〉、〈踐行論〉、〈疏水曲肱樂在其中論〉、〈回也不改其樂論〉等，頁6～11。另參見卷二，〈齊安河南三書院訓士約〉，頁10下。

〔註25〕見《環谷集》，卷八，〈師山先生鄭公行狀〉，頁11下，全文見頁10下～20下。

〔註26〕參見許有壬，《至正集》（《四庫珍本》八集）卷三二，〈論語衍義序〉，頁13下，另可參見卷三三，〈性理一貫集序〉，頁3下，〈春秋集義序〉，頁6下等。

〔註27〕參見劉岳申，《申齋劉先生文集》（元代珍本文集彙刊），卷一二，〈南康路儒學重修記〉，頁268。

〔註28〕參見吳師道，《吳正傳先生文集》（元代珍本文集彙刊），卷一二，〈明善書院

安熙之尊朱側重於道統，在《齋居對問》中除闡明道統之外，特別強調朱子爲「繼往聖、開來學，而大有功于後世」，然則亦陳述自己的爲學即在於此道學，似乎有較強烈地承緒道統之意識，若細讀其文則可以看出，此特點與其他人論道統而尊程朱時並不完全一致。〔註 29〕其餘尊朱而繫於道統者所在不少，如柳貫在〈婺源州重建晦菴書院記〉中，對朱子承道統說得極爲明白。〔註 30〕又如黃溍在替幾位理學名家寫的墓誌銘中，像韓性、許謙等人，亦皆表露同樣地看法。〔註 31〕前面亦提及元人對於朱子承繼道統幾乎未有異辭，故而只要是言及道統之文，莫不力主尊朱之意，在此亦不一一列舉。

（四）主持學術或教育者。最著名者當以許衡爲首，在中央主持國學，一則力倡漢法，一則尊主朱學，而這二者乃是相並而行。關於漢法之提倡是元代漢士共同努力之目標，許衡則是主要領導人之一，此爲讀史者所熟知之事，在此不擬多論，可參看其「立國規模」的奏議中所說最爲清楚，於其中一再說明「北方奄有中夏，必行漢法，可以長久」之意。〔註 32〕關於朱學之尊主發揚，在前文已略有所及，這裏再稍加補述。朱學是許衡之學術代表，亦是其參與政治之依據，確立其歷史地位者也應在此。其本人之言論行止多處可見其尊朱之旨，例如：在給其子師可的書信中說：「小學四書，吾敬信如神明，自汝孩提，便令講習，望於此有得，他書雖不治，無憾也！」。〔註 33〕又如在解說大學要略中，全篇所反覆說明者，亦是在強調治平之道本於小學與大學之教。〔註 34〕

至於元代當時之人，表彰許衡尊朱及發揚朱學之功的文章甚多，例如虞集說：

> 國學之置，肇自許文正公，文正以篤實之資，得朱子數書於南北未通之日，讀而領會，起敬起畏……文正自中書罷政爲之師……文正故表章朱子小學一書以先之……嗚呼！使國人知有聖賢之學，而朱子之書得行於斯世者，文正之功甚大也。〔註 35〕

　記〉，頁 308。

〔註 29〕參見安熙，《默庵集》（《四庫珍本》三集），卷三，頁 1 上～6 上。

〔註 30〕參見柳貫，《柳待制文集》（《四部叢刊》初編），卷一五，頁 198～199 上。

〔註 31〕參見同註 10，〈白雲許先生墓誌銘〉，〈安陽韓先生墓誌銘〉。

〔註 32〕見許衡，《許魯齋集》（《叢書集成簡編》），卷二，頁 7～8。

〔註 33〕見前書，卷四，頁 50，〈與子師可〉。

〔註 34〕見前書，卷三，頁 19～25，〈直說大學要略〉。

〔註 35〕見《道園學古錄》，卷五，〈送李擴序〉，頁 10 上。

程鉅夫在《魯齋書院記》中贊揚許衡主持教育之功，又說道：

> 觀先生之於朱子，信其道、從其言，尊之為父師，敬之如神明，嗚呼！殆所謂雖無文王猶興者與……凡所以尊先生者，無不為也，然非私也，所以為道也……。〔註36〕

其餘如姚燧說許衡之學「一以朱子之言為師」，並讚揚其教育扶植之功，〔註37〕蘇天爵則以許衡有「端本以正人心，立教以化天下」之功〔註38〕等等，可知朱學在官方教育上之地位，許衡之功確不可沒，因其主持中央以及地方上之學術教育，自易使朱學蔚然成為主流之學術。

關於地方上之學術教育主持人，與許衡同樣尊倡朱學者也異常普遍，如一般擔任儒學提舉，或書院教職者。同恕曾主持魯齋書院，其學則主程朱而溯孔孟一脈。〔註39〕程端禮之教學，力倡朱子讀書法，在其文集中到處可見，端禮一再說明程朱之出，使四書六經之道大明，而朱子集諸儒之大成，講學之方亦皆有所定，故宜取其書並用其讀書之法，「熟讀精思，反身而誠」。〔註40〕熊朋來當宋亡之初隱居於處州，授徒百餘人，即以朱子小學書為教，致朱學得以廣布流傳。〔註41〕

以上所舉地方教學之名儒數人為例，事實上使朱學散布最廣之方法即為此，一方面元代書院甚為發達，至少可知者有四〇七所，其中以南方尤多〔註42〕。書院之教學雖不能確定完全傳程朱之學，但愈往後應愈有此種傾向，因元代朱學已有學術上之重要地位，書院凡講學則傳教其學之可能性頗大，既使或有不加以注重者，應該也不致生疏，尤其是配合第二方面之發展後更應

〔註36〕見《程雪樓文集》（元代珍本文集彙刊），卷一三，頁16上。

〔註37〕參見姚燧，《收庵集》，卷七。

〔註38〕參見蘇天爵，《滋溪文稿》（元代珍本文集彙刊），卷六，〈正學編序〉，頁1上。

〔註39〕參見《元史》，卷一八九，頁15下。

〔註40〕參見程端禮，《畏齋集》（臺北：國防研究院、中華大典編印會，四明叢書，第一集，民國55年），卷四，〈送婁行所歸安吉序〉，頁6下。其他尚可參見〈送劉宋道歸夷門序〉，頁7下。〈送教授鄭君景尹赴浮梁任序〉，頁12上、下，此文中又可知鄭景尹亦係尊朱之學者。最可見程氏主朱學心意者，可見其《程氏家塾讀書分年日程》一書（《叢書集成簡編》）。

〔註41〕參見《道園學古錄》，卷一八，〈熊與可墓誌銘〉，頁107下。

〔註42〕書院之數係根據何佑森，〈元代書院之地理分布〉一文（九龍：《新亞學報》，第二卷，第一期，1956年），頁361、408。另外〈元代學術之地理分布〉（同上，第二期），對於學者之分布有參考價值，而文後之按語極有助於了解元代學術之大要。

如此。第二方面即科舉之實行，定程朱之學爲本，教學上自不免要注重此「顯學」；於是在教育上最能使之廣布於社會上。科舉之情形容下文再作敘述。若再以官立各級學校來看，據《元史》上所載達二萬餘所，此數字是相當龐大，若全皆側重朱學之傳授，其影響之鉅亦必可知。〔註43〕

　　教學之內容，以中央國學爲例，其課程標準在世祖至元二十四年（1287年）訂立，規定先孝經、小學、四書，而後再讀五經等，到仁宗時更配合科舉之行，有進一步之規劃，但原則仍依至元時之標準，〔註44〕由此可見朱子意識實奠定於國學教育課程之中。

　　（五）科舉方面之主朱學。這方面多爲學者所知，在此僅提出值得注意的幾點作參考。第一是元代正式行科舉已是中葉仁宗時期，但元初士人一開始即極力爭取此漢法，也曾經有過一次大規模考選士人的實施，此次「準科舉」是在太宗九年（1237年）的秋季，取得諸路儒士達四千餘人，但考試內容不詳，只知分論、經義、詞賦三科，〔註45〕以當時情形看來，極可能是依照金制，並未以朱學爲主，朱學正在開始廣布流傳，恐怕尚不及列爲考試之標準，可知朱學到後來成爲考試標準是經過尊朱學者之努力而來，其一方面爭取科舉制度之確立，一方面配合對朱學之提倡，及到仁宗時期，似乎就水到而渠成。

　　第二是元制之科舉，兩榜試題皆以四書爲主，並用朱子章句集註，不過漢人、南人一榜尚須考經義一道，各治一經，詩主朱氏，易以程氏、朱氏爲主，書則以蔡氏，然三經可並用古注疏，春秋則可用三傳及胡氏傳，禮記亦用古注疏。〔註46〕可知程朱之學是重點，但也未完全包括而不得絲毫出入，並非只考四書朱註而已。

　　第三是元代科舉本朱子貢舉私議，若知貢舉之文而不知朱子之學，遂成爲場屋之業，極有本末不明之可能，此於元代已有尊朱學者論及。〔註47〕明末黃宗羲即以此問題評論元人未必知朱學，只因科舉之故而學其具文而

〔註43〕《元史》上所載之官學，在至元二十三年，有二萬一百六十六所（卷一四，頁11下），到二十五年，達二萬四千四百餘（卷一五，頁14上），到二十八年，成爲二萬一千三百餘（卷一六，頁25下），確實數字一時不能肯定，或關係官學興廢之事而有出入。

〔註44〕參見《元史》，卷八一，〈選舉志〉一，「學校」條，頁15上～16下。

〔註45〕參見前註，「科目」條，頁2下、3上。另見卷二，〈太宗本紀〉，頁6上、下。

〔註46〕參見前註，「科目」條，頁4下、5上。

〔註47〕參見同註10。

已。〔註48〕黃氏之論恐怕未必全為事實，雖然元代科舉不免此種弊端，但科舉係元代中期以後之事，在此前朱學已盛，尊朱學之儒士們水準未必皆差，就前面所舉諸人皆具有相當之水準。另外還有不少人並不為科舉，甚至不為入仕而研究朱學，就《元史》所載較著名者如韓性、梁益等人即是。〔註49〕

（六）以刊書、譯書方面者。元初之姚樞在這方面頗受稱道，後人稱其功在唱鳴道學，即因刊書四布之故，其中以小學、四書為主，此亦即其所認為的是進德之基。前面提到傳儒學道統於北方之趙復，即為姚樞在軍中所獲，與許衡、竇默等人是元初力倡漢法的重要人物，學術思想上也都相近。〔註50〕

另外有深通蒙古文之趙璧，翻譯真德秀之《大學衍義》，使朱學有漢文以外之本子，以便提供外族人士閱讀。〔註51〕不惟如此，趙璧還以蒙文疏釋四書，以之教授當朝顯貴，使蒙古等外族感受中國文化之洗禮，「然後貴近之於從公學者，始知聖賢修己治人之方矣！」，〔註52〕可知甚有翻譯並教育之功。

四、結　語

由上面一些簡要的分類說明，大約可知朱學在元代盛行之一般狀況。尊朱固尊朱，盛行儘盛行，但元儒也並非對朱子全盤接受，或者墨守其說，此於朱學表示其意見者亦可看出。例如校補之類者，就前面所述諸作中已有少許，但這些還未必算是「反對」朱子者。顯明地評論，在中國的學術傳統中，總不如用隱晦或暗示的方式來表達者為多。主朱學的名儒劉因，言小學是「善發明朱子言外之意」，〔註53〕這種情形即著重其表現獨到之見解，所謂「言外之意」實則多為不同之處。

吳澄著作豐富，直有立言之志，有更多出朱子意外者，當時學術界指其為偏向陸學，以至遭到排擠，〔註54〕此則說明元代之學術的確為朱學之江山。科舉獨尊朱學，不免引起時人之非議，虞集在言語間即有不滿之意，〔註55〕

〔註48〕參見《宋元學案》（臺北：廣文，民國68年），卷九三，頁2上。
〔註49〕參見《元史》，卷一九○，頁12上、下，以及頁15上、下。
〔註50〕參見《牧庵集》，卷一五，〈中書左丞姚文獻公神道碑〉，頁131上～137下。
〔註51〕參見《元史》，卷一五九，〈趙璧傳〉，頁13上。
〔註52〕參見《道園學古錄》，卷一二，〈中書平章政事趙璧諡議〉，頁125上、下。
〔註53〕見《金華黃先生文集》，卷二一，〈跋靜修先生遺墨〉，頁210上。
〔註54〕參見《道園學古錄》，卷四四，〈故翰林學士資善大夫知制誥同修國史臨川先生吳公行狀〉，頁386下、387上。
〔註55〕參見《元史》，卷一八一，〈虞集傳〉，頁6下。

袁桷在〈國學識〉中也表示同樣的意思〔註56〕，然則這些仍不影響他們尊崇朱學，只是在朱學旗幟遍布之時代裏，某些學者還是有其獨立之意見，並非是「全盤皆朱」。

還有值得一提但非本文所要詳論的問題，可略作一述。《宋元學案》是關於宋元學術思想史之鉅作，其立場是以理學爲中心，甚至可說是以程朱這一脈相傳爲主，其寫作態度與取捨之間當可明瞭。黃百家認爲「有元之學者，魯齋、靜修、草廬三人耳」，〔註57〕黃氏之意自不會是除三人之外元代再也沒有學者，應該是以此三人爲鉅、爲主流，或者代表之意，此種看法倒是頗值得注意。

個人以爲這三人剛好是接承道統之三支或三派，可以找到不算勉強之證據，換言之，即三人似乎都以承接道統自任，而且皆具有相當強烈之意識。魯齋許衡除在前文可見之外，亦有學者研討及此，指出許衡以承接程朱所傳之道統自任，並極力發揚、維護此一道統。〔註58〕

草廬吳澄對於道及道統有其特出之看法，此一看法在其十九歲時之少年時期就能提出，明顯地表露出其抱負，以及其強烈之使命，吳澄說：

> 道之大源出於天，聖神繼之。堯舜而上，道之原也，堯舜而下，其亨也，洙泗魯鄒，其利也，濂洛關閩，其貞也。分而言之，上古則義皇其元，堯舜其亨乎！禹湯其利，文武周公其貞乎！中古之統，仲尼其元，顏曾其亨，子思其利，孟子其貞乎！近古之統，周子其元也，程張其亨也，朱子其利也，孰爲今日之貞乎？未之有也……
> 然則可以終無所歸哉？盍有不可得而辭者矣！〔註59〕

這段話應可知其心志何在。不過指斥朱子門人過重語文之末，又曾提出先尊德性而繼之以道問學之說，此與另一名儒鄭玉同有調和朱陸之意，而其學又爲明代之心學導先路，〔註60〕凡此與許衡之派不同，可視之爲接道統的另一支。

靜修劉因是元代最著名之隱士，其思想牟復禮（F. W. Mote）曾有專文論及，〔註61〕言靜修似乎成爲對元代外族政權表示消極反抗的一種代表人物。

〔註56〕 參袁桷，《清容居士集》（《四部叢刊》初編），卷四一，頁598上。
〔註57〕 參見《宋元學案》，卷九一，頁1下。
〔註58〕 參見同註3，頁313、314。
〔註59〕 同註54，頁385上。
〔註60〕 參見同註3，頁315～318。
〔註61〕 參見註1所引。

安熙爲劉因之私淑弟子，其於〈齋居對問〉中討論道統問題，認爲集大成之朱子，因繼往開來而使道大明，此道在元代仍爲大儒們所倡導；在位者則致君而行之，在下者則傳之於後，劉因即是其在下傳道者。安熙還特別指出當時雖然朱學大行，但對朱學眞正能了解、又具有高度水準者實在太少；這自是有所指涉，大概以爲劉因是眞正繼朱學之人，亦即爲承道統之人。〔註62〕

虞集曾爲安熙之文集寫序，序文中指出劉因接朱子之道統，而安熙則又接之，〔註63〕是則安熙肯定靜修之承朱子，亦即可肯定自己。靜修是否必須待後人子弟們之肯定？實則其本人相當自負，以爲得朱子之心，至於世之學者，則皆在「百尺樓下矣！」。〔註64〕

確認朱子接承中華道統之地位，此看法在元代幾乎一致，故朱學自然應爲正統之學，也較易於普及、盛行，而成爲主流學術。有心於道統之人，更須力捧朱學，以便自身地位之確立，是故道統觀念亦大有助於朱學之盛況。

（原刊於《中華文化復興月刊》，第十六卷，第十二期。台北，民國72年。）

〔註62〕參見同註29。
〔註63〕參見《道園學古錄》，卷六，頁72上～73上。
〔註64〕見劉因，《靜修先生文集》（《四部叢刊》初編），卷二二，〈跋朱文公傑然直方二帖書後〉，頁107上。

柒、元儒保八之易學與太極說

一、前　言

　　蒙元起自朔土，十三世紀初已雄據塞外，領有大漠南北之地，建立其草原帝國。其後向西發展，得畏兀兒之歸附，並進兵中亞，前後發動三次西征，不惟疆域領土擴張，亦接觸西域文化及吸納色目人才。並其向西發展而亦有南進之企圖，南進包括東進，此二方面皆爲金朝之地，因南進則接觸漢文化，同樣吸納漢地人才。故蒙元建國之初即已開始接觸西域與漢文化，並吸納二地區之人才，而自太祖成吉思汗起，歷經四朝至世祖忽必烈時已形成多元民族與文化之基礎。忽必烈建國號爲大元，即取《易象》「大哉乾元」之義，已可見其受漢文化之影響，又遷國都入華北燕京（大都）漢地，益見其帝國重心之所在，此皆爲蒙元帝國前期由蒙古本土、西域、漢地三者間政治文化偏向之重心取捨之結果。〔註1〕及忽必烈滅南宋一統中國後，大量南人與宋文化融入帝國，加之原來蒙古、西域、金代華北漢地，更造成多元文化與多族士人圈之形成。〔註2〕漢地與文化爲帝國之重心所在，故有元一代諸多蒙古、西域人有所謂「漢化」之問題。〔註3〕

〔註1〕關於元初五朝對西域、中原漢地之文化態度，及其間之偏向與轉折，參見札奇斯欽，〈西域和中原文化對蒙古帝國的影響和元朝的建立〉，《蒙古史論叢》（上）（臺北：學海，民國69年），頁217～232。

〔註2〕參見蕭啓慶，〈元朝多族士人圈的形成初探〉，《元朝史新論》（臺北：允晨，民國88年），頁203～242。

〔註3〕關於元代西域人與漢化，可參見陳援庵（垣），〈西域人華化考〉，收於《元史研究》（臺北：九思，民國66年）。蒙古人之漢化問題，參見蕭啓慶，〈元代蒙古人的漢學〉，〈論元代蒙古人之漢化〉，兩文收於《蒙元史新研》（臺北：允晨，民國83年），頁95～216，217～263。

　　元代典章制度與學術文化爲忽必烈時期所奠定，於典制取前朝與異代稽講而成，前朝爲元初四朝蒙古、西域與漢法之匯總，異代即爲唐、宋、金之定制，質言之，即北方蒙古、西域之法與南方金、宋之制綜融而成之複合體制。〔註4〕學術文化上則以漢文化爲主，因之，金、宋之學術於元代蔚爲大觀，於是傳統學術如漢、唐之學與兩宋之學有其延續及開展。如眾所周知，元代之學術思想爲程朱之學，陸學與調和朱陸者間亦有之，但朱學之大盛實啓自於元代；〔註5〕故論元代學術思想，幾乎皆在論述朱學於元代之發展及其內容。

　　前已言及元代既爲多元民族與多元文化，於漢文化爲主流之學術思想中，蒙古、色目人浸染漢文化，從事漢學者亦多。陳垣及蕭啓慶對色目（西域）、蒙古人之漢化或漢學有所論述，對於其漢學之實質內容並未在其所論之中。但欲論其內容則需依其著述而論，元代蒙古、色目人之著述頗爲有限，可據爲論述者自亦有其侷限。如作爲漢學基礎之經學而言，以陳垣列出之專著者僅瞻思、泰不華、貫雲石、余闕、保八（巴）有其著作，但今僅存保八之著作二種。〔註6〕以蕭啓慶列出蒙古人有關儒學之著作亦僅保八而已。〔註7〕如上所言，則儒家經學之部，蒙古、色目人之著作實爲罕見，而今存者，亦僅保八之著作而已，當可說其爲元代非漢人之經學著作之碩果僅存者。故言及元代蒙古、色目人之漢學，其具體之內容似唯有以保八之著作爲探討之對象。陳少彤、秦志勇對此已有專文論述，〔註8〕本文擬續作探討，俾便能有進

〔註4〕 參見拙作，〈13世紀之蒙元帝國與漢文化〉，《元史論叢》第八輯（南昌：江西教育，2001年），頁123～132。

〔註5〕 關於元代朱學之盛行情況，參閱陳榮捷，〈元代之朱子學〉，《朱子論集》（臺北：學生，民國71年），頁299～329。拙作，〈略述元代朱學之盛〉，《中華文化復興月刊》第十六卷、第十二期（臺北：民國72年），頁12～18。

〔註6〕 參見註3陳援庵前揭書，所收一二七人而謂元代西域人作者僅三十餘人，著述八十餘種，屬於經部者，列有瞻思作《四書闕疑》、《五經思問》，另有《奇偶陰陽消息圖》暫可歸爲《易》類，泰不華有《重類復古編》，貫雲石有《直解孝經》，余闕有《五經傳注》、《易說》，保八有《易原奧義》、《周易原旨》、《周易尚占》，見128頁132至。其中除保八二種今尚存外，餘皆無所見。

〔註7〕 參見註3蕭啓慶前揭文，頁116。文中列出蒙古人之漢學有關人物共一五六人，並指出與實際諳習漢學者應相去甚遠，係因資料可考者有限之故，見頁204、205。

〔註8〕 見陳少彤，〈保巴生平、著作及其哲學思想〉，《孔子研究》，1988年第一期（濟南：齊魯書社），頁105～112。陳氏另有舊作〈保巴及其《易》著中的哲學思想〉，原發表於《周易縱橫錄》（湖北：人民，1986年），此前，另有〈易原奧義一書的哲學思想〉，《哲學研究》1981年，十二期。秦志勇，《中國元代思想

一步之了解。

二、保八其人及其著述

　　保八其人，首先即爲其族屬問題，陳垣以其爲西域人，蕭啓慶以其爲蒙古人，陳少彤則暫依其爲蒙古人，秦志勇以其爲蒙古人，但註言另說爲西域人。四人所引據資料爲《四庫全書總目》載爲色目人，《新元史》載爲蒙古人。〔註9〕筆者意欲進一步尋閱相關資料，其情形如下：

　　《宋元學案》未見記載，然《補遺》有其條目，所引爲《經義考》，未言明其族屬，但王梓材案語仍據《總目》言其爲色目人。〔註10〕邵遠平《元史類編》載有保八之略傳，言其爲蒙古人，但未說明所據爲何。〔註11〕保八〈進太子牋〉中，自稱其爲「太中大夫，前黃州路總管兼管內勸農事」，〔註12〕知曾任職黃州路總管（下路），查明代《黃州府志》，本府所載人物有元代四人，但未見保八。〔註13〕清代《黃州府志》。亦未見其人。〔註14〕明代馮從吾有《元儒考略》一書，如《四庫全書總目》所言，其書大抵以《元史》〈儒學傳〉人

　　　史》（北京：人民，1994 年），頁 142～149。

〔註 9〕參見《四庫全書總目》（臺北：藝文，民國 63 年），卷四，〈經部·易類四〉，頁 113。柯紹忞《新元史》（臺北：藝文），卷二三五，〈保八傳〉，頁 2108。其餘諸人所說，參見註 3、註 8 各文。

〔註10〕參見《宋元學案補遺》（臺北：世界，民國 63 年）三，卷一六，〈太中保八先生〉，頁 1152。另參見朱彝尊，《經義考》（臺北：中研院文哲所，點校補正本，民國 86 年）二，卷四五，頁 255～258。

〔註11〕參見邵遠平，《元史類編》（臺北：廣文，民國 57 年）四，卷三六〈文翰二〉，頁 1924。

〔註12〕見保巴（八），《易源奧義》（臺北：商務，四庫珍本初集）卷首前附〈進太子牋〉。

〔註13〕見盧濬，《黃州府志》（臺北：新文豐，天一閣藏明代方志選刊），卷五〈人物〉，頁 92。所載元代本府人物爲夏璿、史弼、劉哈八兒、趙野四人。又陳少彤前揭文考保巴生平仕履，引《元史》〈地理志〉二，以所載言黃州路設總管府爲至元十四年至十七年。《元史》見卷五九，頁 141。陳文見頁 106。然據《府志》載趙野任總管爲「至元丁亥」年，爲至元廿四年。按《元史》所載爲：「（至元）十四年，立總管府，十八年，又爲黃蘄州宣慰司治所，二十三年，罷宣慰司，直隸行省。」所言爲至元二十三年罷宣慰司後，仍復舊狀爲總管府而直隸於河南江北等處行中書省，否則罷宣慰司後，黃州路如何交代？又如何「直隸行省」？且黃州路並未廢罷，僅於至元十八年至二十三年間改隸於宣慰司而已。故陳文之推斷其任黃州總管時間未必如是。

〔註14〕參見英啓，《黃州府志》（臺北：成文，中國方志叢書，湖北省，第二期），查相關諸志，如學校、職官、選舉、人物、藝文等，皆未見。

物爲主，〔註15〕既如此則當無保八之傳記，查其書確無其人之資料。曾廉作《元書》，其〈儒林傳〉中言及保八數語，但未言其族屬。〔註16〕元人任士林爲保八之著述寫〈易體用序〉，文中亦無法得知其族屬。〔註17〕至此，仍無法確知保八之族屬，有待往後尋閱資料而定。

保八之生平依前述各書及論著，大體可知其字公夢，號普庵，初居於洛陽，世祖至元年間出仕爲侍郎，官階爲正四品，但其侍郎不知爲何部？因六部皆有侍郎之故。後爲太中大夫、黃州路總管，官職皆爲從三品，而世祖、成宗時期，保八之仕宦並無其他之資料，武宗初繼位之大德十一年（1307），立其弟愛育黎拔力八達爲皇太子（即後繼位之仁宗），保八奉命輔正太子，其時仍爲太中大夫，似無其他官職。由前〈進太子牋〉可知，當時即將其易學著述呈獻太子，爲東宮輔教之官，其於東宮任何官職則不詳，約爲少師、傅之類。二年後，於至大二年（1309）出任尚書右丞，官正二品。此後近二年時間爲保八仕宦最重要之時期，亦爲其政治生涯最高峰時期，其主要表現於議立尚書省，使之爲國政之中樞，而設立尚書省在於鈔法幣制之改革。至大四年正月，武宗去世，仁宗繼位，旋即罷尚書省，並將主持省事之宰執五人處死，保八因而受誅。

保八之生平大體如上述，《元史》中所載僅及於武宗立尚書省與更改鈔法事，而仁宗廢尚書省並處死諸人之理由爲「變亂舊章，流毒百姓」，並以當年反對立尚書省之右丞相塔思不花等參鞫審理。〔註18〕以保八曾爲仁宗東宮時之傅保，仁宗初即位即併而誅殺之，且非謀反大逆之罪，殊爲費解，尚書省諸臣之罪名爲「變亂舊章，流毒百姓」，於仁宗登位稍後（至大四年三月十八

〔註15〕參見馮從吾，《元儒考略》（臺北：商務，四庫全書珍本四集），前附《提要》。

〔註16〕參見曾廉，《元書》（北京：四庫未收書輯刊，第四輯，1998 年），卷八八，附於〈胡一桂傳〉中，頁 16 下、17 上。

〔註17〕參見任士林，《松鄉集》（臺北：商務，四庫珍本二集），卷四，頁 32 下～33 下。

〔註18〕參見《元史》（北京：中華），卷二四，〈仁宗本紀一〉，頁 537。保八議立尚書省、改革鈔法，其時尚書省諸宰執爲丞相乞台普濟、脫虎脫，平章三寶奴、樂實、右丞保八、參政王熙，另有印鈔庫大使江某人。塔思不花以爲「此大事，遽爾更張，乞與老臣更議」，武宗不從而確立尚書省；鈔法更改倡議於樂實等事，見卷二三，〈武宗紀二〉，頁 513。此前，大德十一年九月，武宗初即位未久，即「詔立尚書省，分理財用」，命脫虎脫、教化、法忽魯丁任事尚書省，其實即已開啓新立尚書省之事，而御史臺亦上言不宜更立新省，並以世祖時爲綜理財務而立尚書省以阿合馬、桑哥主其事爲勸諫，但武宗未從，見頁 488、489。

日）詔書中所言：「凡尙書省誤國之臣，先已伏誅，同惡之徒亦已放殛」，〔註19〕又於四月頒〈任罷銀鈔銅錢使中統鈔〉詔，其中言：

> 比者尙書省，不究利病，輒意變更，……以倍數太多，輕重失宜，……其弊滋甚。〔註20〕

足見尙書省之罪名確爲鈔法改革之弊。不過丞相脫虎脫即康里脫脫並未見殺，乃出爲浙江省左丞相，《元史》〈仁宗記〉有誤，究其原因大約有二，一爲當年成宗去世之際，以其爲武宗近臣身分，調和武宗、仁宗兄弟與太后，順利擁立武宗登皇位，自更得武宗信賴而委以大政，史稱其調和之功爲「後日三宮共處，靡有嫌隙，斯爲脫脫所報效矣」。其二，爲「三寶奴等」曾勸武宗立皇子爲皇太子，脫脫不從，而與之議論，「三寶奴雖不以爲然，而莫能奪也」，故脫脫於仁宗有固其皇太子之功。〔註21〕此外，省臣中有忙哥帖木兒亦未遭誅殺，僅杖流海南。〔註22〕仁宗即位殺其他省臣，假以「變亂舊章，流毒百姓」之罪，甫登皇位即誅除諸人。保八既議立尙書省，而尙書省之權力核心即爲此批宰執，自不免其罪。

關於武宗時立尙書省，主爲理財，其情況頗類似世祖忽必烈時二度立廢尙書省，而其中有政治鬥爭之因素，保八政治生涯之高峰涉及權力爭奪，又涉及仁宗繼立皇位之危機，但此皆非本文主旨，暫不多論。

關於保八之著述，朱彝尊載有《易源奧義》一卷，《周易原旨》六卷，《周易尙占》三卷，三書中後書已佚，又言「總名《易體用》」附有任士林序文、车璹跋語、黃虞稷序語，〔註23〕《四庫全書總目》收《奧義》一卷、《原旨》八卷，則《原旨》多出二卷，其所收卷七、八爲《繫辭》上、下二卷，故爲八卷，〔註24〕相關史料與論著中可確認保八之著述即如上述之《奧義》一卷，《原旨》六卷、《繫辭》二卷，而總名爲《易體用》。〔註25〕黃虞稷言保八之

〔註19〕見《大元聖政國朝典章》（臺北：故宮博物院，景印元本），卷一，〈詔令卷之一〉，仁宗〈登寶位詔〉。未刊明頁碼。

〔註20〕見前註，卷二十，〈户部卷之六〉，〈鈔法〉，至大四年四月。

〔註21〕參見《元史》，卷一三八《康里脫脫傳》，頁3321～3326。

〔註22〕參見註18，頁537。忙哥帖木兒未遭誅而杖流，其原委有待後日考察，恐其未主張更立太子，然態度不若康里脫脫之立場堅定故也。

〔註23〕參見註10，朱彝尊前揭書。

〔註24〕參見註9，《四庫全書總目》。本文所用保八之《奧義》、《原旨》二書爲《四庫全書珍本初集》（臺北：商務）。

〔註25〕保八之著述，陳垣列出《易原奧義》一卷，《周易原旨》六卷，《周易尙占》

書有方回、牟巘之序文，今牟巘之跋語可見，〔註 26〕但是否另有「序」文，以及方回之序則未見，有待進一步考察。〔註27〕

　　保八著述今可見之版本爲通行之《四庫全書》本（內府藏本），據雒竹筠輯《元史》〈藝文志〉，列有保八之《周易繫辭述》二卷，據《中國古籍善本書目》著錄有北京圖書館藏元刊本。《易原奧義》一卷，爲北大藏抄之四庫本，並載有牟巘序文。《周易原旨》六卷，據王重民《善要》所載有北大藏抄本，且以爲即由四庫本錄出，而庫本實爲八卷本，又言有書目著錄元刊八卷本。《周易尚占》三卷，已佚。《繫辭》二卷，見於錢大昕《元史藝文志》。〔註 28〕所謂元刊本尚未尋見，《周易繫辭述》當即《繫辭》，卷數亦同，北大藏抄四庫《奧義》，謂有牟巘序，然今文淵閣庫本並未見牟巘序文，故尚不知所抄之庫本爲何？《原旨》庫本八卷本，係將《繫辭》二卷併入之故，今北圖藏有《元刊》本，〔註 29〕若確有其書，應甚珍貴，對研究保八之理學思想宜具有極大功用，有待他日尋閱考察。

三、易學大要

　　保八之學術在於《易》，今又可見其著述，故論元代之易學或經學，當不至缺漏其人，如徐芹庭述論元代之易，言保八之易學探本於程子，以卦體闡發卦用，發明其義理。〔註 30〕黃沛榮論元代之易學，表列其時之專書著述，登錄保八著作五種，其他言及元代述易學之文章，元代易學之特色，舉例而言其成就等。〔註 31〕

　　　　三卷。蕭啓慶引陳少彤文列出《易原奧義》一卷，《周易原旨》六卷，《繫辭》二卷。《新元史》列出《易原奧義》一卷，《周易原旨》六卷。蔡志勇列出《易原奧義》一卷，《周易原旨》六卷，《繫辭》二卷，另《周易尚占》三卷已佚。參見前述各註文中所引史料及論著。陳少彤對保八之著述有較詳之考證。

〔註 26〕參見註 10。朱彝尊前揭書。然朱氏僅節略跋語，而文淵閣本未載牟氏之跋文，今據文津閣本（北京：商務，2005 年）則載有其跋文於《四庫全書總目》之後，見第七冊，頁 37 下。

〔註 27〕方回之《桐江集》、《桐江續集》中，皆未見有爲保八著述之序文。然牟巘跋文中言：「書于虛谷方公之末」，可知方回有爲保八之書寫序文。見前註，文津閣本。

〔註 28〕參見雒竹筠，《元史藝文志輯本》（北京：燕山，1999 年），頁 4。

〔註 29〕參見前註，頁 196。

〔註 30〕參見徐芹庭，〈元代之易學〉，《孔孟學報》第三十九期，頁 223～256。文中側重於元代易學著述之詳舉列目。

〔註 31〕參見黃沛榮，〈元代易學平議〉，《元代經學國際研討會論文集》上冊（臺北：

　　保八之儒學以對易之研究爲代表，今以其著作《易源奧義》（以下簡稱《奧義》）、《周易原旨》（以下簡稱《原旨》）述其易學之大要。又爲行文方要，以下引其原文或述論則列其出處於文中，不另加註。

　　《奧義》一書分爲：

　　（一）〈先天圖〉等，有圖及圖解之文。

1. 〈河圖〉。圖中列陰陽點數五十五成先天圖，其言以河圖之數載於《周易》，分陰分陽以爲天數二十有五，地數三十，合得五十有五。以其陰陽未分根，干支未混淆時，此即所謂先天，並列乾坤等位，干支等數。先天數以天、地、人三才爲天下之大本，故先天譬爲根，其位爲皇極（見頁 4 上、下）。

2. 〈中天圖〉。以八卦圖配人道之位，即立人之道爲仁與義，以乾道成男，坤道爲女，故有父母男女，然後人道序；君臣、父子、夫婦，然後人道立。（見頁 6）

3. 〈後天圖〉。以立地之道曰柔與剛，以其地道當耦，故列點數四十成洛書，又以爲係「根干支末之理」，於五行內剛柔互有，即陰陽互有以立地道，其後天數爲三極之妙用，取一動一靜互爲根之理。（見頁 9 上、下）。

4. 〈皇極干支圖〉。以皇極爲根而干、自干而支，「三才五行具矣」，即生生無窮之道，此圖言本末始終之理。（見頁 11 至 12）。

5. 〈卦圖〉。其一爲太極生兩儀、四象、八卦之圖，其二爲六十四卦之大橫圖；此實爲八卦與六十四卦名之表列。（見頁 12 至 14）。

　　保八作各圖頗具創意，與古本《周易》所制之九圖不同，而將之融合配置成。

　　（二）〈易源心法〉。首言卦八體之關係，互體或反對，如以乾、坤二卦，無反對、無互體，純一不雜，倒正不變，即是。復言其心法之要，整理如下（見頁 15 至 18）：

1. 定卦主，指一卦之主意。如《繫辭》云：「陽卦多陰以陽爲主，陰卦多

中研院文哲所，民國 89 年），頁 159～194。所列保八著述五種爲《易原奧義》一卷，《周易尚占》三卷，《周易原旨》六卷，《周易繫辭述》二卷，《繫辭注》，見頁 167。

陽以陰為主」。

2. 究卦義，指一卦之義理。如〈說卦〉云：「乾健也、坤順也」等。

3. 求卦位，指六爻之義。如《繫辭》云：「八卦成列，位在其中矣，初與上無位，五為君，二為臣」等。

4. 推中正，指得時、得位。如二五為中，初爻、三爻、五爻皆陽位，陽居之謂之正，若陰居陽位或陽居陰位皆謂之不正。中而無不善，得中便有正等，故《易》以趨時為大。

5. 究爻義，指玩群爻之義。以六十四卦中有一百九十二陽爻，皆為乾陽，在初者都有潛隱勿用之義，在二者皆有利見大人之義，在三者皆有乾乾之義，在四者皆有危厲之義，在五者皆有天德天位之義，在上者皆有亢龍之義等。

6. 窮事理，指因時者理也，作為者事也。以卦者為事、爻者為時，當然者為理，所以然者即《易》之大本。

7. 明易道，指《易》有聖人之道。其為辭、變、象、占。以推其辭而顯微闡幽，以玩其變而從其道，以觀其象而作事制器、立法制度，以考其占而動靜作息、趨吉避凶。

8. 盡三易，指天、聖、心三易能極至《易》之妙。其天易為乾坤闔闢、陰陽消長，四時行、百物生。其聖易為元亨利貞，四時成歲，辭有險易，各指其所之。其心易為仰觀俯察，遠求近取，化裁推行。

所謂心法，即推本《易》之源，由八卦推六十四卦，掌握《易》之關鍵則在於上述八要項，而其貴在於默會心通。此八要項可謂保八對《易》之認識要領，而又兼及方法論，由卦主、卦義、卦位，推中正而究爻義，因之可窮為理、明易道。至於盡三易而至極妙，提出「默會心通」，以心會理，成為最高指導原則等；此「心法」之說，為其易學之特色。

《奧義》又有自先天卦而序之〈畫卦陽進陰退之例〉一文，先言八卦之劃，如乾卦，以「乾三連，本一進二成三畫」，兌卦，以「兌上闕，本二進二成四畫」等。後言《繫辭》，則抄錄下《繫辭》之文，以為作《易》者為伏羲、文王、周公、孔子四聖人，因憂民而設。（見頁 18 下至 21 下）關於《繫辭》部分，保八於《原旨》後二卷中另有疏解。

《周易原旨》在於闡述六十四卦，由乾卦終於未濟卦。其體例為先劃卦，

註出成卦之上、下二體，註〈卦辭〉、註〈爻辭〉、註〈彖〉、〈象〉、〈文言〉等，其註文詳略不同，而於〈文言〉部分則略有改造，如〈乾卦・文言〉，先解〈文言〉曰：

君子以在心爲志，發言爲詩，情動於中，甚得乾之元亨利貞四德之蘊，故取中正仁義而爲主靜立人極，而極中之理是天下之大本也，可謂贊美之辭也。（卷一，頁 3 下）

繼之抄錄〈文言〉至「元亨利貞」，其下立一標題爲「言德」，續錄「初九曰潛龍勿用」至「是以動而有悔也」，其中略有小註，接續錄〈文言〉，但又立一標題爲「言位」，由「潛龍勿用，下也」，至「乾元用九，天下治也」，其中皆有小註，接續立標題目爲「言時」，輯錄「潛龍勿用，陽氣潛藏」至「乾元用九，乃見天則」，其下註文同於「言位」段，標註出其言爲「初九」、「九二」等等。再續立之標題爲「贊德神爻龍位」，並註言「旁通其情之理，原始反終之義，故通贊之也」，所錄自「乾元者，始而亨者也」至「雲引雨施，天下平也」。最終所立之標題爲「體易而用」，其下註言「體者，體本卦，文言謂君子體仁足以長人之意也」，錄「君子以成德爲行」，至「其唯聖人乎」止，同樣註文在於分別各段文句；爲「體九一」、「體九二」等爲主，亦即配合其標題「體易而用」之義，體《易》各爻之義而達於用也。（以上參見卷一，頁 2 上至 7 上）。由其對〈文言〉各段分立小標題，可知保八之用心所在，即在於指示〈文言〉內容所說之主題，並以註解之，頗有其特色。

乾卦之體例大體如此，然坤卦則僅錄註〈卦辭〉、〈彖〉、〈象〉、〈文言〉等，並未分立標題，而其後仍有「君子體易而用之」標題，所錄爲〈文言〉「積善之家」起至文終止。（卷一，頁 9 上、下）。至屯卦，乃擴大「君子體易而用之」之處，每爻於「象曰」之後皆有，（卷一，頁 10 上至 13 上）。大體以後各卷、各卦皆如此，即除註〈卦辭〉、〈彖〉、〈象〉、〈爻辭〉之外，於每爻「象曰」終，即立其體用之言，正如其論易學之作，總名爲《易體用》之旨；此亦爲保八易學之特色。

《周易原旨》卷七、八即其書最後二卷，標題爲《繫辭》上、下二卷，爲保八論《繫辭》之作。其中亦包括〈說卦〉、〈序卦〉、〈雜卦〉等篇，其〈序卦〉前有序言，然其上篇並無註解，下篇則略有註解，較之朱子《易本義》中〈序卦傳〉全無註解爲差強而已，其〈雜卦〉亦前有序言，而其註解則詳於朱子〈雜卦傳〉。

　　保八之易學著述之形式與內容大體如上，究其內涵，則《四庫全書總目》以爲「本程子之說，即卦體以闡卦用也」，〔註32〕此爲言保八之易學實本程子之學說。筆者以爲大體無差，然仍有其異同，且保八之學亦間採朱子之說。如「需」卦，程子註「象曰：雲上於天，需，君子以食宴樂」段中有言：

　　　　君子觀雲上於天，需而爲雨之象，懷其道德，安以待時，飲食以養其氣體，宴樂以和其心態，所位居易以俟命也。〔註33〕

保八之註〈文言〉「君子飲食以宴樂」謂：「以自怡居易以俟命也」，又言：

　　　　君子體而用之，當蘊蓄未達之際，藏器待時，善體需者也。（卷一，頁17上）

「初九，需于郊，利用恆，无咎」，程子註曰：

　　　　需者，以遇險，故需而後進。初，最遠於險，故爲需于郊。郊，曠遠之地也。處於曠遠，利在安其守常，則无咎也。不能安常，則躁動犯難，豈能需於遠而无過也。〔註34〕

保八於此註〈文言〉：

　　　　陽處需，初，最遠於險也，處于曠遠之地，需于郊也。宜守常安分，不可躁進，故无咎……。（同上）

對於「九二」之「象曰：需於沙，衍在中也」，程子註解爲「衍，寬綽也，二雖近險，而以寬裕居中」，保八則言：「初能安常，二能守中，雖有險，焉能病」，「君子體而用之，常以寬裕自守，終得其吉也」（卷一，頁17下）

　　由上「需」卦之部分註解，可知保八是有取程子之解，同樣如「訟」卦，程子言「天陽上行，水性就下，其行相違，所以成訟也」，〔註35〕保八則言「天道上進，水性就下，天水相違，所以成訟」（卷一，頁19下）。又如「訟」卦之「象曰：天與水違行，君子以作事謀始」，程子言：「故凡所作事，必謀其始，絕訟端於事之始」，〔註36〕保八言：「作事必謀其始，有訟不若無訟也」（卷一，頁20上），然程子又進而言：「謀始之義廣矣，若愼交結，明契劵之類是也」，此則保八未言及，程子意較爲周延切實。據《四庫全書考證》中，列出

〔註32〕見同註9，《四庫全書總目》文。
〔註33〕見《周易程氏傳》（以下簡稱《程傳》），卷第一，《二程集》下冊（臺北：里仁，民國71年），頁724。
〔註34〕見同上註，頁724、725。
〔註35〕見《程傳》，頁727。
〔註36〕見前註，頁729。

保八《原旨》與程子註解相異者四條，即〈小畜〉卦「自我西郊」（卷一），〈否〉卦「之匪人」（卷二），〈隨〉卦「上六，王用亨於西山」（卷二），〈賁〉卦「六二，賁其須」（卷三），並言「之匪人」之注與朱子《本義》言此三字爲衍文，又有不同。〔註37〕

保八解易採程子說，亦間採朱子之說，如解《繫辭》「乾以易和，坤以簡能……而成位乎其中矣」一段，保八較採朱子之說，而「德業」則採程子說。朱子言德爲「得於己者」，言業爲「成於事者」，程子僅指「聖賢德業久大，得易簡之道也」，〔註38〕保八亦同於程子，並強調此段文字爲「此論德業也」（卷七，頁 4）。前已言及，程、朱之學於元代爲主流學術，思想亦多宗之，故保八採程、朱說解頗多，其間同異、詳略本文不擬一一列舉。《易》有程、朱未解說而保八有其自解者，如《繫辭上傳》「鶴鳴在陰，……可不慎乎」段，程子未解，朱子註音，保八則稍解其義，以爲「此倡而彼和，感應之最妙者也」（卷七，頁 15 下、16 上）。朱子《本義》解《繫辭》，大體較略，但因指其《本義》之故，而保八多宗朱子，大體較詳，如《繫辭》下，第九章「易之爲書也，原始要終以爲質也，六爻相雜，唯其時物也」，朱子言：

　　質謂卦體，卦避舉其始終而後成體，爻則唯其時物而已。〔註39〕

保八則解言：

　　易之爲書也，從初至上，原始要終，則可定一卦之體矣。六爻
　　陰陽相雜，又觀其所值之變，所居之位如何。《易》中時字多指變，
　　物字多指位，此言卦有定體，而爻則無定用也。（卷八，頁 21 下）

保八採朱子言，又進而疏之，大體如此，除詳於朱子，又有其自家心得，如上引文中「指變」、「指位」、卦有體而爻無定用等，此類觀點亦構成其對《易》之基本看法，往往貫穿於其他解說之處。

保八解《易》有別於朱子之說者，自有其見地，如《繫辭》下，第八章，「其出入以度，外內使懼，又明於憂患與故，无有師保，如臨父母」句，朱子以「其出入以度，外內使懼」疑有脫誤，而言此句未詳，又言：

〔註37〕參見王太岳等，《四庫全書考證》（臺北：商務，民國56年），第一冊，卷二，頁80。
〔註38〕朱子說見《周易本義》（《四庫全書》本）（以下省稱《本義》），卷三，頁2上。程子說見《河南程氏經說》，卷第一，《二程集》（臺北：里仁，民國71年），頁1027。
〔註39〕見《本義》，卷三，頁24上。

雖无師保，而常若父母臨之，戒懼之至。

解「初率其辭，而揆其方，既有典常，苟非其人，道不虛行」句：

　　　　方、道也，始由辭以度其理，則見其有典常矣；然神而明之，
　　則存乎其人也。〔註40〕

保八對以上各句解爲：

　　　　《易》多爲履盛滿者之戒，其或出而在外，或入而在內，常以
　　易揆度之，凜凜乎進退得喪之可畏，每能使人之所恐懼焉，又當明于
　　憂患之所由來，恐懼修省，不致犯難，爲得之矣。（卷八，頁20下）

由對朱子說「此句未詳，疑有脫誤」，則知保八自有其解，亦自有其用心之處。
又續解之：

　　　　《易》非師保也，其告我也如師保之嚴，而不可違也。《易》
　　非父母也，其誨我也如父母之慈，而不可悖也；《易》其神矣乎！（卷
　　八，頁21上）

此較之朱子所說，則可見更有疏解之功。再續解言：

　　　　初率其每卦所占之辭，又揆其每爻所值之方，孰吉孰凶，奚去
　　奚從，既有常典矣；然神而明則又存乎其人也。苟非其人，泥者執
　　之，略者忽之，愚者失之，智者軼之；道依人而行者也，非人則道
　　不虛行矣！（卷八，頁21下、22上）

解「方」爲「每爻所值之方」，與朱子解說不同，求卦位之六爻義，爲保八易
學中貫穿之特色，因之，此與程、朱解《易》即見不同。程子直以《易》爲
義理之書，後加之文、周、孔之闡發，此義理一貫而特重紹述其精義，朱子
則視《易》爲卜筮之書，因吉凶而示訓戒，古聖人如孔子不過示例以明其理，
不當執一爲定。然程、朱仍皆以形式上條件如卦德、卦象、卦體、爻等，以
解說義理，其間並無差異，而保八之學亦承此而來，若言程子視《易》爲義
理書而解義理，朱子視《易》爲卜筮書而解義理，則保八《易體用》之作，
是綜程、朱而調和之。

　　保八對《易》之看法與其研究在於「羲、文、孔子發先天之妙」與「京、
費、王弼廣後世之傳」，又以其爲「帝王相傳之要領，用師諸古，有益於今」（卷
首，〈進太子牋〉），知其應承古聖之傳，兼漢儒之學，又以《易》爲帝王之學所
必須。《易》之性質及領會其理，除前述〈心法〉之八要項中可見，又言：

─────────────
〔註40〕見《本義》，卷三，頁21下。

　　天地開闢未有文籍之先，已有此《易》，天地初設位，而《易》已行乎其中，是《易》與天地參而爲三也。（卷七，頁14上、下）

　　《易》之爲書也，廣大悉備，有天道焉，有人道焉，有地道焉，兼三才而兩之。（卷八，頁23下）

　　《易》之爲書也，三才之道具焉，豈非廣大悉備乎，立天之道曰陰與陽，立地之道曰柔與剛，立人之道曰仁與義；兼三才而兩之。故《易》六畫而成卦，六者，非他也，三才之道也。（卷八，頁24上）

　　《易》胡爲而作者？幽隱之間有神明焉，能前知人之吉凶，而不能以言語告人也，聖人隱然助神明之所不能而存爲之揲蓍焉，由此而生也，《易》由此而作也，神明由此而贊也。（卷八，頁30上）

此言《易》之作與三才之道，聖人之揭示《易》理，亦即言《易》之性質，而具有神明之道，又認爲神是《易》的運化、發用，亦即等同於程、朱所說爲理之發用。故解「神也者，妙萬物而爲言者」曰：

　　形而下者謂之物，形而上者謂之神，神也者，物而不物於物，《易》之所以爲《易》，聖人之所以爲聖人，造化之所以爲造化，蓍龜之所以爲蓍龜，皆此而已，故曰妙萬物而爲言者也。（卷八，頁37下）

保八將「形而下者謂之器」，以「物」替之，將「形而上者謂之道」，以「神」替之，則當以神爲道，而又以神即爲《易》，由「神无方，易无體」最能解說之：

　　所謂神无方，《易》无體，夫子對言之，《易》吾知其爲《易》也，神果何物耶？《易》即神也，神即《易》也，非於神之外他有所謂《易》，亦非於《易》之外他有所謂神，不言神則《易》幾於一物，故此下出神字不一，是皆《易》之神也。神也者，妙萬物而爲言者也，《易》其神也乎！《易》者，天地之匡廓，《易》者，萬物之陶冶，《易》者，晝夜之明鑑，謂《易》爲神耶？神則无方也，謂神爲《易》耶？《易》則无體也，此夫子贊《易》道之妙也。（卷七，頁10上、下）

　　此《易》之神也，神也者，妙萬物而爲言也，曰陰陽不測之謂

神乎。（卷六，頁 36 上）

指《易》爲神，是造化萬物之妙，指《易》之功能如神，故能「物」，即造化萬物，「不物於物」，《易》非物，故不爲物所限。爲道、爲神、爲《易》。又言《易》即變易，陽極變陰，陰極變陽，而變化之道是剛柔相易，而《易》變化不止一端，是神之所爲，（卷七，頁 22 上、下）由變化現象之奧妙，及變化之動力皆是《易》，則名之爲神、爲道皆可。

萬物變化之道爲神，「知變化之道，則知神之所爲也」，此程子所言，〔註41〕保八亦以此言說：

動萬物，撓萬物者，風雷也，所以動萬物，撓萬著者，神之所爲也。（卷八，頁 38 上）。

知變化之道者，其知神之所爲乎？成萬物者六子也，所以成萬物者，神也。（卷八，頁 38 上、下）。

成就萬物之六子，指乾、坤之外之雷、風、火、澤、水、艮，萬物變動亦在此六子，然所以成、所以動，乃在於神，此亦爲《易》之所爲，則《易》或神、或道爲其所以然，又爲所當然，「當然者，理也，所以然者，《易》之大本也」（《奧義》，頁 18 上）。其中之變動是《易》之理，不過以剛柔相易爲義，在邇不在遠，又言：

《易》者，變也，變者，遷也，遷者，不居其所，或上或下，无常處也，周流於六虛之間。剛易爲柔，柔易爲剛，不可以爲典常而不知改，不可以爲要約而不知解，惟變所適耳。（卷八，頁 17 下）

《易》理變易不可受典要所拘泥，因其周流六虛而無常處，故變化如神，然其變化亦毋須求遠，就剛柔相易變化所適即得理。但何以能知「惟變所適」？以保八之意，神或《易》是所當然之理，如言：

陰陽升降，時運推遷，世道興衰，人情聚散，理之常也。（卷二，頁 3 上）

說「陰陽升降」即言氣，又成爲所以然理，故言動靜說：

動極復靜，靜極復動，理之常也。動極復靜則剛變爲柔，靜極復動則柔變爲剛，因動靜之有常，而剛柔可斷矣。（卷七，頁 2 上）

此論爻而說動靜剛柔，亦爲理之常，而陰陽動靜即有太極之說。

〔註41〕見註38，《經說》，頁 1030。

四、太極說

　　保八於《奧義》開首作〈河圖〉，以天地陰陽剛柔之氣交合，而後生物，又列先天數言無極而太極，無極而太極者為「乾坤之元」，又以「太極之運化」為中天之數，而所謂太極之運化者，即自元而亨、利、貞、元，萬物成始終之運化。（頁2至7），自根而干而支之運化，即太極之運化萬物之過程，於上文《奧義》中已有說明。於《原旨》中又提出〈河圖〉、〈洛書〉為《易》之原，「易有太極，是生兩儀，兩儀生四象」等等，又言八卦、四象、兩儀之生是「皆不出乎一太極也」，故說：

　　　　故物物各有太極，一本而萬殊也；萬物體統於太極，萬殊而一
　　　　本也，此《易》所以為神也。（卷一，頁1下）

《易》之所以神係因太極能生成兩儀、四象等，能生成萬物之故，說「物物各有太極」、「一本而萬殊」等，即承程朱之說甚明。太極與氣有道、器之分，而太極即理，氣即陰陽：

　　　　太極，理也，無外，故曰形而上者謂之道。陰陽，氣也，氣變
　　　　則有質矣，故曰形而下者謂之器。（卷七，頁38上）

此本程朱之說，以理為太極，乃總天地萬物之理，是生物之本，氣即陰陽，為生物之具，有此理，氣始能變而有質，然不出乎太極，物物各有一太極，是最高總攝之理？或萬物皆在其中之理？則未有進一步說明，揆其意，應如朱子所說太極既統攝又總和。〔註42〕但萬物之生成變化，皆是太極在氣中之顯現，即由體而達用，為太極之運化，保八解「天下之動，貞夫一者也」說：

　　　　一者何也，太極也，太極動而生陽生陰，陽變陰和而五氣順布，
　　　　四時行焉。四時收藏於冬，四德收藏于貞，所謂各正性命，保合太
　　　　和者。……皆要歸根復命，貞下起元。物物各具一太極，萬物統體
　　　　一太極，所謂貞夫一者也。（卷八，頁3下）

朱子言「貞，正也，常也，物以其正為常，……所正而常者，一理而已矣」，〔註43〕以「一」為理，保八則以「一」為太極，如以太極為理，則其間並無差別，雖然保八視道、理、太極皆為同義同位語，但以《繫辭》文句，此處言「天下之動，貞夫一者也」，朱子以天下之動「其變無窮」，然順理則為吉，

〔註42〕關於朱子言太極有統攝之意，又有時為總和之意，顯出無明確之解，參見勞
　　　　思光，《中國哲學史》，第三卷，上冊（香港：友聯，1980年），頁298～300。
〔註43〕見註38，《本義》，卷三，頁16上。

逆理則爲凶，故所謂「一」當解爲「理」字，保八則以天下之「動」，是因太極而能有「動」，是以解「一」爲太極，且貞下起元，即歸於太極；此二人之說不同，因其偏重而言。保八又言：

> 陰陽以氣言，剛柔以質言，仁義以性言，太極一而已矣。一分爲二，在天則有陰陽焉，在地則有剛柔焉，在人則有仁義焉，二者可以相有而不可以相無，要其歸則一而二，二而一者也。（卷八，頁32下）

此以三才出於太極，或言太極含有此三才，分別以氣、質、性而言，則較之上文言「一」爲太極要妥順些。

太極既是天地萬物之本原，因能動而陰陽之氣運行，能成質、成事物，而質物終要歸根復命，貞下起元，故太極顯示出事物成滅之理，亦是生滅之原，循環周流之理。由此可見保八之天道觀或說宇宙論，係以太極爲原（元），生滅循環，周流不息。由太極起而復歸於太極，因此將「貞夫一者也」解「一」爲太極；由「一」而歸於「一」。

對於「無極而太極」，保八以其爲先天數，「取純一不雜之意」，起於一而極於九，以九爲則，但未解何以言「無極而太極」？以天地人三才處於乾坤之間，其義雖殊，然「神氣即一也」，又說：

> 所以成，言乎一，一復爲九，效諸文王，元而亨，亨而利，利而貞，貞而復元。法諸伏羲，乾三連也，所謂三者，豈非天下之大本乎？無極而太極者，乾坤之元也，故先天譬爲根，其位皇極以之。（《奧義》，頁4上、下）

指乾坤之元爲無極而太極，天地、父母乃至萬物之本爲此太極，爲根、爲皇極，由一至九或由元至貞，週而復始，變化推移，是「神氣即一」之作用。太極爲神，以其能動氣，氣能成物，而顯示造化之妙，太極以氣見其神，氣因太極而能成，故「神氣即一」。保八言「無極而太極」應同於朱子之意，以無極爲太極之描述、形容詞，指太極之無形、無方，不可言語其妙。

對太極之妙與易理之則，保八以爲應在意其「時變」，而更貴於「從正」，若不正，則昧於經權之義，因此「聖人定之以中正仁義，而主靜立人極焉」（卷二，頁20上）。雖要隨時變，但以中正爲依。於主靜之說又言：「吉凶皆以貞勝者，主靜也」，主靜則可以貞，貞可以觀示天下，可以明照天下。（卷八，

頁 3 上）主靜應是一種涵養功夫，因之涉及於《易》理之方法論，在《咸》卦〈九四〉解說「貞吉悔亡」言：「心以主靜為本，心能貞靜若無，即無私係，則吉而无悔」，又言：

> （蓋謂）一物各有一太極，人身以心為寂，心以靜為主，周子故云：寂然不動者，誠也，感而遂通者，神也，動而未形，有無之間者，幾也，所以幾動於此，感應之道深切著明矣。萬事在幾未有感害之先，當以存心養神，物來即應耳，不然若憧憧然於往來之間，但從私係，亂其心神，多思多慮，致被雜念所亂。（卷四，頁 3 上、下）

進而再申言不以私心相感則吉，故宜先靜其心，致「鑑空衡平，物各附物，不以纖毫障蔽」，雖物有萬殊，事有萬變，但統之以心誠貞正，此即一，「感道如此，無物不應矣」！似說靜心則誠，則可以貞正，如此則可以察於「幾」，「鑑空衡平」為靜心之法，則可以去私心之感應。於《繫辭》下，又重申此感應之說，以心主靜為本，勿思慮太過，靜心要無思、無為，寂然不動，日月寒暑等皆是感應自然之理，靜與感之妙是：

> 夫動而無靜，物也；動而無動，神也。得其精義而入於神，則可由體以致諸用。用既利矣，復歸于體，必安其身崇其德焉。主靜如此，寂則能感，定則能應，心法之妙也；過此以往他，無法矣！
>
> （卷八，頁 12 下、13 上）

主靜為寂然不動，心之寂、定則能感應，即無思無為，能通天下，此心法應是唯一之感通天下之法，此外則無法。此主靜、感應、立人極之說，實為承兩宋以來理學之說。不過朱子僅言男女、萬物相感，而心之感物以正，又以「理本無二，而殊途百慮，莫非自然，乃以思慮為哉？」言日月寒暑皆感應自然之理，又推之以言學，交養互發之機等，〔註 44〕朱子未若保八所言之思慮而及於主靜、感應等。程朱本相近，但程子所解較詳，言心之感應亦較多，其主旨亦在於若以思慮之私心感物，則非感通之道。〔註 45〕可見保八多採程子言，又提出感應之道在於主靜、而寂、而定、而感通，此則為其「心法之妙」；亦可知此觀念當取自濂溪之處。其感通即其前述《奧義》中所言之「默會心通」，以心會心之理。

〔註 44〕參見註 38，《本義》，卷二，頁 1 上、下〈咸卦〉，卷三，頁 19 上、下。
〔註 45〕參見註 38，《經說》，頁 854～858。

五、結　語

蒙元治理中國時期，爲多元民族、多元文化聚匯之帝國，於各方面皆可見其複合性質；概括言之，具「胡漢」二元雜織之特色。政治結構中，蒙古、西域人之聯合佔有極重要之部分，而其與漢文化之接觸，深受感染，於是有對漢學之學習及研究。元代學術思想以程、朱之學爲主流，朱子雖進四書，但仍極尊傳統之經學；蒙古、西域人之受漢學，於學術思想方面實即爲程、朱之學。

蒙古、西域人於元代儒家經學之著作甚少，保八之《易》學著述，爲今可見之作。《易》素來被視爲神通奧妙者，以其於天道、萬物、人生無所不包之書，故爲古聖賢所重、所傳，不論數術、義理傳統不絕，以元代蒙古、西域人之學《易》、解《易》而言，能否有另開途徑，或別出心裁之處？以探討保八之《易》學，當可爲具體之例證。以前人之研究及本文之探討，似未發現，且大體未出程、朱所說。保八之學術淵源及師承不明，但以元代朱學之盛，其《易》學受程、朱影響或祖述之當不爲奇，然其解《易》仍多處與之有異，此中可見有其自家心得。

保八解《易》大體頗詳，堪於程子《易傳》相埒，義理之所由、所生，修身進學，進退之道，三才之理，剛柔之故，皆諄諄寓教其中，誠爲有心人也。保八《易》學著述應完成較早，其受命爲東宮太子傅保時，即以著述之《奧義》、《原旨》等進獻之，供太子閱讀問學。觀其著述的確合於教學之用，《奧義》中畫圖、解述，言《易》之源，並言基本之認知，學《易》之心法、條旨等，《原旨》中詳解經、傳等，多無遺漏，而又言體達用，義理清晰，敘述詳盡，是有功於學《易》。

《易體用》原爲保八《易》學著述之總名，知其學在於體用之道，故其書中盡其能於解述之後，皆標出「君子體而用知」如何，此爲其書最大之特色。而所言之體用亦在於申明義理，立中正之道，並無玄奇深奧之說，惑人耳目之語，實有裨益人心，羽翼「聖學」之功。即如任士林爲保八所作〈易體用序〉中所言：

> 變化見而觀象者求之，則囿於物矣！吉凶生而尚占者玩之，則桔於徵矣！夫然則體之吾身，措之日用，而後簡易之理得，此體用一書所由作也。……今觀貳卿所著，猶不免言下有言，蓋離言則道不明，離道則言不成，言與道相交涉也，而後體用之學行，觀貳卿

之《易》者，當求於言外云。〔註46〕

除明體達用外，其立心法、詳註解、俾教學等，又爲保八《易》學之三項特色。對於元代蒙古統治者而言，漢學儒家之道，精義邃密，難以掌握要領，不易研習而學有所成，保八之學顯出下學上達之旨，又深入淺出，教學如皇太子或帝王領會經義，理解漢文化，實有莫大功用。至於其《易》學著述，核心思想是以太極爲元（原），而此太極等同於易、理、道之觀念，常相互用，故分殊未細，闡解欠精，又其思維觀念，有承自濂溪之處，然其大體實爲程朱之學。

（原刊於《太湖論道國際學術研討會論文集》，
北京大學文化資源研究中心。無錫，2006 年。）

〔註46〕同註 17，《松鄉集》。